A・シドニーの政体思想

——自治と反乱の共和主義的政治原理——

A・シドニーの政体思想——自治と反乱の共和主義的政治原理——／目次

装幀 比賀祐介

English Title

Takashi KURASHIMA :

Algernon Sidney's Thought of Government : His Republican Political Principles of Self-Government and Rebellion, Jichosha Publishing Company, 2008.

Contents

序文

序　文

本書は、アルジャノン・シドニー（Algernon Sidney, 1623-1683）による『統治論（*Discourses Concerning Government*）』を一七世紀後半のイングランドにおける共和主義的な古典的著作として評価するものである。シドニーの共和主義的政体思想は、基本的には市民による公共心をベースとし、君主なしのものを含意する。しかしそれは、反専制君主主義を支柱とし、混合政体的内容も内包する。その評価すべき内容は、古代ローマ共和制における自治的市民の流れに沿う思想を根幹とし、かつ当時のイングランドの政治状況に積極的にかかわろうとする精神も示す。それは、古きよきイングランドの自由主義的政体文化を擁護しようとする内容も同時に含むからである。つまりシドニーは、一方において古代ローマの共和主義思想的伝統をベースとし、他方においてイングランドにおける古来のアングロサクソン時代の伝統を有する均衡論的な混合政体論を基軸として自らの政治理論を構成しようとする。そうしたものがシドニーの自治的政体論の基礎となっている。この共和主義者は、その土台の上に当時のチャールズ二世体制による自国の自由主義者達への弾圧に抗して、彼らによる反乱を訴えるものである。こうしたわれわれの基本的仮説を論証するためには、数多くの諸課題ないし問題を克服する必要がある。

それらのうちの第一課題は、シドニーが思想家なのか或いは政治家なのか、というものである。

第二の課題は、彼が民主主義者なのか或いは貴族主義者なのか、というものである。

第三は、シドニーが権力分立論者なのか或いは伝統的混合政体論者なのか、である。

最後の課題にして問題は、その『統治論』が当時のチャールズ二世に抗する反乱目的で書かれたのか或いはイングランド共和制の樹立目的で書かれたのか、である。

われわれは、本序文においてそれぞれの問題なり課題についてわれわれの仮説を示してみたい。

第一の問題は、われわれの仮説に抗する強い否定論から発するものである。つまりシドニーは基本的には政治家であって、思想家ではないというものである。これはわれわれの評価にとって大きな課題であり、それに答えることが最も重要な課題のうちの一つでもあろう。とりあえずわれわれは、彼が政治家であることを否定するものではない。しかしその思想家要件をなす論拠の一つとして新資料である『宮廷の格言 (*Court Maxims*)』の存在は、その重要な反証のうちの一つとなろう[1]。

第二の問題は、以下においてもかなり繰り返してわれわれが主張しているテーゼにかかわるものである。シドニーが民主主義論者であると示すものは、シドニーをレベラーズ的な普通選挙制的思想の系譜でとらえようとするものである。それは、そうした民主主義思想が一七世紀イングランドの政治世界に行き亘ると主張する形となっている。他方でシドニーは、貴族主義的要素が極めて強いとみなす論が存在する。われわれは、これらの論点についてもそれらの混成的性格をシドニーがもつとみなすものである[2]。

第三の課題は、第二の問題と関連するものであり、われわれが当時のイングランド政体ないし国家社会をどのように捉えるかによって異なる事柄でもある。権力分立論的側面を主張する立場は、当然の如く、その社会における分化が機能的にかなり進化している側面を強調するものであろう。そしてシドニーによるその思想は、それに見合った近代社会像を想定し、立法権と執行行政権の機関的分立なり機能的分立を念頭に置くものであろう。これに対して混合政体論的主張は、必ずしも政体上十分には分化していない均衡論的な混合政体による権力制限論がシドニーにおいて優位するというものとなろう。われわれは、後者の仮説を選択するものである[3]。

第四の課題は、シドニーの『統治論』における執筆意図にかかわる問題である。本論に示す如く、シドニーの本来の理想は、君主なしの共和制政体の樹立であって、その主著がその一環から書かれているという学説も存在する。この学説は、特に彼のフランス亡命期の資料や処刑直前の文書を彼の第一義的本質として示すというものである。これに対しその『統治論』は、基本的にはその体制の弾圧政策に抗する反乱のために書かれたとする近年有力となりつつある学説も存在する。われわれは、基本的には後者の立場をとっている。従ってわれわれは、前者をまったく根拠なしとして必ずしも斬り捨てるものでないのである。(4) というのはシドニーは、共和主義を基本思想としているからである。

われわれは、本序文における最後の事項として本書の構成について言及せねばなるまい。本書は、本論が三つの章からなり、かつ二つの付論をそれに追加する章構成を採用している。本書は、『A・シドニーの政体思想——自治と反乱の共和主義的政治原理——』という表題を冠している。それは、この共和主義者の古典的テキストにおける内在論理把握を主たる分析方式とすることから発する。つまり、その主著は、論理上政体議論を中心として論じられ、その根本思想が自治と反乱の共和主義的政治理論として構成される主張をもっているというものである。その三つの章に先立って発表した二つの論稿（二〇〇六年一一月初出）は、内容としてはシドニーの政体論が主たるテーマである。しかしそれらは、彼の中期論文である『宮廷の格言』の分析を主たる内容としている。従ってわれわれは本論とはやや異なる性格のものである故に、付論として後半部に配している。

本序文の最後において一点のみ付け加えておかなければなるまい。それは、本書の論稿のうちの三分の二程度が既に発表済みであるということである。更にわれわれは、それらに表現上の修正を加える形で本書に含んでいる。

（1）例えば、思想家としてのシドニーを評価する論者は、G・H・サビンらである（Sabine, G.H. *A History of Political Theory*, New York, 1937, etc）。
（2）例えば、混合政体論者にして貴族主義者としてのシドニーを強調するものは、Z・フィンクが代表的である（Fink,

Z. *Classical Republicans*, Evanston, 1945, etc)。

（3）例えば、権力分立論者としてのシドニーを強調するものは、A・C・ヒューストンらである（Houston, A.C. *Algernonn Sidney and the republican heritage in England and America*, Princeton, 1991, etc)。均衡的な混合政体論的権力制限論者としてシドニーを位置づけるものは、前出のフィンクらである。

（4）例えば、『統治論』の執筆意図について反乱目的論者としては、ウォーデンやスコットらがいる（Worden, B. Republicanism and the Restoration, 1660-1683, in Wootton, D. ed., *Republicanism, Liberty, and Commercial Society, 1649-1776*, Princeton, 1994; Scott, J. *Commonwealth Principles*, Cambridge, 2004, etc)。そのイングランド共和制設立目的論者としては、前出のフィンクらがいる。

第一章　A・シドニーの共和主義とR・フィルマー批判

——その『統治論』第一章の分析——

第一節　序論

われわれは、既にアルジャノン・シドニーを共和主義思想家にして混合政体論者とした仮説を提起してきている。われわれは、更に彼の『宮廷の格言』と『統治論』の分析において一七世紀イングランドの代表的共和主義論と自由主義的（過渡期的）混合政体論を示してきている。(1) 本稿においてもわれわれは基本的にはそうした理論にそいつつ、シドニーの主論文を素材として検証しようと試みるものである。われわれは、そのために残された主論文の徹底した内在論理を整理する必要がある。つまりわれわれは、前の二つの論稿において『宮廷の格言』について一通りの内在的論理をまとめてきているが、『統治論』について未完のままにしてきたからである。

われわれは、シドニーによるその主著の論理を三つの章全体にそくして詳細に読み解く段階を経る必要がある。従って本章は、その第一の部分を構成するものである。

われわれは既にシドニーの『統治論』が、王政復古期全体の大部分（一六六〇年から一六八三年）においてチャールズ二世の抑圧的君主体制に対する反乱目的で書かれたとする仮説を提起してきている。本稿は、当然ながらこの仮説も念頭に置いている。更にわれわれは、もう一つの仮説を明確にする必要がある。即ち、シドニーの主著は、形式論理的には一六八〇年に刊行されたロバート・フィルマー卿の『家父長論《パトリアーカ》』批判としての通説も当然のことと想定している。その通説についてわれわれは、T・G・ウェストによるものが要をえていると考える。彼はその『統治論』（二〇世紀末版）編者としての序文で次のように示している。

「フィルマーの『家父長論』は、シドニーが読むその一六八〇年版（全三章版）において次のような見出し付きで三つの章に分けられた。即ち、第一章　最初の国王が家族の父であった。第二章　民が統治し、或いは統治者を選出することは不自然である。第三章　実定法は、国王の自然的にして父権的権力を侵害しない。従ってシドニーによる『統治論』における回答は、次のように論じる三つの（見出しなしの）章に分けられもする。即ち、第一章　父権力は、政治権力と全く異なる。第二章　民は、自分達の自由に対する自然権によって自分達の統治者達を選出し、かつ強力な民衆的要素をもつ政体が最善である。第三章　国王は、法に全体的に服し、その法はイングランドでは議会を意味する[2]」。

ウェストの要点についてわれわれは、この引用においてそのシドニーの対応について大筋では妥当であるとみなす。しかしわれわれは、第一章のものが簡略化し過ぎるものとみなす。第二章も同様に言えば、その政体は自由主義的混合政体の側面も示すと主張するものである。第三章も国王・貴族・及びコモンズ（市民）を含む意味の議会主権の側面を内包するとみなす。特にわれわれは、本章において『統治論』第一章を中心として検討する故に、ウェストのその簡略化に問題ありと考えるものである。つまり、われわれは、それを精読すればわかるように、その主著全体の主張を内在すると第一章をみなすものである。

（1）本書付論〔I〕（二〇〇六年一一月初出）及び〔II〕（二〇〇七年三月初出）を参照されたい。
（2）T. G. West (ed.), A. *Sidney: Discourses Concerning Government*, Indianapolis, 1990, pp. xviii-xix.

第二節　『統治論』第一章におけるシドニーの共和主義とフィルマー批判

われわれは、シドニーの『統治論』の検討を開始する前に、若干の用語上の注釈を付する必要がある。というのはわれわれは、従来の用語法とはやや異なる側面も示すからである。

一七世紀イングランドの王政復古期（広義の）の政治思想は、一方において自然法論が浸透しているが、他方でキリスト教の聖書が重要な正統化手段として使用されている。言うまでもなく、それは宗教改革とその反宗教改革の対抗が始まって一世紀以上に及んでいるけれども、なおプロテスタンティズムとカトリシズムの対立軸がその時代にも顕在しているとみなす。われわれが主題のうちの一つとするシドニーによるフィルマーの家父長主義的君主神授権説批判は、そうした文脈からも出ている。

われわれが注釈しなければならないものは、その時代に関するわれわれにとっての今日的課題である「民主主義《デモクラシー》」の扱いである。この用語は、シドニーに関連して、本稿で「民衆的政体《ポピュラー・ガバメント》」などとともに頻繁に使っているものである。周知の如くこれは、古代ギリシャ・ローマの政体に起源を辿るものである。われわれは、政体理論を重視する立場から、それを「民主主義《デモクラシー》」と表現することには抵抗がある。というのはわれわれは、英国の文脈を重視する視野を採用するために、制度として民主主義（普通選挙制を第一義とする）要件を当時のそれが満たさぬゆえである。それゆえわれわれは、それを民衆政体（過渡期的側面を強調するため）と表現することとする。英国の文脈で言えば民主主義を冠するのは、一九世紀半ばの政体に使われる場合が一般的である。もう一つの用語上の主張として使うのは、「自由主義的混合政体」である。これも英国独特な側面であり、「議会主権(2)」という用語の一方の内容を示すものである。即ち、それは議会における国王とも関連し、統治権が中世以来国王にあるが、議会全体にそれが含まれると言われるものである。これは国王・貴族・コモンズ（市民）の三位一体を意味づけ、その議会を通じて権力の抑制と均衡（身分制的要件も中世以来含む）を図ろうとするものである。[3] 独断を恐れずにわれわれが言及するならば、それは、二〇世紀末以来の英国立憲制改革において「近代化《モダニゼーション》」の下で機構変革が行われていることにもかかわろう。[4]

最後に本書のテーマにかかわる「共和主義」政体及び思想についての注釈である。それは、特にシドニーを表現するために用いるものであり、第一義的には君主なしの政体や思想を意味するが、徹底した反専制君主主義を主たる内容[5]とするものである。確かに今日的意味における共和制政体は、完全な君主なしの政体を含意する。しかしながらシドニーの共和主義のそれは、徹底した国王否認ではないゆえ、ここでは現代的なそれと一線を画すこととする。

(一)　人類の自然的自由をめぐって

政治社会における自由の観念は、古典古代にその起源を辿るといわれる。われわれが焦点をあてる近代国家におけるその自由の観念は、R・フィルマー卿の『家父長論』に対するシドニーらのウィッグ派による論駁が重要な内容を示すと言われる。つまりこの論争の中に絶対王政権力からの人間の自由の重要な論点が存在するとみなされるからである。

フィルマーの『家父長論』の副題は、「民の不自然な自由に抗する国王達の自然的権力の擁護」と称される。この表現によってわれわれは、フィルマーの意図ないし立場をうかがい知ることができる。即ち、民の自由の主張には不自然な部分が多いとみなし、そうした自由によって無政府状態をもたらすと断定する。そして民によって標的とされた国王権力を当然として批判をなす形式をとっている。次にフィルマーは、その第一章を「人類の自然的自由（新しくしてもっともらしく、かつ危険な意見[6]」と命名する。この見出しは、フィルマーが標的とするものを単刀直入的に示す。

「過去数百年間以内にスコラ学者や他の神学者の多くは、次のような意見を公表しており、かつ主張している。即ち、『人類は、全ての従属からの自由が自然的に与えられ、かつ生れ、かつ自らが気に入るいかなる政体形態も自由に選んでよいのであり、かついかなる一人物も他者に対してもつ権力は、最初に人権によって多数者の自由裁量に従って与えられたのである[7]』と」。

このフィルマーの説き起しは、人類の自然的自由を、中世後期哲学やキリスト教神学の学説から発することを示している。これは、フィルマーがイングランド国教会と対立するカトリック教会派からのものとしてそれを槍玉にあげる。それは周知の如く自然法的自由論のものである。これについてシドニーらのウィッグ派は、否定する余地などないという。更にこの引用は、多数者による政体選択の自由も唱えるものであり、これもシドニーの主張とほぼ同じである。

これに対して先ず最初にフィルマーは、それがきわめて単純に「よき神学のスコラ学派において目論まれ、かつ続くカトリック教徒達によって育まれている[8]」ときめつける。これについてもその王党主義者は、基本的にはそのウィッグ派に抗するものと共通な立場のレッテルを示す。当然のことではあるが、フィルマーの批判はここにとどまるはずがない。フィルマーは、次のテクストではプロテスタント派の自然法的自由論にも論駁をし始める。

「改革派教会の神学者達は、その主義を抱いており、かつ一般の人々は、どこであれ血の通った人間に最もありそうであるとしてその主義を大切にもっているものである。というのはそれが次のような多数者のうちで最も卑しいものに自由の一部を多く配分するからである。即ち、そうしたものは、あたかも人間の至福のきわみが自由に見出されるしかなかった如く自由を拡大し、かつ決して自由の願望がアダムの堕落の原因であったことを想起しないからである」[9]と。

この文節の前半部においてフィルマーは、新教徒の神学者達がそうした人間の基本的な自然的自由論をもっと警告し始める。更に彼は、一般の人々も生身の人間として当然もつべきものであるとし、その自由を主張するという。ゆえにフィルマーが最も恐れるものは、そうした人々を多数者と解し、彼らがそれを分有することである。そうした自由を自然権として信じることは、その絶対君主制秩序に対する脅威となるというのである。フィルマーは、その最後の部分で正に君主神授権説の常套手段としてアダムの原罪論を導入する。つまり、人間はもともと聖書にある如く罪深い存在であることを絶対視することによって、国王への民の絶対的服従を訴える。他方においてそうした多数者の自然的自由の主張は、その体制を混乱させると説くのである。

これに対してシドニーは、その主著第一章第二節を「自由についての共通観念は、スコラ神学者から生じているのではなく自然から生じている」[10]と示す。シドニーは、そのフィルマーによる人類の自然的自由批判に抗してその自然的自由を擁護する立場を明確にする。こうした意味においてシドニーは、原罪から救済された積極的キリスト教思想に立脚してフィルマーに対抗しようとする。いずれにせよ基本的にはウィッグ派の著者達は、フィルマーがきわめて単純化し過ぎる傾向を残すのに対し、かなり詳細に論理を組み立てている側面を示している。

シドニーはその節の説き起しを次のように配する。「フィルマーによる著作の最初の数行において彼は、人類に抗する戦争を宣するように思え、神が我々を創造し、かつ他者における我々の希望の目的である至福への最大の救いと同様に、我々が享受する生の主たる諸利点を含む自由原理を打倒しようと努めるように思えるのである」[11]。

シドニーはここにおいてフィルマーによる人類の自然的自由攻撃に対し、自ら「戦争宣言」という過激な用語を用いて標的を鮮明にする。そして彼は、自らの立場を個人の自由意志を出発点とする自由主義的神学から発する人類の善目的による主体的自由原理を前面に押し出している。

シドニーは当然ながら前記の人類原罪論を徹底して強調するフィルマーに対して、それを長い文章によって論駁している。例えば、

「もしフィルマーがアダムの罪においてこのこと〔自由の願望が人間の堕落の原因であったこと〕についてなにがしかがあると我々に信じさせるならば、彼は自分が犯した法が人によって自らに課せられ、かつ従ってそれを課す人間が存在することを証明すべきであったのである。というのは次のことが容易であるように思えるはずであるからである。改革派神学者も非改革派神学者も、かつ彼らに従う人々も神法に最も完全に一致する以外には神法から免かれて人間の至福を置くものではないことを」[12]。

シドニーによればフィルマーは、人間の自由への願いが人間の堕落の第一原因であったというならば、実際上法が存在する状況を直視すべきであるという。現実的には実定法というものが存在し、犯罪はその法を犯すことによって罰せられるものである。従ってその関係を論理的に証明せよとシドニーは、フィルマーに迫っている。ゆえにそうした法の基本が神法であり、いかなるキリスト教神学者もそれを無視して至福を定めることはできないと説く。基本的にシドニーは、神法的ないし自然法的立場から人々の理性保持をもってフィルマーの非合理的な民論に対抗する形式をとっている。シドニーは更に次の如くフィルマーによる論理矛盾に迫っている。

「これに関連して次のことが観察されている。即ち、神法を最も正確に信奉する人々は人々の命令が十分に根拠づけなければ、人々の命令についてほとんど気にとめなかろうし、神の子達の栄光的自由を最も喜ぶ人々は、自らを神にさらすばかりでなく、神の意思に従ってかかわるような人々の同意によってなされた人の正しい法令の最も正規な遵

守者であることが。これを遵守せぬ誤謬は無知から生じている如く、多分少しも本など読まなかった人に許されるのに相当しうるのである。人が最高の知識を要する諸問題について書こうと企てる人には、きわめてお粗末に無知を言いわけしうる事など疑わしい。しかしロバート卿において彼の最初の頁で自らが全ての改革派と非改革派のキリスト教徒の教義であったと認めたことを、かつ彼が次のような諸原理であったと知ることをスコラ派や清教徒に帰すことは、言い逃れにして詐欺なのである。即ち、キリストの名が世界に知られる前にギリシャ人・イタリア人・スペイン人・ガリア人・ゲルマン人・及びブリトン人・並びに他の寛大な諸国民全てが今まで生きた諸原理であった事を知ることを[13]・自分達の自由に配慮せず或いは自らを統治しえぬ故に、その卑しくして柔弱なアジア人やアフリカ人がアリストテレスや他の賢人によって生来の奴隷と呼ばれ、かつほとんど獣と異ならないとみなされた限りで」。

この文節は、やや長くなっているが、論理的には簡明である。つまり神法（ほぼ自然法に近いものとしての）に従っている人々は合理的であり、フィルマーが批判する如き非合理的な存在ではないと主張するものである。シドニーによればフィルマーによる非合理的な民批判は、理性的な人々に隷従的な人々までも加えるものであって、非論理的であるというのである。ここで注意する必要があるのは、シドニーによるアリストテレスによる生れつきの奴隷の導入である。それはロックなどの洗練された論者と比較するとかなり日常的な表現に近いものを使用しているものである。われわれは、それがシドニーにおける習慣的表現を示しているものとして注目しておく必要がある。この表現は、彼の『宮廷の格言』においても使っている。[14]いずれにせよここまでは、シドニー対フィルマーによる「人類の自然的自由対国王の自然的自由」の前提的論議となっている。われわれは、次にその本来の政治的議論へと移ることとする。

われわれは、シドニーが引用するものをより論理的正確性を期するために、そのフィルマーによる原文を辿ることとする。

「この教義の根拠に基づいてイエズス会士達やジュネーブ学派のある狂信的支持者達は、次のような有害な結論を構築している。即ち、『その民ないし多数者は、もし君主が王国の法を犯せば、その君主を処罰したり、或いは王権を剝奪したりする権限をもつ』と。パースンズとブキャナンがその証拠である。パースンズはドールマンという筆名の下で自分の『イングランド王位への次の継承についての協議』第一巻第三章において国王達が彼らの国民によって合法的に懲らしめられることを証明しようと努める。ブキャナンは、自らの著作で『スコットランド人達の間における国王の法について』において彼らの君主を退位させる民の自由を主張した。ベラルミーノ枢機卿とカルヴァン氏は、ともにこのやり方を偏愛をもって見るのである。国王達がその臣民の非難や価値剝奪に服せしめられるこの向こう見ずな主張は、人類の想定される自然的平等と自然的自由のあの前記の立場、及びその国民が好むどんな政体構造も選ぶ自由の立場の必然的結果として追求するのである（その著者達が想定する如く[15]）」。

ここではフィルマーは、国王を廃位させる民権主義者達の主張が混乱へと導くものにつながる民の自由論であると結論づける。更にカトリックの学者とジュネーブ学派は、それを偏向した狂信によって支持しているという。シドニーはこの部分を引用してその狙いを定める。その後半部ではフィルマーは、それが国王達をその臣民の批判や退位を容認する暴論にしてその人類の自然的自由説であると論難する。その最後の部分においてフィルマーは、結局のところそれが民による自由な政体選択を必然的に招くものであると訴える。当然のことながらシドニーは、一貫してその選択の余地を残す論調を示している。

シドニーは、人々に君主を退位させる自由を認めることに抗するフィルマーの批判について次のように反駁し始める。

「なぜこれが向こう見ずな意見なのか。もし国王と民との間に不一致が生じるならば、なぜ民が国王の意思に服するよりも民の非難に服すべきであると考えることが向こう見ずなのか。民が国王をつくったのか、或いは国王が民をつくったのか。国王は民のためにあるのか、或いは民が国王のためにあるのか。神はサウルがヘブル人達に対して支配するために彼らをつくったのか、或いは彼らは自分達の善をえる意見から自分達を判断するために、かつ自分達の戦闘を闘うために国王を求めたのか。もし神による後に説明される仲裁がその事実を変更するならば、ローマ人達はロムルス、ヌマ、T・ホスティリウス、及びタルクイニウス・プリスクスを国王としたのか、或いは彼らがローマ人達をつくったのか或いはローマ人達を生んだのか[16]」。

ここではシドニーは、共和主義的思想の立場から反専制君主主義論を構成する。即ち、先ず最初にローマの共和制以来の流れをくむ市民の自由確保を措定する。それに対する個人的支配としての君主ないし皇帝は、市民を抑圧する体制として論理を構成していると説く。シドニーは、混合政体論的な均衡論的立場から民の善を優先し、それは神の意志にもかなっているというのである。国王も当然ながらその目的のために、かつ民の意思にそうものでなければならないとしている。シドニーは、そうした民の善にそわぬ恣意的君主など廃位させることが当然とみなすのである。最後に旧約聖書におけるサウル王も同様にして民の善（及びその合理的意思）が神の意思にそうすべきものとする。古代ローマの建国時代の国王達の伝承を事実として示すシドニーは、民の意思や民の善を基本として考えるべきであって、君主の恣意的な支配は非難されるべきであると説くのである。

ようやくわれわれは、シドニーによる恣意的な専制君主批判の極に近づいてきている。

「カリグラやネロのような怪物の家系が消滅されるべきよりも、彼らが、その帝国に服する諸国民とともに、ローマの貴族や平民の貧しい残りの者を破壊させる事が正しかったのか。……私は我々の著者がこれらの諸問題を容易に決定しえると考えたと想定する。そして私は、その国民がその国王達を廃止せねばならぬ自由についてその意見が決して向こう見ずでないことを示すために、この意見にどんな事が基礎づけられるのかを十分に検討することで足りると想定する。しかし彼は、国王達をその民の非難にさらす恐しい結果を提起する事によってこの検討から我々をそらそうと努めるのである。……それ故に我々は、その民によってかつその民のために形成された民会、元老院、或いはいかなる統治官職もそうした権利をもつのか或いはもちうるかどうかを結局のところ考察するしかないのである。というのはその結果がどうであれ国民がもつとすれば、そのままでなければならぬからである。そして一方が悪辣な国王達の欲望を制限する時、人類の善へと進む傾向がある如く、他方は獣全てのうちで最も獰猛な者の怒りへと矯正策なしに国民をさらすのである」(17)。

ここにおいて先ず最初にシドニーは、悪どい専制君主の典型としてカリグラとネロを措定する。彼らが当然放伐すべき暴君であり、シドニーはその悪政がローマの貴族や平民の破壊を黙認してもよいのかと読者に迫る。次にシドニーは、そうした暴君を放伐する自由を向こう見ずな意見として片づけてはならぬという。彼は、フィルマーがそうした意見を破滅的な結果をもたらすと脅しつつ、その論点をそらそうとしているとみなす。シドニーは、自らの共和主義的混合政体論の立場から「自治」的に形成された三身分に基き、暴君放伐権をそれぞれがもつのは当然として論を進める。最後の部分でシドニーは、専制君主を抑制する混合政体を唱え、かつその国民全体を危険へとおとし入れる絶対君主制を悪辣な政体として斥ける。

シドニーは、この第二節において次のようなフィルマーの『家父長論』第一章の一節を引用することによって、それに答える形で結びに近づける。

「J・ヘイワード卿、A・ブラックウッド、J・バークレイおよび他の者は、ブキャナンとパースンズの両人を学問的に論駁しており、かつ多くの点において国王の権利を擁護している。しかし彼らのうちの全ては自分達が人類の自然的自由と平等から引かれた議論となると、異議なく明らかな原理のためにそれを認める（それに否定も反対すらしない）。……もし彼らがこの最初の誤まった原理を論駁のみしたならば、民衆扇動の主要な基礎は、取り去られてしまおう。人類の自然的自由のこの主要事項に伴う反乱的結果は、その国王の権利についてのもともとの真理の適度な検討のための私の十分な根拠でありえ、その肯定のために多くが言われており、かつ多くの者によって言われているのであり、その否定には衡平の見地から若干の留保をなすべきと言われている(18)」。

この文節の前段においてフィルマーは、その反駁のために三人を列挙するが、実のところそのヘイワードは人類の自然的自由を認めていない。残りの二人は認めている。シドニーは、それをほぼ全体的に引用し、フィルマーもそれを認めているとし、譲歩とみなしている。シドニーの強調は、むしろその後段にある。彼はフィルマーの原文を次のような形で引用する。即ち、「彼らが民衆の扇動と呼ぶものの構造全体は、自然的自由が取去られれば、地におちてしまおう(19)」と。つまり絶対君主主義派が恐れる民衆扇動の基礎は、人類の自然的自由であり、彼らはそれが取り除かれることで十分とみなしているという。その結びの節は、「他方、もし我々が次のことを証明するならば、専制政体の構造全体が大いに弱められることを認めなければならない。即ち、諸国民が法を形成し、かつ自分達の統治者達を構成する権利をもち、かつそのように構成されるようなものは、彼らが任命される人々によってかつその人々のためにそうした人々に対して自分達の行為の説明を負うことを(20)」となる。

この結びの文は、専制政体の是正論を説くものとなっている。即ち、シドニーは絶対君主主義派の主張全体を諸国民の自治の論理によって、諸国民に法形成権と為政者構成権をもたせることによりその政体変換を説いているのである。

(1) 例えば、A. Sidney, *Discourses Concerning Government*, London, 1751, pp. 130, 200, etc.
(2) 例えば、J. Goldsworthy, *The Sovereighnty of Parliament*, Oxford, 1999, etc.
(3) 例えば、S. W. Katz (ed.), W. *Blackstone: Commentaries on the Laws of England* (A Facsimile of the First Edition of 1765-1769), Vol. I, Chicago, 1979, etc.
(4) 例えば、J. Jowell et al. (eds.), *The Changing Constitution*, Oxford, 2000, etc.
(5) Q. Skinner et al. (eds.), *Republicanism: A Shared European Heritage*, Cambridge, 2002, Vol. I, etc.
(6) Sir Robert Filmer, *Patriarcha*, Additional MS 7078 (Manuscript in the Cambridge University Library), ix, 1 MS, etc.
(7) Sir Robert Filmer, *op.cit.*, 1 MS.
(8) *Ibid.*, 1-2 MS.
(9) *Ibid.*, 2 MS.
(10) A. Sidney, *Discourses Concerning Government*, p. 5.
(11) A. Sidney, *op.cit.*, p. 5.
(12) *Ibid.*, p. 6.
(13) *Ibid.*
(14) A. Sidney, *Court Maxims* (Warwickshire Record Office MS CR 1886), 205 MS, etc.
(15) Sir R. Filmer, *Patriarcha*, 2-3 MS.
(16) A. Sidney, *Discourses*, p. 7.
(17) A. Sidney, *op.cit.*, p. 7.
(18) Sir R. Filmer, *Patriarcha*, 3-4 MS.
(19) A. Sidney, *Discourses*, p. 8.
(20) A. Sidney, *op.cit.*, p. 8.

(二) 国家の秘密と盲信《インプリシット・フェイス》について

シドニーはその主著第一章第三節を「盲信（Implicit faith）は愚者に属し、かつ真理は諸原理を検討することによって理解される[1]」と示す。その問題設定は、フィルマーの『家父長論』第一章（全三二章版）の次の部分に対応している。

「本論文では私は自身で次のような諸点に警告を与えるものである。即ち、第一に、私は当該国家の神秘を阻むことをしない。こうした国家の神秘、或いは枢密会議をその卑しき者は詮索しえぬ。盲信は、自らのもつ業における最も卑しき考案者に与えられるし、次にそれ［その秘密］がどれくらいなのかは、政体の深い秘密にある君主に当然与えられるべきである。国家の最大な政治行為や命令の大義と目的は、全ての人々の目を眩ませ、かつ人々全ての能力を凌ぐのである（公事を管理するのに絶えず通じている人々以外に）。

しかし自らの君主に服従すべきことにおいて各人が知るための規則は、主権者が命令し得る諸点について相対的知識なくして学ぶことができぬ故に、上位者の命令と好みが海外に達する時、及び各人の自らの行動ないし危害を規制する仕方を自ら知るべき服従を求める時に必要である。というのは命じられたそのものの性質に従って、積極的服従ないし受動的服従がなされるべきであり、かつこれは君主権力を制限すべきでなく、カエサルのものなどであるものをカエサルに与えることによってその臣民の服従の範囲を限定すべきであるからである[2]」。

ここでのフィルマーの主張は、きわめて単純明快であって、政治研究の中心的問題に迫るものである。フィルマーは徹底したエリート論的治者の立場からその下にある臣民に絶対的服従を求める支配類型を示す。即ち、フィルマーは、国家の秘密にかかわる高度な事柄が盲信をもつ輩やそれらに関する能力をもたぬ臣民には適さぬ故に、主権的君主によって担われるべきであり、その他の民など彼らに従うことが当然とみなす。従って、主権的君主は無制限な権力をもつべきであり、そうした世俗的君主には権力が本来備えられて生を受けており、当然のこととして彼に絶対的権力を委ねるべきであるという。故にその臣民は、その天賦の才がそなわった国王に対する絶対的服従へと規制されるべきであると説くのである。

このフィルマーの論理構成が国家統治のリーダーシップを含む内容ゆえに、より込み入った論駁の構成がシドニーにとって必要となる。こうした意味内容からわれわれは、本項の主題として「国家の秘密と盲信との関連」の節を示したのである。そうした問題把握に立脚してシドニーは、次のようにその第三節を説き起す。

「フィルマーの仕事は、自由と真理を覆えすことにある一方で、彼は自らの一文で『国家の神秘（即ち統治の神秘）を阻まない』と控え目に告白する。フィルマーは、次のような盲信によるそうした探究を否認する。即ち、こうした盲信は、愚者、及び問題点についての不注意の如く、あたかも自分達が理性を失なって行動したような人々以外のいかなるものにも思い込ませなかったものである。これは教皇権力の基礎であり、かつそれはローマ教会を構成する人々がその司祭達の言葉に自分達の良心を服せしめるように、かつ彼らに教えられることが真偽のいずれかを知るために聖書を探る必要から、あたかも自らを解き放たれるとみなすように説得しうる以上には存続できないのである。この事は、我々の著者ないしジュネーブ学派の著者達がローマの旧教徒の教義に最も一致するかどうかを示しうるのであるが、彼の事例は自らの告白よりもなお一層愚かなのである[3]」。

ここでのシドニーによる問題設定は、重要な論点である国家統治事項に関するものをフィルマーの譲歩と決めつけ、盲信という両者にとっての否定すべき項目から責めるものである。先ず最初にそれは、当然の如く理性を失なった形での盲信を意味する概念に標的をしぼっている。シドニーによればそうした盲信は、ローマ教皇権力に象徴される如く司教への妄信を通じてなされるものであるという。それは、聖書を自ら理解しようとするのではなく、彼らの司祭に黙従する形態の信心であると論難するものである。シドニーは、カルヴァン派の学者達をローマ教会派の人々と同等化するものであると一刀両断にする。

次にシドニーは、その政治理論の中心的事項へと切り込む。

「このルールは、我々をして国家事項を探究するように、かつもともとの政体一般原理及び特定的には我々自身の有する政体原理を検討するように義務づけるのである。我々は、我々が誰が統治官であるのか、なぜ彼が統治官なのか、誰によって統治官が統治官であるとされるのかを知るのでなければ、真偽、正誤を区別しえず、或いはその統治官に負うものがどんな服従なのか、或いは我々が何をその統治官からまさしく期待しうるのかを知りえないのである。こうしたことは、多分『国家の神秘』と呼びうるものであり、かつあるものが我々を強いてそれらが『神秘』とみなさせよう。しかし自身を『神秘』について無知であると告白する者が誰であれ、次のように認めねばならぬ。即ち、自らが上部構造事項についていていかなる判断も与えることができず、かつそうする事によって他の人々が自らが言う事を少しも聞くべきでないと、そうした他の者達に明らかにする事を[4]」。

シドニーはもともと戦闘の経験をしており、かつ共和政期にもその残部《ランプ》議会の成員を務めた政治家でもあった。同時代のロックもそのパトロンであったシャフツベリ初代伯の顧問的役割を経験している。両者の共通項は、当時の国政に十分通じていたことが事実であるというものである。ただしシドニーは、ロックより十歳程度年長にしてその内戦期などの時代を過した点などを含めて、ロックとの相違も明らかである。いずれにせよそうしたシドニーの経歴から判断して国家統治の秘密についての理解は、現実の国政について全くの未経験の空想家とははるかに異なる。それにもかかわらずシドニーは、フィルマーの偏向を攻撃する立場からその盲信者議論に立ち向う。彼によれば、統治担当者以外の第三者もそれに関心をもつことは当然とみなす。ただしそうした人々は、その国家統治の核心について客観的視野をうることによってその妥当性をえようとする努力が必要であるという。シドニーはこれによって不十分な知識をある程度補う側面を評価しようとしている。これは、シドニーによる進歩の可能性を含む自由主義的な人間観の一端を示すものであろう。シドニーは、ここでの目的がフィルマーに対する反批判である故に、被治者を全く除外する独断と偏見をもつ支配者側を批判する形となっている。シドニーによればその現体制の事柄についての問題は、その頂点の指導者としての優れた能力を有すべき要件にかかわるという。これは、シドニーによる混合政体論の三要素のうちの一つとしての強力な国王要件を基本に据えるものである。しかしながらその後半の文章は、その国政の神秘について知らぬ者について言及するならば、より具体的に何がどのように知らぬのかを特定する必要があるというものである。

「我々はあらゆる種類の君主を知っており、君主達は他の人々の如く生まれているのである。最も卑しい追従者は、君主達が他の人々のように賢明であるか或いは愚かであるものであり、善人か或いは悪人であり、勇気があるか或いは臆病であることをあえて否定しないのである。王冠は、並はずれた資質を授かっておらず、生まれると直ぐ君主達に見出される資質を彼らが熟させてもおらず、かつ全ての人々が受ける年齢・病・或いは他の偶発事による衰えから彼らを保全してはいないのである。そして世界で最も偉大な国王がそうした衰えへと陥るならば、その国王は最貧な農夫の判断の如く、あの神秘的な知識の能力をもたず、かつ彼の判断能力はほとんど頼りにならなくなってしまおう[5]」。

シドニーはこの文節では、その前の段落における悪名高き皇帝達〔ネロやカリグラなど〕の列挙に続き、「彼らがそうした〔優れた〕才能によってどのようにその地位に就いたのか、そして我々が全ての君主達がそうした有徳において永遠に優れるべきなにがしかの約束神からをもつのか、或いは経験によって彼らがそうする事を見出すのかどうか私は知りたいものである[6]」という。これは理想の国王像と全く逆の君主像を対比した後のものを示す。つまりシドニーは、この引用においてフィルマーによる国家統治の核心部分における君主の絶対性を揺さぶっているのである。従ってシドニーは、彼の君主のカリスマ性を挫こうとする表現を使う形となっているのである。

われわれが重視しなければならない論点は、シドニーにおける混合政体論の貴族的要素にかかわる側面である。それは次の段落で示される。

「この問題は、君主が欠いている大臣達のあの有徳を求めるように我々を進める事によっては改善されないのである。レハベアムの愚の悪しき結果は、ソロモンの顧問達の知恵によっては修復されないのである。ソロモンは彼らの助言を拒絶し、かつレハベアムのような人々は、いつも同じことをなすのである。ネロは音楽家、演奏家、或いは自らの残虐さと好みをもついむべき重臣達以外に誰からも助言されなかったのである。ネロの元老院である『アルカディウス』は、古き悪漢的宦官によって影響された道化者達や料理人達から主に構成されたのである。そして次の事は永遠の真理なのである。即ち、その顧問官達がその彼なくして行動する権限をもたなければ、柔弱な君主ないし悪辣な君主が決して賢明な顧問官会議ももちえず、或いは自らに課せられるその会議によっていかなる便益も受け取りえないことは。その会議は実のところその政体を貴族制的にせしめ、恐らくあたかもそれがその名の如くある限り、我々の著者を不機嫌にしてしまおう。立派にして賢明な顧問官達は茸のように急に出てくるものではなく、重大な判断は彼らを選出しかつ準備するのに必要とされるものである。弱い君主や悪どい君主は自分で労せずしてえられるように顧問官が選出されることを見出す程幸福であるならば、彼らは彼を利用しえなくしてしまおう(7)」。

ここにおいてシドニーは、専断的君主がよき助言者達の忠告に従わぬ悪しき事例を聖書や古代ローマなどの典型事例によってフィルマーの絶対的君主論を批判する。われわれが特に注目するものは、シドニーがその元老院や顧問官会議における貴族制的要素を支柱とする側面である。それは、周知の貴族的知性を政体の一方の基本にしている思想を示すものである。フィルマーにおける欠陥をシドニーは、この最後では悪しき君主の事例における顧問官達の選択についても暴露しようとするものである。

「この『盲信』が君主における深い知恵の想定に基礎づけられるならば、その基礎が覆えされてしまい、その基礎は存在しなくなってしまおう。というのは何ものももたぬ人の判断や品位に信頼を置く事は、愚かさ全てのうちで最も理性のない事であるからである。それ故君主がその資質（その資質に彼への私の信頼が合理的に基礎づけられる）をもちえようがもちえまいが、私は私が彼の人物や命令に関する秘密を調べる（彼が禁じる）のでなければ、彼が必要とする服従をうみ出しえないのである。私は、私が何において服従方法を知りかつ誰に服従するのか知らなければ、服従方法を知りえないのである。そして私が命令されるべきことを知るのでなければ、何において服従すべきかを知りえないのである。私が重大な秘密である指導者のもともとの権利を理解するのでなければ、命令されるべき事を知りえないのである。多くの諸困難に自ら関与することに気づく我々の著者は、以前の過ぎ去った事と同様に愚かな便宜を提案し、かつ主要な問題を前提なくして進める愚かさ同然であり、かついかなる証拠の露すらなくしてその問題を決定するのである。彼は自らが我々を服従するよう義務づけたり、或いは説いたりすべきことを示す前に積極的服従ないし受動的服従を命じるのである[8]」。

この文節においてシドニーは、盲信を逆説的に捉えることによってフィルマーによる批判に反批判を加える。即ち、フィルマーによる硬直的君主をまともに整合すると、その不十分な基盤は崩壊してしまうという。正常な要件を備えない絶対君主に本来の判断や高潔をもつものと措定したところで、望まれるべき国家統治など存在するはずもないと訴えるのである。シドニーが範とする国王像は、優れた判断力や有徳、それにふさわしい品格をもった人物であって、フィルマーが説く君主によって合理的市民である被治者に対して服従など求めることができないという。シドニーの立場は、ここで示している如く国家統治の秘密ないし神秘を全く否定する無政府主義などでないし、その「重大な秘密である命令者のもともとの権利」を踏まえており、自由主義的思想からのものであることは明らかである。最後の文においてシドニーは、フィルマーが論理的筋道を軽視している点を指摘することによって彼の政治的義務論を論難する。

シドニーが自らの正説を主張する場合に彼が主に引き出す事例は、古代ローマや旧約聖書におけるものである。「(何らかの有徳や善が存在している) 世界のそうした時代や地域において我々は、次のような第三の種類の人々を観察できるのである。即ち、彼らは悪事をなさず、かつ法が許容するのに反する事を被らず、或いは公的平和の考慮が必要とするのに反する事を被らない人々を。自ら奴隷をもつ専制君主《タイランツ》達とその残忍な手先達は人類の屑《くず》とみなされ、嫌悪と叱責の対象とされたが、そうした疫病から自らの国を救出したこうした人々は、彼らにはある神的なものを有するものとみなされ、今日までの人類の残りの全ての者には有名である。この種の者のうちにペロピダス、エパミノンダス、トラシュブロス、ハルモディオス、アリストゲイトン、フィロポイメン、L・ブルートゥス、P・ヴァレリウス、M・ブルートゥス、G・カッシウス、M・カトーがおり、古代の異教徒の中に他の多くの者がいたのである。そうしたものは、モーセ、オテニエル、エホデ、バラク、ギデオン、サムソン、エフタ、サムエル、ダビデ、エヒウ、マカベア家の人々などのように次のような時に、自分達の手続きの正しさについての幾つかの証言を聖書から引く如く、ヘブル人達の間で類似な救済実行者であったのである。即ち、彼らは悪を行わず、かつ合理的なことに反することを被むらない時に(9)」。

この文節においてシドニーは、その前の文を受けてから次のように強調する。即ち、ネロやドミティアヌスといった専制君主による悪政下にある諸国民に危害を及ぼす時代にあっても、有徳にして善なる人々が存在する事を。彼は、それを第三の類の人々と示す。シドニーは、『統治論』が当時のチャールズ二世体制（一六八一年頃のウィッグ派に対する弾圧政策）に抗する被弾圧者達による反乱目的のために書かれたものであるゆえに、被抑圧者達を念頭に置くものである。そうした人々は悪行など行わず、法の許容範囲内の危害を被らず、かつ国家的平和にそくする以上には被害を本来受けぬ人々であるという。シドニーは、前述の専制君主が自らの隷属者や獰猛な追従者達とともに悪の象徴と位置づける。他方そうした被害から第三の種類の人々は、残りの民を救出すると称賛する。上記の如く有名人を多く列挙しており、そうした表現は長々とその『統治論』において示されている。これは、シドニーの繰返しの多さとともに彼の主著の特徴であるとも言いうる。この文を受けてシドニーは、次のように本節を結ぶ。

「我々は、［悪しき］それらの諸事例によって学び、かつそれらに与えられた称賛によって学ぶといけないから、我々の著者が行動したり、或いは危害を受けたりする（即ち、命令されることをなし、或いは自分ののどを切断し、或いは自分の家族や国が荒廃されるのを見るままに置かれる）事にその臣民の選択を限定するのである。こうしたことをフィルマーはカエサルのものをカエサルに与えると呼ぶのである。その問題はカエサルのものである事が、彼になされるべきであるかどうかではなく（というのはそれは、全ての人々になされるべきであるからである）、誰がカエサルであるのかであり、何が正しくカエサルに属するのか（フィルマーは決してそれを示さぬ）ということを彼は考察すべきであったのである。故にその問題は、我々が簡潔な仕方でその全体のために彼の言葉を解するのでなければ、あたかも彼が我々に示さなかったように、もとのままに残るのである[10]」。

われわれは、ようやく本項の冒頭で引用したフィルマーの文節に辿りついた。そうした「カエサルのものはカエサルへ」という慣用表現は、政治論において政教分離や独裁的君主権力の是認にかかわるものとして引用される場合が多い。フィルマーは、後者に関連するものであるが、シドニーによってフィルマー批判の材料として使われている。

シドニーによれば、フィルマーはその臣民がこの引用の前文における民の善を行なう有名人達から学習するのはよろしくないので、民の選択を絶対君主路線に極力制限させていると措定する。シドニーは、それを「カエサルのものはカエサルへ」とすりかえてしまっているという。従って彼は、フィルマーがより具体的にそれぞれの対象なり内容を示さない限り、少しの実体性ももたないと一刀両断にしているのである。

（1）A. Sidney, *Discourses*, 1751, p. 8.
（2）Sir R. Filmer, *Patriarcha*, 4-5 MS.
（3）A. Sidney, *op.cit.*, pp. 8-9.
（4）*Ibid.*, p. 9.
（5）*Ibid.*, p. 10.
（6）*Ibid.*
（7）*Ibid.*
（8）*Ibid.*, p. 11.
（9）*Ibid.*
（10）*Ibid.*

㈢ 一般原理としての諸国民の権利について

シドニーの思想をわれわれは、「自由主義的共和主義」としてその仮説を提示してきている。その一方の内容には反専制君主主義を含むが、他方において人間における合理性や多様性を基本としてシドニーは含んでいる。このシドニーの自由主義思想に対してフィルマーの思想は、エリート論的にして保守主義思想の傾向を含んでいる。なぜなら、彼の主張において、国王の自然的優秀性を基本に据え、これに対して民における能力の自然的劣等性を説くからである。本項においてシドニーが『統治論』第一章第四節「特定の諸国民の権利は、そうした諸国民の権利に反する一般原理が真実として受け入れるならば、存続できないのである」[1]によって、われわれは措定する内容を定める。「我々の著者は、我々が彼を信じるならば、『この国民の或いは他の国民の権利ないし自由を問うつもりなどないし、或いは論争するつもりもない』という」。ここでシドニーによるこの節は極端に短いが、その君主主義者に抗する立場は明瞭である。この残りの全文は以下のようである。

「彼のみは、そうした諸国民が自分達を一人物の意思に必然的にして一般的に服しめるときに、こうしたいかなるもの［諸国民の権利ないし自由］ももちうることを否定する。そして彼は、我が国の国民と同様に世界の各国民に適用できぬことについて話さないのである。しかしフィルマーの悪意の辛辣さがイングランドに抗して最も特定的に向けられるように思える如く、私は、有名なフランスの淑女が自分の父・夫・兄弟・及び彼女の最も近い親族関係をもつ多くの者を毒殺する事のみ意図した如く、彼が偶然によってのみ他の諸国に危害を加えると信じる気にさせられるのである。しかししくじることを恐れる彼女は、彼らがその危害から逃れるよりもむしろ、彼らと幾度も食事をした、他の多くの貴族の命を奪うことを好んだのである。そしてそのことが彼女を許すべきであるならば、私は彼も非難されなくする事に満足してしまうであろう。フィルマーの罪は、彼女がとがめられる罪よりも比べものにならないくらい重いし、或いは国民を顧慮せぬいかなるものよりも重いけれども」[2]。

この文節においてシドニーは、絶対君主への民の絶対的服従をフィルマーが説くと定め、その国民のいかなる自由も権利ももたせないという。シドニーの立場は、周知の如くロックと同様に類的人間を民の要件とみなすゆえに、フィルマーのそれが何らこうした側面について明確にしていないと皮肉る。ここにおいてシドニーが導入する婦人は、一六九八年版の編者も示す如く、ブリンヴィエ侯爵夫人であり、二〇世紀版の編者によって示されるように「一六七六年にパリで自らの多くの毒殺関与により処刑[3]」された人物である。そうした毒殺者による犯罪よりもフィルマーの罪は、質が悪く、かつ計り知れないのであると説く。

（1）A. Sidney, *Discourses*, p. 11.

（2）A. Sidney, *op.cit.*, pp. 11-12;——, (P. A. Samson [Traducteur]), *Discours sur le Gouvernement* [3 vols., La Haye, 1702], Tome I, pp. 26-27.

（3）A. Sidney, *op.cit.*, p. 11; T. G. West (ed), A. Sidney: *Discourses*, 1990, p. 16, etc.

(四)　自由と隷従をめぐって

既述の如くシドニーの主著における形式論理的な中心目的がフィルマーによる人間の自然的自由批判に抗する反批判であるが、われわれは本項を自由と隷従をめぐってと示す。それは、シドニーの『統治論』第一章第五節「一人の意思に依存する事は、隷従である[1]」の内容を表現するものである。即ち、この共和主義者は、人間の自然的自由を主張し、その対極に隷従を位置づけるゆえである。本項は三つの部分からなる。その第一の部分は、フィルマーの『家父長論』第一章（全三二章構成版）での中間節に対応するものである。フィルマーは、次のように自らの敵に抗する批判を展開する。

「私の務めは、それら［国民の権利ないし自由］が誰からきたかを問うためであり、そうした権利が何であり或いはどれくらい多くあるかを争う故ではなく、そうしたものが自然的自由の法からか、或いは君主の慈悲ないし恩恵から引き出されるかどうかを問うためである。私の願望や希望はイングランドの民がこの世のいかなる国民と同様に十分な特権を享受しえ、かつ享受する事にある。世界における最大の自由（もしそれが正しく考慮されるならば）は、民が君主下に生きる事にあるのである。それはこの王国のマグナ・カルタである。自由の他の外見ないし言い訳の全ては隷従のいくつかの度合に過ぎず、かつ自由を破壊するのみの自由に過ぎないのである。例えば、人類の自由を主張するような人々は、私がそれを検討するのに専心する自由に立腹するならば、そうした人々は自分達が卸売りで肯定するあの自由を小売りでは否定していない事に注意しなければならないのである。というのは彼らの定立が真であるならば、その仮説は次のようになるからである。即ち、全ての人々は自分達がその自由の遺産ないし自由保有権を主張し、かつ保つ彼ら自身の憲章、証書、或いは証拠を検討しうるように［なる］(2)」。

フィルマーは、この文節の最初の文で自らの『家父長論』の役割が誰から（国民の権利が）生じたのかを明確にし、かつその自然的自由の法から出たのではなく、君主による賦与によったとして反駁することにあるという。この事に対しシドニーは次のように対応する。「フィルマーが考えているようにこの事は、一国民の権利が何であるかを問うのではなく、どこからきたのかを問う」と主張する事によって、更に和げられるのであるという。シドニーは、引き続きその後段でも次のようにその標的を定める。即ち、「彼は、そうした権利が自然的自由の法から生じうることを、或いはその君主の慈悲と恩恵以外のルートから生じうる事を否定するが、彼は彼らが少しもそうしたものをもちえぬと宣言する事を考慮することによっては和げられない(3)」と。

ここでのシドニーの表現は遠回りとなってしまったが、そのフィルマーによる批判を標的としている部分である。シドニーは、そのフィルマーの表現において明確であるように、それが自然的自由の法から生じているのではなく君主の慈悲と恩恵の心から発していると定めるのである。これに対してシドニーは、自らの明瞭な論理立てを展開する。「というのは自由が他人の意思に対する独立から全くになり、かつ奴隷の名によって我々はこうした人間（それらの人間は、自らの身体も財も扱う事ができぬが、自分の主人の意思で全てを享受する）を理解する如く、もしそうした人々ないし諸国民が次のような奴隷でなければ、本性上奴隷のようなものなど存在しないからである。即ち、そうした奴隷達は、自らが気に入るときはいつでも自らが取り消しうる、君主の恩恵以外に彼らが享受する事に対する権限をもたぬと」[4]。

シドニーは、ここから飛躍させて自由対隷属図式を採用する。その理由は、市民の自由の要点を他人の意思からの独立とし、一人間への依存を隷属と断定し、対比させる。それが絶対君主への民の絶対的服従であると批判する。シドニーはそうしたモデルの上に更にフィルマーに迫る。「次のようなフィルマーの主張には通常の範囲を超えた大げさなものがある。即ち、『世界における最大の自由は、民が君主下に生きる事にある』主張には。つまりこの君主が神と自然から自らの権利をもつということは、自らが好むことをなす無制限な権力が与えられ、かついかなる法によっても制限しえぬということである（とフィルマーは自らの著書において証明するとき）」[5]。

シドニーはフィルマーがその簡明な図式において絶対君主に力点を置き、それを徐々に具体化するという。即ち、君主が天から自然的自由が与えられることを大前提にするという。その君主制下で民が生きることこそ民の自由なのであり、その場合には君主は無制限な権力が賦与され、法によってさえも制限しえぬとするものである。ここにはボダン的な絶対君主による近代国家権力の集中的な基本的要素が樹立することとなろう。この政体下の民の自由が、正に「隷従」に他ならぬとシドニーは言うのである。

続いてシドニーは、それに法の支配や自由な国民の事例とからめる。「ギリシャ人、イタリア人、ガリア人、ゲルマン人、スペイン人、及びカルタゴ人（彼らが自分達の間で力・有徳・或いは勇気をもつ限り）は、自分達でそうした〔アジア人のような〕従属を嫌った故に自由な諸国民として尊敬されたのである。彼らは自分達の形成法によってのみ統治されたし、統治されたであろう。即ち、『法の支配は人の支配よりも強力であった』（リヴィウス著『ローマ史』）。彼らの君主達でさえ、命令権よりもむしろ説得の権威ないし信用をもったのである[6]」。

この部分においてシドニーは、文脈上フィルマーが専制君主下の隷属と自由な国民を混同させている点を論難する一方で、自らの自由意志をもつ理性を備えた市民像によって自らの基本を示しているのである。更にシドニーは、自らの国の法にかかわる問題を導入する。

「我々の祖先達の意図は、疑いもなく『マグナ・カルタ』及び他の先行する法或いは後の法によって、我々の間にこれ［自由］を樹立する事にあった。しかし彼らは、それらの内容がその国王に気に入る限りでのみ効力を有するべきであるという一条項を加えるべきであろう。それは、アルフレッド王（彼の法にマグナ・カルタは基づいた）は、自分がイングランド国民が一人物の内面的思想と同様に自由であると言った時、それが、彼らの主人達に気に入る限りそうであるべきことを意味しただけとなる。この事は我々の目的であった（ように思える）。その法の下で生れ、かつ国王達の侵害に抗してきわめて勇敢に自分達の権利を擁護している人々から伝えられる我々は空虚な幻を追っていることとなり、かつ汗・財産・及び血を犠牲にする事なく、全て国王の手へと投入する事によって彼らが愛した自由を確保したことになってしまおう[7]」。

この文節においてシドニーは、フィルマーが古来の法の支配説の典型としてマグナ・カルタをフィルマーの立場から支配の象徴として（臣民を服従させるもの）使っていることに対する批判をなしている。シドニーもフィルマーもともにマグナ・カルタを是認する立場から古来の立憲制を基本に据える点においてロックと異なる。周知の如くロックにおいてそうしたナショナリズム的なものがきわめて薄い故に、ロックの中にイングランドのナショナリズム思想を認める論者はきわめて少ないのである。この点においてシドニーの思想は、ナショナリズム的要素を十分にもつ

（愛国主義という言葉を使う論者もいる）といえる。シドニーは例の如くフィルマーによる言説をより特定的に分析することによって自らの論法を組み立てる。ここではマグナ・カルタに先行するアルフレッド大王を導入することによってシドニーは、逆説的に示しながらフィルマーにより込み入った反批判を加える。周知の如くマグナ・カルタは、中世的身分制度を大前提として封建領主の立場からその権利を確認する内容のものであるが、シドニーはそれを国民の権利として（自由主義的に解釈する）君主権力の制限内容を含ませているのである。しかしここにおいてわれわれの共和主義者は、フィルマーによる人類創造以来連綿と継続されたとする君主神授権説を批判する立場からこの大王説が権力制限的である内容を強調しているのである。

われわれは、次にシドニーによるフィルマー批判の第二の部分へと移ることとする。それは、そのフィルマーによる言説の前の文章に続くものである。

「第三に、私は自然的自由の点において逆な意見をもつような学者達全ての価値を減じるものではない。これまで知られた最も奥の深い学者は、発見し得る各真理から探り出しえず、自然哲学におけるアリストテレスにおいても神学におけるフッカー氏において同様である。彼らは全くの人間であるが、私は大抵の点において彼らの判断をあがめるし、次の点における彼らの誤謬に対してさえ私自身負うている事を告白する。私が彼らの意見において誤りに気づいた事は、彼らが見逃す（と私自身を納得させる）あの真理の発見に私を導いたのである。小人は、巨人が見逃す事を見る事ができるときもある。というのはある真理が奇妙に探られる一方で、もう一つの真理は必然的に無視されるに違いないからである。後の著述家達は、次のような巧みなスコラ神学者達から信頼に基いてあまりにも多くを取り上げ過ぎている。即ち、そうした巧みなスコラ神学者達は、教皇の下へ国王を押し下げる事を確かにするために、国王の上に民を進める事を最も安全なコースとみなしたし、故に教皇権力が君主権力により容易にとってかわるためにこそうしたのである。多くの無知な臣民は、人間が自らの君主に対する裏切り者となる事によって自らの国のために殉教者となりうるこの信仰へとだまされている。しかし臣民を王党主義者と愛国主義者とに新しくなされた区別は主に不自然である。というのは国王と民との関係は、彼らの幸福が相互的である程強力なのである」[8]からである。

シドニーは、このフィルマーの文節について三つの文に分けて引用する。その第一の部分は、次のようにシドニーによって表現される。「私は、学者達の価値を減じぬようなフィルマーの温和さと配慮をほめざるをえぬが、彼ら全てが次のような彼自身を除き、誤まりを被ったように思える。即ち、彼は横柄・無知・厚かましさを通じて無謬とされると」。シドニーはその自らの文において確かにフィルマーが部分的に無謬でないことを認めるが、その大半において誤りがあることを認めていないと責め立てる。「もしフッカーやアリストテレスが自然的自由について彼らの基礎において誤まったならば、彼らがその自由の上に立てる時、どのようにその道理においてありうるのか。或いはもし彼らが誤まったならば、どのように彼らは引用されるのに値しうるのか、或いはむしろなぜ彼らの意味を歪曲するようにそうした配慮がなされるのか。我々の著者がその彼らの誤謬によって、その真理の知識へともたらされるように思えるのである」[9]。シドニーはここにおいて基本的には自然法的な人々の自然的自由を前面に出し、かつ逆説的に示しつつそれに対するフィルマーの愚民論的解釈によって歪曲されているという。次に前者は、フィルマーが自然的自由論者達によってその偉人達などの引用において誤まっているとすれば、それによってフィルマーに対して理論が立てられるのかと問うているのである。

続いてシドニーはフィルマーの前出の文について、次のように引用する。「『人々は、巨人の肩に立っている小人の事を聞いているのであり、その小人はその巨人よりも更に先を見たのである』が、その地面に立つ小人はその巨人が見過した事を見る今、我々は小人から学ばなければならぬ[10]」。かくしてシドニーによれば、一般に優れていると認められる者でも劣っていると思われている者から見ると気づかない点もあるとするフィルマーに対し、更に前者は民の自然的自由に論をしぼってたたみかける。

「もしそこにこの事について意味があるならば、その巨人は盲目に違いないか、或いは彼にとって役に立たぬような目しかもたないにちがいないのである。彼は、自分と遙かに遠い所にあるもののみ留意したのである。これらの偉大にして学識ある人々は、自分達の教義全ての正に原理と基礎を誤解したことになる。もし我々が我々の著者を信じるならば、この不幸は彼らがあまりにもスコラ神学者達に信頼を置き過ぎる故に、自分達に降りかかったということになる。彼は、アリストテレスをあげ、かつプラトン・プルタルコス・ツキジデス・クセノフォン・ポリュビオス・及び古代のギリシャ人やイタリア人並びに次のような他の全てのものを含もうと意図すると（私は想定する）。即ち、その他の者は、教皇権力を進めるために、スコラ神学者達の模倣においてのみ、自然的自由を主張したのであると。そして彼らは、フィルマーや彼の同僚達が彼らに反対しなかったならば、彼らの意図をやり遂げていただろうということになってしまおう[11]」。

以上のことについてシドニーによればフッカーに代表される当時の国教会派の有力な学者達は君主制を大前提として論じているところに問題を残すという。ところがフィルマーは、彼らがスコラ哲学者達の学説を信じ過ぎたために民の自然的自由を肯定することに誤りがあると解しているとする。シドニーによれば、フィルマーが反専制君主を強調する古代の偉大な学者達までもそうした誤りに含もうとしているというのである。更にカトリック教徒は、教皇権力を推進するためにスコラ神学者達のモデルに従っているのであるという。フィルマーは、傲慢にも自分達がそのカトリック派の悪しき意図を指摘したからこそ、新旧両教徒をフッカー派の学者達が混同しなかったと豪語するものであると、シドニーは皮肉る。

シドニーによるフィルマーの『家父長論』第一章における最後の言及は、次のようになされる。「これらの人々は、我々に王党主義者と愛国主義者との間の不自然な区別をなすように教え、かつ我々に次のようには思わせなかったのである。即ち、『国王と民との関係は、彼らの幸福が相互的である程強力なのである』ようには[12]」。この場合の王党主義者は、フィルマーによる絶対君主主義者のことであり、フィルマーがいう愛国主義者はシドニーのような共和主義者にとって当然の内容であるが、前者による意味が狂信者的意味を含むものである。故にシドニーは、フィルマーによるその意味づけに反発したものである。後半の文章は、フィルマーにとって君主と臣民との重大な依存関係を含むものであるが、シドニーとその点では共通点をもつとしても、前者がそれを知らせまいとするものと解しているのである。

シドニーによるその文に続く残りの文節は、以下のようである。「もしこれが本当ならば、民がタルクイニウスを追放する時、タルクイニウスはローマにおける国王を継承する事が彼にとってよいとなぜ考えたのか、或いは民は、彼が継承したがった時、彼を追放する事が民にとって善とみなすようになぜなったのか。シラクサ人達は、ディオニュシオスが力によって撤退されるまで、彼がやめることを潔しとしなかった彼の僭主政体《ティラニー》をなぜ破壊したのか。どのようにネロは、ローマを燃やす事を考えたのか。或いはカリグラは、民の幸福がかくして相関連したならば、民を一撃で切断するために一つのみの首をもつ事を望んだのか。こうした人々が悪辣な人々ないし狂った人々であったという事では十分でないのである。というのは他の君主達はそうでもありえ、かつ彼らと異なる同じ理由がありうるからである。もしその提題が一般的に真でなければ、それが特に証明されるまでいかなるものについても真であると受け入れるべきではないからであり、次にそれは君主に必要な特性を帰すべきではなく、その人物の個人的有徳に帰すべきであるからである[13]」。

この文節においてシドニーは、幾度ともなく延々と繰返す古代の悪名高き僭主達を導入してそれぞれの暴君とその下の民との関係の問題を想起させることによって、フィルマーの矛盾を明らかにしていく。つまるところシドニーは、そうした暴君の悪政に対してその責任をそうした君主の徳性に帰すのである。ここにこそイングランドの共和主義者に特徴的な指導者の資質論（個人的有徳を第一義とする）があるのであって、徹底した民主主義思想としてシドニーの思想を割り切る場合の疑問となる一面なのである。いずれにせよシドニーは、こうした論法によって彼の『統治論』の主張であるチャールズ二世体制に抗する民の反乱目的を際立たせるのである。

われわれはシドニーの主著第一章第五節におけるフィルマーの引用の最後の部分にようやくたどり着く。それは、フィルマーの『家父長論』第二章（全三二章版）「ベラルミーノから述べられた問題（及び彼が記した幾つかの矛盾）[14]」の前半部にかかわる。

「この人類の自然的自由問題を明らかにするために、私はこの論争状態を最も明確にすべくベラルミーノ枢機卿のいくつかの諸文節を配する事とする。彼らが言う如く『世俗権力ないし市民権力は、人々によって設立されるのである。その権力は、人々によって君主に与えなければ、その民にあるのである。この権力は、その臣民にあるように、多数者全体に直接的にあるのである。というのはこの権力は、神法によるのであるが、神法はいかなる特定の人にもこの権力を与えていないからである。もし実定法が取り去られれば、（平等である）多数者間では一方よりも他方が他の者に対して支配すべきであるという何らの理由も残さないのである。権力は、一人に対して多数者によって或いは同じ自然法によってより多くの者に与えられるのである。国家それ自体は、この権力を行使しえぬ故に国家がある一人ないしある少数の人々にそれを与えざるをえないのである。多数者に対して国王ないし執政官、或いは他の統治者を命じる事は、多数者の同意によるのである。そしてそこに合法的大義が存在するならば、多数者は王国を貴族制ないし民衆政体へと変え得るのである』(Lib 3, *De Laicis*, cap. 4)。ここまでのところではベラルミーノは私が読み、或いは聞いている全てのものの力が含まれる諸文節において、臣民の自然的自由のために創作したのである」[15]。

このフィルマーによる問題設定は、周知の如く、宗教改革派的イングランド国教会体制派対反宗教改革派との対立図式によってなされている。つまりイエズス会士であるベラルミーノの学説は、イングランド体制宗教破壊のための民の自由論にして民の意思による体制選択論であると決めつけられる。フィルマーは、そうした悪意による自然的自由論なり体制選択など認めるわけにはいかないと批判する。そのフィルマーの標的は、当然ながらシドニーの自然法思想から発するものとほぼ重なることとなる。このフィルマーの反駁に抗してシドニーは、次のように反論する。「私は、次のようなベラルミーノから取り出された諸節において、いかなる大問題も見出さないのである」[16]とし、この共和主義者は、前出のフィルマーの文を配する。このシドニーによるフィルマーの批判は、つとめて平静に呼応している。逆にフィルマーが大騒ぎをしている側面に問題があることをシドニーは暗に示しているのである。

（1）A. Sidney, *Discourses*, p. 12.
（2）Sir R. Filmer, *Patriarcha*, 5-6 MS.
（3）A. Sidney, *op.cit.*, p. 12.
（4）*Ibid.*
（5）*Ibid.*
（6）*Ibid.*
（7）*Ibid.*
（8）Sir R. Filmer, *op.cit.*, ix, 6-7 MS.
（9）A. Sidney, *op.cit.*, p. 13.

(10) *Ibid.*
(11) *Ibid.*
(12) *Ibid.*
(13) *Ibid.*
(14) Sir R. Filmer, *op.cit.*, 7 MS.
(15) *Ibid.*, 7-8 MS.
(16) A. Sidney, *op.cit.*, p. 13.

(五) 政体形態の選択と廃止

シドニーは、その『統治論』第一章第六節においてわれわれの前項に連続する形式をとっている。即ち、シドニーは、ベラルミーノの自然的自由論と表裏をなす政体論に対するフィルマーに抗する反駁をなしている。われわれは、本項を政体形態の選択と廃止と題している。それはシドニーの「神は、人間に政体形態の選択を任せ、かつ一形態を構成する人々はその政体形態を廃止できる」[1]節の内容を表現するものである。シドニーは、この節においてフィルマーの『家父長論』から二つの部分からなる引用を行なっている。その前半部は、後者の第二章の後半部からのものである。われわれは、その検討のために全てを示すこととする。というのは、シドニーによるその反論は、基本的にフィルマーの文章にそっており、かつそうすることによってその微妙な差異も確認できるゆえである。

「私がこれらの諸教義を検討したり或いは反駁する前に、私は彼［ベラルミーノ］の言葉について考察しなければならぬ。第一に、彼は神法によって権力が民に直接的に存する如く、かくする事によって彼は神をして民衆政体的地位の創造者とせしめるのである。というのは民衆政体《デモクラシー》は、多数者の権力の何ものでもないからである。もしこれが真であれば、貴族制も君主制全てとともに、神が自ら民衆政体を選んでいる如き場合であれ人々によって（彼が考える如く）命じられたので、全て非合法的である。第二に、彼が考える如く民衆政体は神の命令であるが、民は神が人々に命じている権力を行使する力をもたぬけれども、自分達の権力を退ける権力しかもたぬと。かくする事によって次のようになるのである。即ち、次のような理由でそこでは民衆政体など存在しえないのである。即ち、その民（彼が言うように）は『一人或いは少数の人々に彼らの権力を与えねばならぬ故である。民衆政体は多数者がもともと彼らにその権力を与えた、同じ自然法によってさえなすように拘束されている、君主制的地位ないし貴族制的地位のいずれかを形成するゆえである』。そしてそれで多数者がその王国を民衆政体へと代えることができると彼が言う理由は何か。第三に、彼は次のように結論づけるのである。即ち、『合法的大義が存在するならば、その多数者は王国を貴族制ないし民衆政体へと代えることができる』と。ここに私は、誰がこの大義について判断する事とするのかを喜んで知りたいものである。もし多数者（というのは私は他の誰もなす事ができないと考えるからである）が判断すれば、これは有害にして危険な結論である[2]」。

この文節においてフィルマーは、ベラルミーノに対する批判の本論とするのではなく、その予備的な言葉上の注釈と位置づけるのである。特にわれわれが注目するのは、絶対君主主義の立場から民衆政体ないし多数者の権力批判に関するものである。当然のことながらそのフィルマーに抗してシドニーは、われわれが検討するその節の冒頭からそれを引用する。

「ロバート卿は、『自らがベラルミーノの言葉を検討し或いは論駁する前に、ベラルミーノの言葉について考察した』がり、かつ実のところ彼［フィルマー］が彼の教義を検討したり或いは理解したりしていたとしても、彼［フィルマー］がベラルミーノがなすようなその教義の特性を捉える事など可能ではなかったのである。第一に、彼は正にこっけいに次のように結論づける。即ち、『もし神法によってその権力が民に直接的に存するならば、神が民衆政体の創設者である』と。そうすればそれはなぜ専制政体《テイラニー》と同様ではないのか。神の存在と矛盾する専制政体に何があるのか。アテナイの民衆政体《デモクラシー》よりもカリグラの君主制を神に帰するどんな多くの理由があるのか。或いはスイスの人々とグリゾンの人々の民衆的政体よりもオスマントルコの君主ないしフランスの君主において神の存在を主張する事は、神の栄光のためであるのか。横柄・悪意・贅沢・及び暴力は、それらを行使する彼らが神の代官と称せられる程神の存在に適合しうるのか(3)」。

われわれが確認したいのは、フィルマーが論駁しようとするものが彼の絶対君主制論に反する民衆政体論なのである。これに対してシドニーは、自らが主張する自由主義的混合政体論とかなり重なる民衆政体論をここでは擁護しようとするものである。シドニーによるフィルマーの『家父長論』引用部分は、ベラルミーノを否定とする文であり、シドニーはそれを自らの論理にそってかえているものである。それはシドニーによる民衆政体の擁護という結果となっており、シドニーはフィルマーの絶対君主制を専制政体として批判する。次に彼は、自らが常に対照的に導入している多数者を基本とする古代から当時の時代までの政体と、専制政体のそれとの好対照をここでも列挙し、その前者の善と後者の悪を際立たせようとしている。最後にシドニーは神の名の下でそれらを訴えているのである。シドニーによるその主張は、次のようになっている。

「次のように云う事は愚かなのか。即ち、人類に対して善と慈悲をもってのぞむ神は、自由の用い方を理解する規準によって自由の便益全てに公平に与えている故に、必要があればいかなる国民にとってもある制限や条件下で一人ないしそれ以上の人々にあの権力行使を与える事が合法的であり、或いはもし彼らがそれらのために善とみなしたならば、その権力を自らもつことが合法的である事は。もしこれがなしうるならば、人類全てが服さねばならぬ、神によって樹立された一政体形態論争全てが我々にはなくなっている。そして我々は次のように結論づけても差し支えないのである。即ち、神は人々自身で善である事を判断する能力がある程度人々全てに与えていたので、他者以上に一方を支持する事なく、人々が最も好むような諸形態をつくる自由と同様に、全ての者に与えているのであると」[4]。

　シドニーは、この文節において民衆政体という言葉を使用していない。シドニーは、自らの主張の基本に自由主義思想を置いているとみなすべきである。当然ながらそれは、古代以来の市民の自由・自治概念に関連するものであり、従って神から賦与された理性的判断能力を強調するのである。そうした人々には当然ながら自由と平等が与えられているとしている。そうした諸国民は、神法から自然法へとつながる法に基づく権力行使によって機能する政体をその互いの善のために形成すると説く。そうした政体は、民の善のために存するが全面的な民による政体形成ではないとしても、最終的には民の納得のいくものとなるために、その民のために政体権力行使を制限的なものとして説いているのである。続いてシドニーは、次のようにフィルマーによるその反駁の言説を捉えている。

「R・フィルマーの第二の言説は実のところ虚偽の上に基礎づけられている。ベラルミーノは、民衆政体が他のいかなる政体以上に神の命令であるとは言わず、かつその民が自分達の権利行使をなす権力をもたぬなどとは言っておらず、彼らは、一人ないしそれ以上の者にその権力行使を（即ち、通常的に）伝えると云うのである。そして確かに彼らは、特に小都市において自ら権力を保持する時もある。しかしそれがベラルミーノによって観察されたかどうかは、我々が擁護する我々の大義には何もなさず、彼には何もなさないのである」[5]。

　一七世紀イングランドにおいて民衆政体《デモクラシー》は、自然法のようには必ずしも正統性的シンボルとはなっていないのである。逆に当時は極端な急進的政体シンボルとしてみなされる傾向があったと言われる。特にフィルマーのような王党派にとってプラス的シンボルよりも否認的シンボルとみなされていたのである。シドニーなどの自由主義的思想家達の間でさえもその文節にある如く小都市レベルにのみ適するものとみなされ、直接民衆政体的なものと考えていたようである。当然のこととして教皇権を第一義的に据えるカトリック主義者達は、民衆政体を唱道することなどウィッグ派と比較すれば考えにくい状態にあったといえよう。いずれにしてもかなり自由主義的な旧教派の自然法的な政体論でさえ民衆政体論とシドニーはみなさず、フィルマーによる批判を事実に反するとし、軽く斥けているのである。

シドニーの次の文節は、彼の第六節における本論である。

「次の論点は厄介であり、フィルマーはかくしてベラルミーノやその彼の原理と一致する人々を困惑させていたとみなす。フィルマー卿は、その政体を変える合法的大義について誰が判断するのかと疑い、かつ『多数者にその権力を置く事は有害な結論』と言うのである。しかしなぜこれを有害とみなすべきなのか。誰にとってこれが有害とみなされるべきなのか。もしそうした元老院への権力容認がネロにとって有害で、人類にとって有益であったならば、その容認の否定は、ネロの悪事に継続する機会を与えたであろうし、彼が破壊しようと努めた最良の人々と、彼らから便益を受ける他の者全てにとって有害であっただろう。しかしこの問題は、もう一つの問題によって影響をうける。というのはもし諸政体が一人物の好み・偉大さ・或いは便益のために構成されるならば、彼は邪魔されてはならないからである。というのはその一人物の意思に反対する事は、その設立を覆すからである。他の側面ではもしその被治者の善が求められれば、その目的が達成されるべき配慮がなされなければならないのである（それはその治者に害を及ぼしうるとしても）。もしその権力がもともと多数者にあるならば、そして一人ないしそれ以上の人々（にその権力行使ないしその一部がゆだねられた）がその同胞達と同じ権力をもったならば、それが一人ないしそれ以上の人々に委譲されるまで、彼らのもつ善の考慮がなければ、合理的な被造物が自分達自身の上に一人ないしその平等者達のうちの少数の者を進めるとは信じる事ができないのである。そして次に私は、これが真に遂行するか否かを判断する権利を彼らに委ねる時に少しも不便を感じないのである。我々が一般に言う如く、設立する人は最も特別にその設立が自身によるばかりでなく、自分自身でもあるとき廃止もできるのである。それ故もし多数者が設立するならば、その多数者が廃止し得るし、彼ら自身或いは同じ権利を継承する人々は、その設立目的の遂行についての適切な裁判官でのみあり得るのである(6)」。

この文節においてシドニーは、フィルマーによる民衆政体批判に対して「民衆政体《デモクラシー》」用語を使わぬ形での国民優位的な政体擁護論による反論を展開している。それは二つの部分からなっており、その前半はネロの専制的君主制批判が中心となっている。シドニーは、その「有害」説を逆に問い詰める形で反駁を行っている。前述の如くローマの共和制的元老院による権力承認が存在すれば、逆にその君主を有害としえただろうし、その民にとって当時の社会が有益なものとなっただろうと説く。ここでわれわれが留意すべきことは、当時の政体形成にはその主体的構成者による設立意図によって構成されることが本筋であり、その目的が果たされなければ、その主体者によって廃止できるというセオリーが存在しているということである。その理論は、後半部のシドニーによる展開を解く一つの鍵でもある。ただしこの文節の前半における最後のものは、そうした意図による専制的政体であるから厄介となるという。従ってシドニーは、そうした君主による政体形成が危険きわまりないと訴えているのである。

その前半がネガティブな内容であったが、後半は被治者の側ないし多数者の立場からのポジティブな論理となっている。シドニーは、先ず最初にその古代ローマの共和制モデル（近代国家に置換しうる）を念頭に置き、民の善を目的とする立場に立ちその目的を措定する。しかしながらそうした政体は基本的には身分的均衡を前提としているので、その権力者は多様となりうるという。とはいえその根本目的の支柱は、大筋において共通であると説く。故にその善は貫徹しなければならないという。そうした政治社会における市民達は自由にして平等であって、最終的に彼らが重要な決定を判断するとみなす。従ってそうした多数者優位の政体（共和制と呼ぼうが民衆的政体と呼ぼうが、或いは混合政体と呼ぼうがここではそうしたレッテルをつけていない。抽象的に言えば、自治的政体とも示しうる）が自らの手によって設立されるならば、彼らによって廃止も可能であるという。故にシドニーは、そうした政体の設立目的遂行結果についてその多数者が十分に裁判官となる能力を有すると説いている。従ってこの共和主義者は、その政体設立目的の視角から民によるチャールズ二世体制に抗する反乱目的の根拠をここで関連づけるのである。

(1) A. Sidney, *Discourses*, p. 14.
(2) Sir R. Filmer, *Patriarcha*, 8-9 MS.
(3) A. Sidney, *op.cit.*, p. 14.
(4) *Ibid.*
(5) *Ibid.*, p. 15.
(6) *Ibid.*

(六) 政治権力の「民」根拠説

われわれは、シドニーによる『統治論』第一章第二節から第六節までの文節を、可能な限りフィルマーの『家父長論』に抗する反批判の原文にそう形で跡づけてきた。われわれは、紙幅の制約上シドニーによるその章の結びの節へと移らざるをえない状態に至っている。いずれにせよその第二〇節は、「全ての正当な統治者権力は民から生じている」[1]と題されている。われわれは、それをフィルマーによる『家父長論』の章立てと対比する必要がある。フィルマーのその著作は、前記の如くその第一章（全三章版）を「最初の国王達は諸家族からなる父達であった」[2]と題されている。これをわれわれは、フィルマーによる政治権力の家父長起源説とみなす。これに対してシドニーの理論は、「民」根拠説と名づけることができ、前者に対する反論という論理となっている。シドニーによるその反批判は、『家父長論』第六章（「全三章構成版」では第一章第六節となる）「王国の復帰について[3]」を主に標的として引用している。われわれは、上記の方式に従い、本項でもそれを採用することとする。

フィルマーはその章では次のような問題提起をしている。

「もし王冠（それがその民に委譲されようがされまいが）が相続者の欠如故に復帰する場合に、父たる権利についてどうなるのかが問いうるのである。その回答は、次のようである。即ち、第一に、そこにはいつも相続者が存在する故に、真の相続者に関する知識を失う事は、その民の怠慢ないし無知でしかないのである。もしアダム自身がなお生きつつあり、なお死すべき運命であるならば、確かに一人物が存在し、次位の相続者が世界に一人しかいないのである（一人物さえ全く失われる場合には誰がなるべきかの知識が存在するとしても）。第二に、その民のこの無知が認められる場合、いかなる手段によっても次のようにはならないのである。即ち、相続者の欠如故にその至高な権力は多数者に委譲し、多数者達は支配する権限あるいは自分達が気に入る支配者を選択する権限をもつことには。つまり否である。国王権力は、家族の首位にして独立的長達にこうした場合には復帰するのである。というのは各国王は、先ず最初に、それがつくられた所でのこれらの諸原理へと解決されるからである[4]」。

フィルマーは、この文節において王権が相続者なしという理由では王国に復帰すると主張し、次に父親である権利の場合にはどうなるのかを問い、自らの回答を次の二項目にわたって示す。その第一の回答は彼によれば当然真なる次位相続者が存在しており、それが不明確とするのは民の知識の不十分のゆえと斥ける。その第二は、その民によるそうした無知状態が明確化すれば、多数者には最高権力などわたらず、かつ彼らが支配権や統治者選択権などもたないというものである。従って国王の主権は、家父長にして独立した長である者に復帰するとしてフィルマーによって反論される。それは、こうした家父長的主権が形成したところでその主権原理にそって解決される理由によると答える。

こうしたフィルマーの問題設定と多数者による権力論批判に抗してシドニーは、次のような文によって反駁論を整える。

「父権が自分の子供達の誕生と教育から生じるものであり、誰も自らが生んでおらずかつ教育していない人々に対してはその権利をもちえず、各人が自ら彼らの誕生と教育を与える人々に対して父権をもち、ノア・アブラハム・イサク・ヤコブ他の息子達全てが同様にその父権を継承したのであり、同じ理由によってそれが子供達を生む各人に永遠に属する事を証明していたゆえ明らかに次のように思えるのである。即ち、その権利が彼らによって彼に与えなければ、どの父親も他者に対して権利をもちえないのであり、かつその権利を与えた人々から自らの権利を受け取ることができると。しかし我々の筆者は、自分自身に特有な称賛に値する賢明さをもって次のように見つけ、かつ同様な自信をもって我々に言うのである。即ち、その民から生じるか或いは民の主要な長達から生じるものは、『そのように選ばれる彼が、彼の権利を贈与として民から発すると主張するのではなく、神から発する彼の権利を主張する』と彼が言う如く、その民から発するものではないと[5]」。

シドニーは、この文節において前の諸節で述べてきた主張を集約しつつ自らの制限的家父長説を措定している。即ち、シドニーは旧約聖書に述べられたアダム以来の家父長達の限定的父権について認めるけれども、ロックが主張している如く、子供の成長とともに消滅するとなっている。当然の事としてアダムらは最初の国王などではなく、かつフィルマーが主張するような人類創造以来の家父長的君主でもないと措定されている。シドニーによるフィルマーの論駁は、その文節の最後のものによって直接的に開始している。つまり、フィルマーが政治権力の民根拠説に反駁を与え、自らの君主神授権説を主張している部分を前者は標的としている。かくしてシドニーは、自らの民根拠論によって反論を以下のように続ける。

「我々は以前に次のように学んでいた。即ち、君主達によってなされたものが何であれ神に帰され、ある民の父を殺害する者が誰であれ、その人自身に同じ権利がもたらされるのであるが、諸国民も同じ特権をもち、かつ神は諸国民がなすようになさしめると今思えるのであると。さて私は古き『民の声は神の声』について言われた理由を理解する。……同じ根拠に基き我々は次のように結論づける事ができるのである。即ち、いかなる特権も政体形態に特に付け加えるものではないが、統治官全ては自分達が設立される仕事を同様に遂行する神の代官である。そして統治官を設立する人々は、自分達の善以外のものではありえない（自分達自身に最も便宜的なように思える如く）期間・程度・及び人数に関連して自分達の権力をあて、規定し、かつ終える事ができるのであると」[6]。

シドニーによれば、この文節において必ずしも国王に神が権利を与えることを否定するとは限らぬが、民にも同じ権利を与える場合もあるとし、その多様性によって反論する。シドニーはフィルマーによる硬直的君主神授権説を論駁し、多元的な権利説によって答えるのである。更に一七世紀のパンフレット作者達がよく使っている伝統的な民の福祉は最高の法とともに民の声は神の声の標語を、シドニーは掲げ自らの自治主義的主張を訴える。その最後の文章においてシドニーはそこでの自らの結論を述べる。つまり、神が特定な政体形態を定めたのではなく、為政者達全ては神に従って（即ち神から出る理性によって）その設立目的を果たすものであるという。故にそうした統治者権力を樹立する人々は、自分達の善にそって時期・基準・及び人々の数についてその権力を割り当て、規定し、かつ終了せしめることができるというのである。

われわれは、引き続きフィルマーの『家父長論』第六章を引用するシドニーの標的部分を跡づけた後に、シドニーによる反駁へと進むこととする。

「もし神は、貴族の党派によってか、或いは民の反乱によってかのいずれかによって、君主の矯正或いは民の処罰の事で君主達を除かせ、かつ他のものが君主達の地位に置かれることに気に入るならば、こうした諸事例全てにおいて神（神が王国を与えたり除去したりする権力をもつ）の判断は最も正しい。しかし委任なくして神の判断を執行する人々の代理は罪があり、かつ言語道断である。……世界の全王国ないし共和国において君主が民の至高な父であろうが或いは単にその父の真なる相続者であれ、或いは君主が簒奪によって或いは貴族ないし民の選挙によって、或いは他の仕方が何であれ王位についているものであれ、或いは少数者ないし多数者が共和国を統治するのであれ、一人であれ多数者であれこれらの全てであれなお存在する権威は、至高な父の唯一の権利にして自然的権威なのであるという」(7)。

この文節においてフィルマーは、必ずしもシドニー流の古代共和主義的物語を全く認めていないわけではないのである。しかし神の名において世俗的権力を正統化しようとする点において両者において共通する側面も示される。ただしここにおけるフィルマーは、神の許可なくその判断を執行する統治執行者を許さないのである。更に彼は、多様な君主制諸国も共和制諸国も多様な歴史的事例として視野に含みつつ、自らの妥当性を示そうともしている。それにもかかわらずフィルマーは、結論において家父長的権力が君主神授権的正統性をもつことを主張するものである。これに抗してシドニーは、次のように反駁する。

「我々の著者による以前の主張が判断力と真理を欠くとすれば、フィルマーの次の文章は彼の記憶における大欠陥を示し、かつそれ以前の次のものと矛盾するのである。即ち、彼が言う如く、『王国を与え、かつ除去する権力をもつ神の判断は最も正しいが、神の委任なしの神の判断を執行する人々の代理は罪があり、言語道断である』ものと。彼が言う如く、もし我々が権力がえられる方法を検討するのではなく、その権力を検討するのであり、かつ権力をもつ者が（権力が簒奪・征服・或いは他の手段によってであろうが）父としてみなされ、或いは民の父の正しい相続者とみなされる（その権限に最も崇高な神的特権が付加される）事が真であれば、最も悪辣にして不正な行為によって自らを権力へと進め、かつ民の父、及び神の代理に直ぐになり、そうしたものを私は我々の著者と彼の弟子達にふさわしい教義の一部とみなすこととなろう。彼が神からの委任によって意味づけるものは疑われるのである。我々は、神の言葉によって外見上或いは内面上神の精神によるもの以外に何も知らない故である」[8]。

シドニーは、この文節においてフィルマーの欠点をよく見定めてからその論駁を始める。前者によればその統治者権力の探究方法が誤まっているので、その前提の誤謬によりその全体を間違いの連鎖として順次フィルマーの論理を打破する論法をとっているのである。従ってシドニーによれば、フィルマーの君主神授権説は神の名を利用した悪の論理と断定されるという。シドニーはこの方式を更に続けて次のようにフィルマーをその俎上にのせる。

「次の文節は、彼［フィルマー］が簒奪が正統な権利であると教える事について、我々の著者が誤りでないと私が言うことを示している（彼が明瞭に言う故に）。即ち、『君主が自らの民の最高な父であるか、或いはそうした父の真の相続者であるかどうか、或いは他の何んらかの仕方によって王位に就いたかどうかについてそれは、自然的父親の唯一の権利と権威なのであると』。その第三章第八節において『国王が選挙・授与・継承・或いは他の手段であれ、自らの権力によっていずれかの仕方で就くかどうかなど問題ではない』という。そして別の個所では『我々は、その権力を尊重すべきであってそれがえられる手段を尊重すべきではないのである』とする。私は、私が簒奪による巧妙に考案された父権を十分に称賛しえぬ事と同様に何も言う必要がなく、かつ次のように告白する。即ち、世界にはそうした性質の力が存在する故、その事に私人達ばかりでなく、諸国民全体にも古代に（激怒と不正の極度な過剰を明らかにすると考えられた如く）言われる事が何であれ服従を負うこととなると。……そのようにえられた諸権力は、それ自体で最も神聖にして不可侵な権利をもたらしたのである。そして最も嫌悪すべき悪行者達は、かくして神の代官となり、彼らの被征服民の父となったのである。それが真でなければ、フィルマーとその追随者達は最も厚ましく無法な不敬において古代の彼ら［カエサルら］の前を行ってしまっている全てを凌いでいることは否定しえないのである[9]」。

もともとシドニーらのウィッグ派の立場（ロックを含む）は、神から民が自律的にして判断力を与えられている故に民が最も重要というものである。これに対してフィルマーは、神の判断によって人類創造以来の家父長的国王に権力を与えた故にその権力に民が無条件に従うべきであると説くのである。その引用文節（及びその前のもの）においてシドニーが正に標的に定めるのは、簒奪によってえた権力の正統性を否認することにある。シドニーは先ず最初にその引用の冒頭でそれを確認する。次にシドニーは、フィルマーがそれに家父長主義的君主神授権説を重ねた部分を示している。更にシドニーは、『家父長論』の一六八〇年版（シドニーはその版の章・節立て［全三章全三一節構成］で示している。われわれはケンブリッジ大学図書館所蔵の原稿版［全三一章立て[10]］を主に使用）による第三章第八節の引用でそれをより確かなものとしている。シドニーは、周知の如く当時のイングランドにおいて簒奪による権力の正統性など一般的には認められていない故にその不当性を攻撃する。そうしたものをシドニーは、古代ローマの共和主義的物語を容認する観点からカエサルらの君主支配を列挙しつつ、フィルマーの論理を打倒していくのである。

シドニーは、その第二〇節を次のようにしてフィルマーを論駁しつつ、それを結んでいる。

「フィルマーは自らの主張を肯定するために『第五戒』の不思議な説明を我々に与える。彼が言うように第五戒は『汝の父と母を敬え』表現下で君主への服従を命じ、次のような推論を引くのである。即ち、『権力全てが父にある如く権力をもつ君主はいかなる法によっても制約しえず、それは国王と父との完全な同等化に基礎づけられた故にいかなる人もそれが真である事を否定できぬ』。しかしもしクラウディウス［一世］がローマの民の父であったならば、貞節なメッサリナが母であったし、同じ第五戒によって敬まれるべきであると私は想定してしまおう。……もし我々の著者が本当の事を言うならば、我々が横柄・残虐・移り気や裏切りの極度な過剰にずうっと帰している彼ら［ネロやカリグラら］のこうした行動全ては、彼らの下で諸国民に対する彼らの君主の知恵と父親的優しさから発したという事になってしまおう。そして我々は、世界の創造から今日まで人類に隠されている極めて大きな神秘の発見についてフィルマーに負うことになる。そうでなければ、我々はそうした君主達を悪魔の子とみなしえようし、次のように信じ続けうるであろう。即ち、他の統治者達と同様に君主達は民によって公共善のために設立されたのであり、賢明で正しくして善なる人々に与えられた称賛は、純粋に個人的であり、それらの君主達の権力の正当な行使によってそうした君主の責任を果たすのに値する人々だけに（他の何ものにも属さず）属しうるのであると」[11]。

シドニーは、この文節の前半部ではフィルマーが基本に据える家父長主義においてモーセの十戒のうちの第五戒を標的としてその部分を引用する。その第五戒は、周知のJ・ボダン流の絶対君主主権説とそれを融合させるものである。シドニーは、それがフィルマーによる「国王と父との完全な」一体化として示されるとしている。しかし前者は、ロックと同様に「父と母」に着目して古代ローマ皇帝とその皇妃の双方を尊敬せよとも解釈しうるのであって、その絶対君主主義と矛盾すると訴えるのである。それに続いてシドニーは、既述の如く古代ローマの悪名高き多くの皇帝達をはじめとして中世・近世欧州の君主達、並びに聖書時代の国王達の悪しき物語を列挙することによってその矛盾を延々と論証しようとしているのである。シドニーは、その文節の後半部においてやや絡み合わされた表現を使いつつ、フィルマーの言説に対する反駁の第一章に終止符を打っている。

それは、三つの文章からなる。その第一は、シドニーによる悪しき君主の象徴である古代ローマ皇帝のネロやカリグラらの民に対する危害がフィルマーの論法ではその君主の知恵と父親的優しさによって生じたとなってしまうと指弾する。その第二は、フィルマーによる家父長主義的君主神授権説を世界的な大発見と皮肉る。最後の文章においてシドニーは、更に角度を変えてそうした悪しき君主達を「悪魔の子」と断定する。またシドニーは、フィルマー流の君主の善政などきわめてまれに過ぎぬと僅かに譲歩するのみである。

(1) A. Sidney, *Discourses*, p. 54.
(2) Sir R. Filmer, *Patriarcha*, Cambridge (edited by J. Sommerville), 1991, p. 1.
(3) Sir R. Filmer, *op.cit.*, 1991, p. 8;——, *Patriarcha*, 18 MS.
(4) Sir R. Filmer, *op.cit.*, 18-19 MS.
(5) A. Sidney, *op.cit.*, p. 54.
(6) *Ibid.*, pp. 54-55.
(7) Sir R. Filmer, *op.cit.*, 20-21 MS.
(8) A. Sidney, *op.cit.*, p. 56.
(9) *Ibid.*, pp. 56-57.
(10) Sir R. Filmer, *Patriarcha*, 1991, pp. 1-68, etc.
(11) A. Sidney, *op.cit.*, pp. 57-58.

第三節　結論

われわれは、本稿第三節を通じてアルジャノン・シドニーの『統治論』第一章の原典における内在的論理を整理することによって、彼の自由主義的共和主義思想と混合政体論を探るように努めてきた。シドニーの主著の執筆目的は、イングランドの王位継承排斥法案危機（一六七九〜八一年）に発する（欧州規模の）カトリック主義派脅威論と、それに抵抗する幅広い反対運動、並びに後者に対するチャールズ二世側の強硬策という背景などから生じている。シドニーは、そうしたチャールズ二世側の弾圧に抗するウィッグ派の反乱目的のために書いたのであろう。その内容は、フィルマー卿の『家父長論』における民の自然的自由に抗する国王の自然的権力論に対する反批判の形式で展開されている。われわれは、本章ではその主著第一章を素材としてその従来の学説を再検討する論法を採用している。即ち、その従来の学説の要点は、彼の形式論理がフィルマーによる民の自然的自由批判に対する反批判であり、かつフィルマーの『家父長論』（全三章構成の場合）第一章「最初の国王達が諸家族の父達である」に対する論駁であって、シドニーの主著第一章は、「父権力は、政治権力と異なる」というものであるという。これに対してわれわれは、形式論理的には大筋においてそれを認めるものである。とはいえわれわれはそれに尽きるものではなく、シドニーの自由主義的共和主義思想や混合政体論、更にはその反乱意図などを内包するものであると主張するものである。

われわれは、ある意味においてシドニーの文章の細部にまで踏み込んできている故にそれらを項目的に関連づける必要もでてきている。われわれは残りの紙幅においてそれらを連係させてみよう。

第一項においてわれわれは、シドニーが人類の自然的自由対君主の自然的自由といった対立軸を設定しているものとみなすものである。フィルマーはその第一章（全三章構成版）を「人類の自然的自由（新しくしてもっともらしく、かつ危険な意見）」と表現する。シドニーは「自由についての共通観念はスコラ神学者から出ているのではなく自然から出ている」と反論する。つまり人々の自由は、フィルマーがカトリック派から出たことに着目するのに対し、シドニーは自然法からその根拠をたどる。

第二項においてフィルマーは国家統治の核心が自然的能力を有する国王の専管事項であり、その能力をもたぬ民の知力の欠如的性質や盲信などによって当然担われるべきでないという。シドニーはその核心の重要性を認めるが、盲信など当然よいはずはないし、フィルマーによる君主の側の一部の不十分性の譲歩を民の進歩可能性にその焦点を移し、それを際立たせ、逆にフィルマーの譲歩を欠点として攻撃する。

第三項においてシドニーは、フィルマーの絶対君主論における君主の慈悲や恩恵による民への権利賦与説を否認する。更に彼は、国民の自然的合理的能力保持ゆえの権利論が一般原理であり、それに反するものなど認めぬという。

第四項においてフィルマーによる絶対君主への民の絶対服従説に対し、シドニーは自律的にして判断力を有する民の隷従となるとして前者に反駁する。

第五項においてフィルマーによる人類創造以来の神権的絶対君主制の主張に対し、シドニーは神の名において人々による政体選択の自由と、更に人々がその政体を設立する力となった場合の彼らの政体廃止の自由を主張する。

最終項においてフィルマーによる統治者権力の家父長主義的国王起源説に対し、シドニーはその「民」根拠説を擁護することを明らかにしている。

われわれは、上記の諸項目を通じて『統治論』第一章の通説を再検討してきた。われわれは残されたその主著の第二章及び第三章の通説を以下の諸章において再検討することとする。

第二章　A・シドニーの民衆的政体の優越

——その『統治論』第二章の分析——

第一節　序論

アルジャノン・シドニー研究史において彼の思想は、ハリントン（J. Harrington）の独創的な共和制政治機構論、ロックの合理的な推論、及びJ・ミルトンにおける優れた共和主義的表現には及ばないことが通説とされる。[1]なるほどわれわれは、シドニーがこうした思想家達のそれぞれの輝しい長所には及ばないことを否定するものではない。とはいえ、シドニーは、これらの三大思想家に勝る側面を思想史的に示すことが可能である。シドニーのそれは、たとえそうした長所において及ばないとしても、それに次ぐ長所を複合的に有しているものと仮定できる。シドニーの政体論については、自由主義的な混合政体論であって、王政復古直後、及び王位継承排斥法案危機期においても主張している傾向の一貫性は評価に値する。推論においても、古代の共和主義と広範な同時代の欧州事例の多用面、自然法への訴え及び自国の自由主義的伝統の論述などの総合性において優れているとみなしたい。更に共和主義思想の強度についてシドニーは、その排斥法案危機直後において最左派的立場を示していることはその時代的背景から判断して強力なものを有している。

われわれは既に前章においてその共和主義者によるフィルマー批判を跡づけてきている。[2]本章は、引き続きその『統治論』第二章における内在的論理を再検討することを主たる目的とするものである。

シドニーによる主著第二章は、フィルマーによる『家父長論』の「民が統治し、或いは統治者を選出することは不自然である」章に対する批判である。T・G・ウェストのテーゼによれば、「民は、自分達の自由に対する自然権によって自分達の統治者達を選出し、かつ強力な民衆的要素をもつ政体が最善である」がその内容であるというものである。われわれは、それを「自由主義的（過渡期的）な民衆的政体優位」の主張とみなすものである。[3] つまりシドニーによるその民衆的政体論は、現代民主主義の大前提である普通選挙制への過渡期的性格を併せもつ市民の自律性を支柱とする自由主義的性格を有するものである。換言すれば、それは、国王・貴族・市民からなる政体であって、その身分制的均衡によって近代国家権力を抑制しようとするものである。それは、「民衆的《ポピュラー》」及びその公共心に強調点を置くものであるゆえに、民の自治、理性、及び善などを中心として構成される。こうした意味において思想的には現代民主主義に近いけれども、基本的にはシドニーは、反専制君主主義を唱えるが、身分制の全面的除去を十分に主張していない故に、近代における自由主義的にして過渡期的思想と位置づける必要がある。[4]

われわれは、こうした視野から古典的著作としてのシドニーの『統治論』における第二章を分析することによってシドニーの内在的論理を捉えようと試みるものである。

（1）Victoria Silver, Sidney's Discourses on political imagoes and royalist iconography, in D. H. Hirst and R. Strier(eds.), *Writing and Political Engagement in Seventeenth-Century England*, Cambridge U. P., 1999, p. 165.

（2）本書第一章。

（3）T. G. West(ed.), A. *Sidney: Discourses Concerning Government*, Indianapolis, 1990, pp. xviii-xix.

（4）われわれは、今までのシドニー研究においてその思想史方法論について徹底した学説史を十分に示してこなかった。従ってこの説明注の形式でわれわれは、比較的要をえた論文を通じてその一端に言及してみたい。その論文は、J・リチャーズらの「プロパティ［財産ないし固有権］とピープル［民ないし人々］（ロックとそのある同時代人達の政治的用法）」（一九八一年）である。
「ロックによるプロパティ用語の政治的用法及びロックの用法の結果についての議論は数が多い。しかしそれらの議論は、どのようにその同時代人達が同じ用語を使用しつつあるのかの［仕方］についてのロックの言葉ないし、知識に関する可能な発話内の力についてのロック自身の理解を通常考慮していないのである。

本稿の目的は、次の二つである。

その第一に、われわれは思想史方法論について近年の著者達の規定を当てはめる事を提案し、かつロックが自らの『統治二論』を書き始めるある言語学的コンテクスト（文脈）を再生しようと試みる。……ロックは、自らの『統治二論』を同時代的政治議論への一提案として始めたし、それは本稿ではそれらの特定な議論の一部として扱われる。この比較からあらわれるものは、次のような結論である。即ち、ロックは自らによるプロパティの自覚的にして特定な使用によって、自らの政治的仲間達における大部分のそれとは根本的に異なるピープルの自らの政治的定義に達したと。その仲間達が政治的国民の十全な成員資格への資格要件において厳格にして明示的に特定的であった所において、ロックは一貫して包括的であったのである。

その第二の目的にして関連づけられた関心は、それらの出版後の時代における『統治二論』に対する冷淡な反応についての可能な説明を再考することにある。J・ダン（J. Dunn）は、次のように論じている。即ち、『統治二論』は、ロックが『政体の法的秩序に完全的に威厳をつける事』として解される事を意図した如く、同時代人達によって解され、それは『最も明らかにしてパロキアルな政治的正説をもつ』とその読者達によって認められた諸原理を含むと。『統治二論』が受け入れられた相対的黙認は、それが一六八八年に樹立された諸原理を簡明に肯定する故であった。しかしM・トムスン（M. Thompson）は次のようにより最近に提示している。即ち、ロックの政治的著作へのウイッグ派の関心の相対的欠如は本質的に、自分達の立場の他の擁護への共通な選好ゆえであると。一七〇五年までなおA・シドニーこそ、『イングランド政体の立憲制』を最も理解する人物として主導的なウィッグ派の著者達によってみなされるのであった」(J. Richards, L. Mulligan and J. K. Graham, “Property” and “People”: Political Usages of Locke and Some Contemporaries, in *Journal of the History of Ideas*, Vol. 42, no. 1, 1981, pp. 29-30)。

この論文の著者達は、ロックによるプロパティのテクスト（原文）に関する議論には数が多いが、シドニーらの同時代人達の同じ用語法と比較してロックにおける言葉の発話内の力に関するその個人の理解を斟酌していないという問題を設定する。

これに対してリチャーズらは、二つの目的を設定する。その第一は、言語論的文脈を回復しようと試みることである。これはコンテクスト主義の立場を示す。従ってロックのそれは他の同時代人達のものが特定的であるのに比して、包括的にして一般的であるという。

第二の目的は、その『統治二論』の言語的包括性に対するウイッグ達の冷淡さを再考することにあるという。ロックのそれは、合理的に純理論的であると説く。これに対してウイッグ達がイングランドの政体の立憲制により具体的に適合するとみなすものは、シドニーの『統治論』であるというのである。

われわれはその著者らのシドニー評価に注目する。というのは、例えばこれらの著者達が説く如き長所もこの論文に含まれるとわれわれはみなすからである。いずれにせよわれわれは本書においてテクストを中心に据えて、コンテクストも念頭に置く立場を採用する。コンテクストへの重点を過剰に強調すると、問題が際限もなく拡大する恐れがあるからである。従ってわれわれは、その基本に戻ってテクストを中心に論理立ててみようとするものである。

第二節　シドニーの自由主義的「民衆的政体」論

――『統治論』第二章の分析――

(一)　諸国民の自治、統治者の選出、及び有徳な政治指導者

シドニーの主著である『統治論』第二章第一節は、次のように称せられる。即ち、「諸国民は、自ら治める事が当然であり、或いは統治者達を選出する事が当然である。そして有徳のみ他者の上に一人物の自然的選好を与え、かつ一人物が他者よりもむしろ選出されるべき理由を与える」と。われわれは本項を、諸国民の自治、統治者の選出、及

び有徳な政治指導者と称したのは、その表題を簡約化した形を示す故である。われわれは、こうした概念によってその第一節をまとめることとする。シドニーは、その冒頭でそれを次のように説き起す。「本章において我々の著者は、ベラルミーノやスアレスに抗して勇敢に闘い、かつもし彼はその二人のいずれかが、もう一方の者ないし自分自身と矛盾していることを示しうるとすれば、自らを勝利者とみなすように思える。しかし私は、彼らにはかかわらないが、彼らの追随者達にその論争を擁護することを任せることとする。私の務めは真理の追求にある。カトリック教徒である彼らが大切にした大義にかかわらぬ諸問題について、彼らが理性・法・或いは聖書と一致しうる事を云ったかもしれぬ。しかし私は、偶像崇拝を支持する最善の手段としてスコラ的詭弁に主に彼らを当てはめる人々の間でそれを見つける望みなどほとんどもたぬ。私が主張する事は、人類の大義である。その大義は、損なうべきではないのである。腐敗原理の擁護者達は、それを強く擁護しておらず、或いは悪意によってその大義を裏切っている。そして私は、彼らの権威に少しも頼らぬ故に、理性・聖書・或いは最もよく洗練された諸国民の是認された諸事例に合意せぬと彼らが云うものが何であれ、拒絶する意図をもつのである(1)」。

この部分は、フィルマーの『家父長論』第一一章〔全三二章構成〕(ケンブリッジ大学図書館所蔵原稿版)「アダムの王位に抗するスアレスの論争。多様に定義づけられた家族。スアレスはベラルミーノとは一致しない」に対する批判という形式となっている。この章においてフィルマーは、自分達の家父長的君主絶対権力説批判に対する反批判を展開する論法を採用する。それは、その人類の父祖と措定するアダムの王位に対するスアレスらによる批判に呼応するものである。周知の如くその絶対権力は不可分にしてその存在と性質を神に負うという。そうした君主権力は、アダムの家父長権力の神授権的樹立にその起源をもち、このもともとの授与を通じてその相続者達へと伝えられると説く。このフィルマーによるアダムに始まる絶対君主的王位に対し、スアレスは「民の自由を擁護してアダム」が、その家族のものに対して限定的に経済的権力のみもったのであり、「政治権力をもったのではない」と示す。「自然法のみの力によって、いかなる先祖であれ自分の子供の王でもあるはずがない(2)」とスアレスが結論づけるとしてフィルマーは、まとめる。

シドニーによるその第二章第一節においてスアレスらの旧教徒といったことにはこの共和主義者は、あえて詳細には言及せず、彼らによるイングランドの王党派の王権神授権説批判などを当然のこととする立場を宣する。そのシドニーによればそうした偶像崇拝的カトリック教徒の欠陥を問題とするものではなく、自ら真理を追求する立場を先ず措定し、自然法や聖書、並びに諸国民が合理的に是認してきた妥当的事例に沿う意図を明確に述べるというものである。

シドニーによるこの第一節におけるフィルマー批判は、『家父長論』第一一章が大前提となっているが、より具体的な批判はその第一二章「アリストテレスは聖書と一致し、その父たる事から君権を辿る(3)」の文章を通じてである。フィルマーは、その冒頭で「聖書が、民の自由に味方しえぬ故に、多数者が自然的理性やアリストテレスの権威へと逃れるのである。私は、この偉大な哲学者の意見を検討したり、或いは説明したりする自由を切望しなければならぬ(4)」として、アリストテレスへの信頼を宣する。

これに対してシドニーは、アリストテレスらの賢明なギリシャ人達を「人間性の秘密を深く見通」していると評価し、ヘブル人達らの古代の賢人達から学ぶ重要性を主張する。彼らが「我々が求める真理の発見」へとわれわれを導き得ると自ら説くのである。更にシドニーは、本節の主要テーマである「民が当然治めるか或いは統治者達を選出する(5)」ことが真実であるか否かが問題であるというのである。

かくしてシドニーは、この節においてその諸国民の自治原理を家父長論に基づく神授権的絶対君主権力論に対峙して、次のように唱える。

「最初の人類の父達は、その子供達全てに相互に独立的に委ね、かつ自ら自給自足する平等な自由な状態に任せる。各人は、その数が相互に厄介にして危険となる程に増加するまでにこの自由を続けた。人々は、その人的数の増大に伴なう混乱を防止し或いはこうした混乱を予防するために、次のような解決策以外にない事に気づいたのである。即ち、自分達自身とその子供の便宜・安全・及び防衛をよりよく与えるために多くの家族を一つの市民社会へと加わる解決策以外に。この事は、各人の私権の公的構造への組み込みであった。彼らは、自分達の子供に対する親の権利がある以外に万人にとって共通である他のいかなる権利ももたなかったのであり、自分達の父が死んだ時全て同等に自由であった。あの自然的自由に反して、彼らを説いて加わるように説得するものなど存在せず、かつ公的利点の望み以外に社会に加わる事によってあの自然的自由を減じるものなど存在しえなかろう[6]」。

ここでのシドニーの論法は、基本的にはフィルマーの絶対君主権力論批判であるが、その背後には古典古代以来の市民的（世俗的）自治国家社会を基礎としているものである。この点においてロックをはじめとする社会契約論者と共通しているとわれわれはみなす。更にフィルマーは、基本的には権力集中を含意する近代主権国家理論を展開しており、シドニーによるその批判もその議論に対応するものと考えられる。ここでのシドニーによるより具体的な表現によれば、子供と家族に対する自由意志論的描写を示しており、その自由主義思想の要件も備えているとみなしうる。しかしながらそれを社会契約論的内容を十分に備えているか否かについて、その中間団体の完全な排除という点についてロックも含めて問題を残すと言わざるをえないが、凡その社会契約的要件を備えていることをシドニーにおいてわれわれは否定するものではない。

そうした市民的自治国家原理からシドニーは、政体原理へと議論を移す。「賢明にして武勇があった人々は、正規な政体を設定し、かつその統治において最良な人々をおく事によってその権利をえたのである。最も貧弱にして卑しい者達は、自分達の近隣諸国の人々の最も騒々しくして暴力的な人々の権力下におちたけれども」。ここではシドニーが望ましい政体を前者とし、悪しき政体を後者と示している。われわれは、シドニー思想が「武勇のある人々」と示す点は伝統的共和主義を表現し、一七世紀における政治指導者像としての望ましき側面も主張するとみなす。基本的にはシドニーの思想にはエリート論的政治指導者が存在する点において現代における望ましきリーダー論に通じる要素を備えるものである。それは「賢明さ」についても同様なことが言えよう。こうした側面からわれわれは、本項の「諸国民による統治者選出」[7]内容にもそれをつなげることとなる。それは、その選出の合理的側面ゆえに望ましき政体の設立となるからである。それと対照的な悪しき人々による形が、後者となり、シドニーが反抗の対象とすべきものである。

「その第一の種類の政体は、知恵と正義にそのルートをもったし、合法的王国ないし共和国と呼ばれる。そうした政体が治められる規則は法の名によって知られる。こうした政体はいつも有徳の育ての親である。こうした政体下で生きる諸国民は、平和と幸福のうちに繁栄しており、或いは栄誉と強みによって戦争を行なっているのである。暴力と誤りから生じる他方の種類の政体は、専制の忌むべき名称下にずうっと陥ってしまっており、そうした悪しき主権者達は、悪をかき立てる事によって、その最初の創設者達が生み出したものの如く、悪を被る人々に恥辱と悲惨をもたらしているのである」[8]。

シドニーは、その正規な政体は、法の支配の名の下で統治が行われるものであり、有徳が基本原理となるものであるという。彼によれば、そうした政体国家が合法的王国であり、合法的共和国であって、その諸国民は繁栄した社会の下で平和と名誉をえており、対外的戦争にも対処できる体制であると説く。これに対してシドニーが標的とする後者の政体は、前者のようにはなっていないと示す。つまり専制君主による悪辣な政治が行われ、その民が恥辱と悲惨に見舞われていると指弾するのである。シドニーは、このこととフィルマーの第一二章との関連で次のように『家父長論』を論難とする。

「この事は、自由の主張者達が神自身以外の他の保護者を望まぬほどに聖書において明らかに思える。神の言葉は、我々が次のように主張する事を極めて十分に正当化する。即ち、もし我々の敵対者が彼らによって引用されたものを検討するように強いなかったならば、人間の権威を使う必要などなかった程に。この事は、我々のこの事例においてもし我々の著者が利用する諸文節を正しく記していたならば、或いは彼が真に引用するようなものに関する彼の解釈ないし説明に忠実であったならば、容易な作業であったろう。しかし両方で全体的に失敗するとき、彼を跡づける事は困難である(9)」。

こうした民に対する悪しき君主専断政治のもたらす危害についてシドニーらの自由擁護者達にとっては、その悪辣さが聖書に照しても明らかとなるという。自分達の立場は、神の言葉からなる聖書に則して正当化しうるものであり、その対極にあるフィルマーの絶対君主権力論など一致点がきわめて少ないのであって、シドニーはアリストテレスの学説によって正当化することなど至難の業であると切り捨てる。とはいえ視点をかえると、われわれから判断して『家父長論』には理にかなった論述も存在するが、とるに足らぬ言及も存在する。いずれにせよ、フィルマーの立場は、当時の強力な君主国家体制の安定と混乱阻止を念頭に置いたものと解しうる。われわれはこうした視角を加味しつつ、シドニーによるその第一節の要点に論及することとなろう。

そこでは先ず最初にフィルマーは、アリストテレスの『政治学』第三巻第一六章を引用している。即ち、「都市が平等者達からなる故に、一人物が市民達全ての支配者で当然あるわけではないとある人々には思われる(10)」と。これに対してシドニーはそれを次のように解する。「しかしアリストテレスは、その章、その著書、及び他の彼の著述の範囲全体において、彼の疑いが次のような想像から生じなかったと十分に示す。即ち、一人物は、彼から継承されなかった多数者に対する支配権を自然的に継承しえ、或いは彼らは彼に対する奴隷であると云う必要で（というのはこうした幻想が熱病にかかった頭からのみ出て来うる故である）生れたという想像からは。しかし彼らにとって最も有益であったような有徳や能力が生来与えられた人々は、市民社会が公共善を目指した故に、選好されるべきである」[11]。

シドニーはこの部分においてアリストテレスがフィルマーによる一人物がもつ継承権など説いておらず、かつ民が奴隷のように服することをよしとはいっていないと説く。しかしながらシドニーは、最も有徳にして公共善を志向する一人物がそうした諸国民によって選出されるべきであると主張するのである。

シドニーは、こうした有能な一人物と公共善を目指す政治指導者像を理念として掲げつつ、そのフィルマーによる家父長的絶対君主論を論難する。われわれは、主にその理念としてシドニーが示すあるべき指導者像を辿ることを一つの論法として採用してきている。この視角からわれわれは、この第一節の残りにおいてアリストテレスへの言及を通じて整理することになる。

「もし人間の本性が理性であるならば、この種の事において『最も有能な者にこれを与えるべし』は自然の声である。……彼（最善の操縦者）のみその舵をとる仕方を最もよく知る者であり、その舵へと進めるべき自然の命令に基礎づけられた権利をもちえ、乗り込まれる人々の善のために自らの技能を用いる品格と意図をもつ最善の証言をもたらしているのである。しかし統治者の仕事（特に彼が至高な場合）が一人物の責務に委ねうるうちで最高で最も高貴にして最も困難であるゆえに、他のいかなる者よりも優れた有徳が、それに進められる人物に必要とされる」[12]。

この部分においてシドニーの政治指導者像の主要な要件が表現される。即ち、人間の合理的立場からそのリーダーは、最も有能でなければならないという。その指導者は、ここでは長期間にわたって海上を乗り切る大型船の操縦者にたとえられる。そうした人物は、合理的にその荒波などを乗り切るための権利を有し、その乗客を安全にして快適に目的地へと運ぶ高潔と意志を当然のこととしてもつという。その最高指導者は、他のいかなるものよりも上回る有徳をもたねばならない。そうした有徳な最高指導者は、第一次的に民によって選好されねばならないというものである。

われわれは、ひとまずシドニーの理念的政治指導者像の探究について棚上げにして、そのアリストテレスへの言及論理を辿ることとする。アリストテレスは、その単独統治者としての一人物の自然的優越を必ずしも徹底して主張しているわけではなく、むしろその政体の多様性に注目している流れの中でシドニーがそれを捉えているように思える。「アリストテレスは、この事を諸国民の異なった種類の性向に従って異なった種類の諸政体を検討する事で肯定し、かつ次のように云う事にはきわめて大胆である。即ち、民衆的政体は、自然的に寛大にして好戦的である民にとって最善であり、少数者からなる政体は、そうした人々（彼らの中に少数の者が社会にとって有用であるような有徳において他者を凌ぐとみなされる）には最もよく適合するし、一人からなる統治［政体］は、その一人がその民の残りの者よりも有徳において他の者全てよりも遥かに凌ぐ時、優れるのである。彼を説いて平等が同等者達の中で正当であると信じさせる同じ理由故に、彼は能力の不平等が存在しなければ、権力の不平等が最も不当であると結論づけるのである[13]」。

この文節でのシドニーによるアリストテレス解釈は、民衆的政体を戦争に備える（国防）視点からその主力たる民からの長所を示し、一人からなる統治政体が能力において大いに優れている側面に限定することを強調している。アリストテレスによる「生来の国王」説をきわめて特殊的な側面とシドニーはみなし、次のようにフィルマー批判へとつなげる。

「我々の著者は、我々を説いて人類全て或いは特定的には各人が一人物ないし一家族への恒常的服従へと義務づけられるとすれば、他のいかなる条件であろうが、彼がアリストテレスよりも彼の設計を好む人々の信用によってそうせねばならないのである[14]」。

シドニーによれば、一人物やその家族の血統を根拠にその絶対君主支配の正統性を主張し、かつその民の絶対的服従を当然のこととするフィルマーゆえに、その君主主義が多様性を旨とするアリストテレスによって援用しえないと批判している。

フィルマーの『家父長論』第一二章にはプラトンへの直接的な論及がないが、シドニーはアリストテレスへと連なる論者としてプラトンに長文によって言及する。しかしわれわれは紙幅の都合上最小限にそれをとどめざるをえない。

「私は、フィルマーにとって助けを見出すものが誰なのかは知らぬが、フィルマーがプラトンから少しの助けも見出さぬ事には自信がある。というのはもし彼の諸原理（その原理によって偉大な著者の意味づけが最もよく理解される）が検討されるならば、次のように思われるからである。即ち、法や国家についてのプラトンの著書全ては、統治官達が民自身の善を求める社会によって選出され、かつ最良な人々がその善の達成のために選出されるべきであるという事によって主に根拠づけられる[15]」。

シドニーによれば、フィルマーの説は、一見プラトンの哲人王学説と類似しているかのように思えるかもしれぬ。しかしよく検討すれば、少しもフィルマー説の援用にはならぬという。プラトンの法や政治学説の基本にはその統治官が最良にして民の善を求める故に前者とは異質であるとシドニーは説く。

シドニーは、その第一節におけるフィルマーによる結びの文節においてアリストテレス解釈を次のように断定する。

「それ故にアリストテレスの言葉から、自然が各国の支配者となるように一人物或いは人々の継承を設計していると推論する者が誰であれ、次のように示さなければならぬ。即ち、その人物が自分自身のもつ快楽や栄光であれ便益であれ、そのためにもつのではなく、彼の下にある人々のためにもつほど偉大な職務ゆえにその彼に適合させる、有徳全てが与えられる人物であることを。もしそれがなされなければ、その人物はアリストテレス（その意見について）とは別なパトロンを求めなければならないのである[16]」。

シドニーによるその第一節の主張は、かなり詳細にわたるが、その結論はこうした形で終わっている。つまるところ彼は、フィルマーの家父長的な君主神授権説が、アリストテレスによる論証には適さないという。即ち、フィルマー説は、その一人物がその民の善のために公職に就くことが第一義次的であることになっておらず、かつそのための有徳要件もないがしろにしている故であるというのである。

（1）A. Sidney, *Discourses Concerning Government*, London, 1751, p. 59.
（2）Sir R. Filmer, *Patriarcha* (Manuscript in the Cambridge Universty Library [Additional MS 7078]), x, 45-54 MS.
（3）Sir R.Filmer, *op.cit.*, x, 54-58 MS.
（4）*Ibid.*, 45 MS.
（5）A. Sidney, *op.cit.*
（6）*Ibid.*, p. 60.
（7）*Ibid.*, pp. 59-60.
（8）*Ibid.*
（9）*Ibid.*

(10) Sir R. Filmer, *op.cit.*, 54 MS.
(11) A. Sidney, *op.cit.*, p. 60.
(12) *Ibid.*, p. 61.
(13) *Ibid.*, pp. 61-62.
(14) *Ibid.*, p. 62.
(15) *Ibid.*
(16) *Ibid.*, p. 65.

(二) 自由主義的な政体（民の制約なき自由批判をめぐって）

シドニーはフィルマーが立脚する絶対君主制の対極にある政体を民衆政体《デモクラシー》と名づける。フィルマーは、その批判すべき政体の具体例として古代ローマ共和制における混合政体を想定している。彼はそうした基本的政体論の下で、『家父長論』において第一六章「民衆政体の不完全さ。ローマは国王達の下でその帝国を開始し、皇帝達下でその帝国を完成させた。危機下にあるローマの民は、しばしば君主制へと逃げ込んだのである」。第一七章「民衆政体は暴君を抑制するために発明されたのではなく、密かに成立したのである」。第一八章「民衆政体は、彼らの歴史家達によって悪くけなされたのである」、及び第一九章「民衆的政体は僭主政体よりも流血的である」と四つもの章を費してそれを衆愚的政治として批判する。[1] これに対してシドニーは、その多数者からなる民の合理的な性質の視角を当然ながら主張する。われわれは、特にシドニーが民の戦闘能力の強力さを強調する側面に注目することとなる。というのはシドニー研究者の中では、必ずしもその局面について徹底的には説明されていないからである。

われわれは、その手始めとしてシドニーの主著における第二章第二〇節「人間の自由への自然愛は、理性によって和げられるのであり、理性はもともとの人間の性質である」[2]を材料として、それをまとめることとする。われわれは、その内容を本項の表題「自由主義的な政体」と表現することとする。というのはこの共和主義者によるその内容は、人間の自由意志と理性から発する政体に関するものであるからである。シドニーはその説き起しを次のようなフィルマーを名差しして説明する。

「我々の著者の著書が場違いと矛盾の堆積であることを知るために、次のように既に観察されている事を付加する事は誤まりではない。即ち、絶対君主制を唯一つの自然的政体と主張した後に、彼が、『民の全ての性質が制限なしの自由を望む事にある』というのである」[3]と。

シドニーは、フィルマーによる家父長的な神授権的絶対君主権力説の前提が次のようであると要約する。即ち、民衆が優越する諸政体は、全ての民の性質が制約なしの自由を望むことにあるとし、それを抑えるために自らの家父長的な絶対君主制が必要であると。これに対してシドニーは、次のように自律的にして安定した人間の自由主義的性質を定める。

「実のところ人間は、自らの性質である理性によって導かれる。各人は、人々が孤立してはよく生きえない事を知っており、また全てが服さねばならぬ規則なくして多くの者がともによく生活しえぬ事を知っている。この服従は自由の制約であるが、善が一般的でなければ、意図された善に少しの効果も考えなかろうし、自然的でなければ一般的でもなかろう。全ての者が同じ自由に生まれる時、ある者は他の者が同じ事をするのでなければ、彼ら自身のものであるものを放棄しないのである。全ての者の善のために存在するように思えるような、彼らの自由の一部を放棄する全ての者のこの一般的同意は自然の声であり、かつ自分自身の善を求める（自然的理性による）人々の行為なのである」[4]。

シドニーは、この文節においてロックと同様に自然状態における理性的個人像を描き、かつ社会契約説に近いイメージを描く。彼はフィルマーの制約なき民の自由説に答えて、自律的にして安定した理性をもつ諸個人が、その自由の一部を放棄することによって更に秩序ある社会を求め、各人の同意により政治社会創設の基盤を形成するというものである。シドニーは、続いてその政体目的項目へと移る。

「少数者ないし多数者が共に加わり、かつ大きい社会であれ小さな社会であれ枠づけることができるように、こうした諸社会は自分達が最もよく気に入るような政体秩序ないし形態を設立しうるのである。そしてもし政体目的がえられるならば、彼らは全て政体目的を構成するのに自然の声に同様に従うのである」[5]。

シドニーはこの部分において人々が理性を有する故に、人々が社会を創設する政体目的を当然構成するものであるという。従ってそうした政体は理にかなっているというものである。シドニーによれば、絶対君主制はその民の自発性や理性を捨てることに基づくゆえに、自然法にも神法にも反し、かつ民優位的政体とは相容れないと説くのである。

フィルマーによる絶対君主制によって、「神法が同様に破壊されるに違いないのである。そして諸政体全てのうちで民衆政体《デモクラシー》（そこでは各人の自由は最も制限されないし、各人は平等な役割を有するからである）は、最も正しく、合理的にして自然的であることを確かにしよう」[6]。シドニーはここにおいて絶対君主制の対極としてこのデモクラシーを位置づける。そこにおいてもシドニーは、ロックによるそれと同じ認識を共有しており、直接民衆政体といったアテネ型を想定しており、ここではそれを理想型と解している。シドニーはこうした民衆政体は、自然法を前提として成立し、民の善を目的としており、これに反する最も対極にあるものを僭主政体であると表現する。

「こうした共通のルールから免れる彼は、自らの同胞の上に上げられるべきどんな理由のためか［といった根拠］を示さなければならぬ。もし彼がそうせぬならば、彼は同胞達に対する敵である。これは民衆的政体《ポピュラリティ》ではなく僭主政体である。そして僭主達は、人々の性質をかなぐり捨てることで『人間を放棄した』と言われる（というのは彼らは、人間性の弱さとは一致せぬ事を不正的にして非合理的にわがものとするゆえである）し、彼らが自分達自身として擁護すべき、彼らの平等者達の利益に反して自らの利益を立てるためであると言われる」[7]。

シドニーは、この文節においてアリストテレスによる周知の六政体分類において僭主政体を最悪とみなしている。シドニーは、それを自らの理想としての直接民衆政体の対立軸と位置づけている。シドニーはそれを更にうけて次のようにそれらを対比し始める。

「自分達の純真さに信頼を置き、かつ自分達がその平等者達によって価値あるとみなされた事以外の他の富ないし選好を願わぬ最良な人々は、正しい法の擁護下での正当な自由によって満足されたのである。そしてもし私は、それが与え得る証拠全てをここに書き入れるならば、私は世界史を書き直さねばならず、或いは少なくとも設立されたりおとしめられたりする諸僭主政体にかかわると同様なことを書き直さねばならなくなってしまおう」[8]。

ここでもシドニーは、その対立軸である理想としての民衆政体と、その最悪のものとして一人物による腐敗型政体を両極に配する。前者は法の支配下における民の富を擁護し、増大するものとして主張し、他方はそれを覆えしたり脅やかすものとして論難される。とはいえシドニーは、それがある意味では原型であって、より具体的な政体について次のように表現する。

「私は、次のような点により近くするようにする。即ち、それは民衆政体と君主制と比較するのではなく、正規な混合政体と、次のような絶対君主制とを比較するのであると。即ち、どのようにそれらが要件づけられようが、その君臨する家族において偶然生れる男、女ないし子供の意思に全てのものを委任するようなものとを」[9]。

シドニーは、この文節において民衆政体と君主制といった純粋政体型で議論するのではなく、より当時のイングランドの政体に則するものに特定化しようとする。彼は、正規な混合政体といった現状に見合った類型（古代ローマの共和制政体のイメージからつらなる）とフィルマーの絶対君主制とを対比させようとする。そうした絶対君主制は、民の自発性に重点を置かず、その絶対君主の家族の意思に重点を置くものであるというのである。シドニーは、この政体類型をモデルとしつつ次のように古代における歴史物語を通して問題を提起する。

「私は、真理を愛する人々に次のようであるかどうかを考慮してもらいたいものである。即ち、最も賢明にして最良かつ最も勇気ある人々は、自分達が誰に対しても悪をほとんどなす気がない場合に、彼らが悪を被る事から擁護する政体に当然のこととして満足されないのかどうかを。自分達の同胞の上に少しの不当な利益も願わぬ人々が、タルクイニウスの追放からカエサルの設立までローマの混合政体として構成された民会ないし元老院がタルクイニウス、カエサル、或いは彼の後の後継者達に判断を委ねるよりもむしろ自分達で判断すべきことをいつも望まないかどうかを。或いは不道徳で腐敗した近衛兵団（彼らを支配するマクロ、セイアヌス、ティゲリヌスらとともに）が、ブルートゥスの息子達の気質の如く、自分達の純真さによってのみ生きる必要によって、冷酷な法権力をいつも嫌わず、かつ君主達を進めた人々の如く君主達の利益をいつも支持しないのかどうかを」[10]。

シドニーは、この文節において更に引き続く文章の形で長い問題設定によってその読者に迫っている。彼は、自らが読者として期待する人々を例の如く「賢人・善人・勇気ある人々」という表現で訴える。そうした読者に対してシドニーは、先ず最初に古代の共和制ローマをモデルとする形式をとり、悪しき君主達が進める悪政に抗する反乱を正当化する形で糾弾する。つまり彼は、その政体の中心をなす民会と元老院を基盤とするものを腐敗せしめた悪辣な暴君をこのまま見過していいのかといった論法をとっている。更にシドニーは、そうした暴君達を助長する不実な近衛兵達による悪しき事例と同様な当時のチャールズ二世体制を放っておいてよいのか、とその読者達に迫っているのである。次にシドニーは自らのイングランドの現実にあてはめて次のように迫る。

「これで十分でなければ、人は我々自身の国の事情についてならば少しは気に入って熟考できるかもしれぬ。そして私は、真理の愛好者達に次のように真剣に考察してもらいたいのである。即ち、ハイド、クリフォード、ファルマス、アーリントン、及びダンビーは、自分達の主要な役割の扱いが自由にしてよく規制された議会に存在したならば、その主要な役割を言い張ったかどうかを。自分達はブルートゥス、ヴァレリウス、及びクインティウスなどの残りの者、或いはナルキッスス、パラス（Pallas)、イケトゥス（Icetus)、ラコ、ヴィニウス（Vinius）と最も似ていたかどうかを。私は真理の愛好者達には次のように考えてもらいたいのである。即ち……クリーブランド、ポーツマス、及び同じ交流をもつ他の者は、彼らが共和国になされた役務によって享受する富や名誉へと達しているかどうかを。そしてチフィンチ、S・フォックス、及びジェンキンズは、我々の事情が善人達が望む如く規制されていたならば、おそらくどんなところに達成したのであろうかを」(11)。

シドニーはこの文節においてフィルマー批判を更にたたみかける。彼は、自らの民優位の主張と対立する絶対君主制を推進するとみなされるチャールズ二世体制の主導的大臣達であるロチェスター伯・クリフォード卿、アーリントン卿、及びダンビー伯を列挙し、本来の議会が存在した場合に彼らがその地位を強引に主張したのであろうかと読者に迫る。こうした絶対君主の大臣達は、ブルートゥスやファビウスらの立派な指導者達、或いはローマ皇帝の有名な指導者らと最も類似していたとでも言うのか、と批判的に訴える。この文の最後の部分において、そのイングランドの現実の腐敗を徹底的にシドニーは叩く。シドニーは、B・ウイリエやルイ・ルネのようなチャールズ二世の影響力をもつ愛人達を引き合いに出し、そうした人々の腐敗が国家が本来役務にうるおう富の隆盛や栄誉ある状態となんと異なることかと論難する。シドニーによれば、陰険にして極度に身勝手な国王の従臣であるチフィンチ、国王下の財務担当委員として私財を蓄わえたフォックス卿、及び凡庸な能力しかもたぬくせに国王の役務で私腹をこやしたジェンキンズらは、[12] 本来あるべき形で公益のために尽した場合といかに異なるか想像できるのか、と迫るのである。シドニーは、この第二〇節を次のようにまとめる。

「物乞い・盗み・及び売春仲介の古き業、或いは密告やペテンの新しい業は、力が弱いか或いは悪辣かでありうる人物の下で最もよく栄え、かつ追従者達によっていつも出し抜かされるのか、或いは元老院ないし民会の厳しい監視下でそうなるのかどうか［を考察してもらいたい］。一言で云えば、そうした業によって生き、かつ他の事を知らぬ彼らは、自らが享受する政体を進めようといつも努めないのか、或いは最高の栄誉をえることを望みうるのか、そしてそれ［そうした悪しき一人政体］（そこにおいて彼らがあらゆる種類の叱責や処罰にさらされる）を嫌うことを望みうるのかどうか［を考察してもらいたい］。それらが決定されたならば、なぜ最悪の人々が絶対君主制をいつも支持し、かつ最良な人々がそれに反対しているのかの理由が容易にあらわれようし、そうする事によってその両者のうちのいずれかが悪事をなす無制限な自由を望むと言い得るかが容易にあらわれよう[13]」。

シドニーはこの文節において次のような二つの内容を主張している。その第一は、物乞いや盗みといったきわめて卑近な表現によって示す悪しき手段を悪しき業と称し、そうしたものによって腐敗し切ったチャールズ体制がその追従者達によっても出し抜かれる悪しき統治と、逆に古代ローマ共和制型の民の主要な機関である元老院や民会の厳格な監視下にある統治のどちらがよいのかと迫るものである。換言すれば、シドニーは、そうした悪しき手段で栄え、かつ姑息な手法しか知らぬ狭量な腐敗者達が最高な信賞をえてしまい、かつ厳しい必罰にさらされることを嫌う統治政体をいつも進めてしまってもよいのかとただすのである。

第二に、シドニーは、その長い読者への迫り型の訴えによって当然明確に決断できるものとみなした後に、こうした絶対君主制支持者と、それに反対する最良な勢力の論拠を明らかにしているという。従ってシドニーは、この両勢力のいずれかがこの節の根本的概念のうちの一つである「無制限な自由」を望むことが明確となったと判断し、その前者を批判する論法を示している。

（1）Sir R. Filmer, *Patriarcha*, x, MS.
（2）A. Sidney, *Discourses*, 1751, p. 151.
（3）A. Sidney, *op.cit.*, p. 151.
（4）*Ibid.*
（5）*Ibid.*
（6）*Ibid.*, p. 152.
（7）*Ibid.*
（8）*Ibid.*, p. 153.
（9）*Ibid.*
（10）*Ibid.*
（11）A. Sidney, *Discourses*, 1751, pp. 153-154.
（12）T. G. West(ed), *Discourses*, 1990, pp. 194-195.
（13）A. Sidney, *op.cit.*, pp. 153-154.

㈢　共和制諸国民の立憲制の多様性と国防

シドニーの『統治論』第二章第二二節は、「諸共和国は、その立憲制の多様性によって平和を求めたり、或いは戦争を求めたりする」[1]という見出しになっている。われわれは、その内容から判断して「共和制諸国民の立憲制の多様性と国防」と示すこととする。というのはその内容は論理的には当然ながらフィルマーの『家父長論』の批判であり、その共和制の民を好戦的と一元的にみなすフィルマーに抗し、その民がそれぞれの立憲制によって多様であると反論するからである。しかしながらわれわれが理解するところではその国家国民の防衛問題を念頭においているとみなしうるものである。一般的には政治指導者たるものは、その外敵から国家国民を守ることが基本であり、この意味から戦争に備える事柄についてシドニーが論じていると解することができる。シドニーは、その説き起し部分を次のように表現する。

「私が、これまで民衆的政体《ポピュラー》ないし混合政体《ミックスト》について一般的に語っているならば、そのことは、あたかもそれらが全て同一原理に基づいたかの如く、我々の著者が区別なしにそれらを全て一般的に非難しており、かつ一般に多分決していかなるものも存在しなかった諸欠陥を各人に帰すゆえのみであったのである。しかしその大部分は、確かにそれらの諸政体のうちの多くのものの特質や立憲制とは直接的には逆である。悪意と無知があまりにも同様に彼を支配しており、悪意と無知はその二つのもの［原理］のうちのいずれかからこの偽りの表現が発するのかを決定する事が容易でない程である。しかしいかなる人もかくする事によって個人に課せられるといけないから、次のことを観察する好機である。即ち、共和国の諸立憲制は、もしそれらのうちのあるものが主に戦争のために構成されていたように思えるならば、他のものは平和を同様に喜んでいる程、諸国民や時代の異なった気質や性格によって多様であることを」(2)。

シドニーは、まず最初にこの文節において民衆に重点をおく政体を自ら一般的に説明しているが、フィルマーのようにそれについて悪辣にして愚の一元的レッテルで決めつけることを糾弾する。それにもかかわらず民優越型政体は、活力をもち、その大部分が各人よりも君主の悪政に責任がある立場を彼は確認する。悪意と無知といった二つの原理によって民重視型立憲制に対する偽りの信念がフィルマーを支配すると決めつける。しかしながらシドニーは、この第二二節の表題内容を次のように再度措定する。即ち、多様な共和制諸国民優位型立憲制は、平和を大切にする国民も存在する故に、国民の性質やその時代状況によって多様に異ならざるをえないと。
「多くはその極端の中間をとっていたし、（ある人が考える如く）その最善な道筋をとっていたのであり、民の精神を貶めない程に、彼らの平和への愛を和げているが、そこに偶然が存在するとき、戦争をなす恒常的準備に彼らを保っているのである。それらの諸共和国のうちの各々は、いくつかの道筋や目的に従った故に、我々の特別な考察に値するのである(3)」。

シドニーは、ロックらとは異なり、軍隊や戦争を実体験している経歴からして、権力集中を含意する近代国家というものの実際上の性格をよく認識しており、その長所をいかしつつ論理立てをしている。即ち、その共和国の立憲制の多くは、その両極端（絶対君主制と直接民衆政体といった）の中間を採用している。そしてそれらの多くは、そのうちのあるものが主に戦争のためにその民の士気を損わない程に、その平和志向を和らげるけれども、その有事に備える恒常的な戦争準備（或いは国防）に彼らを保っているという。シドニーは、こうした観点（即ち多様な状態）からその道筋や目的に従った理由でよりきめ細かな分析が必要であるというのである。
「ローマ・スパルタ・テーベの諸都市国家、及びアエトリア・サビニ・サムニウム・並びにギリシャとイタリアにいて古代に繁栄した他の多くのものの同盟全ては、国内での自由の保全と海外での戦争をなす事以外に何ものも意図しなかったように思えるのである。スペイン・ドイツ・及びガリアの諸国全ては同じ事を求めたのである。彼らの主要な仕事は、彼らの民をして勇気をもたせその指導者の下に服させ、彼らの国の愛国者とさせ、かついつも国のために戦う準備をさせることにあった(4)」。

シドニーは、共和国の立憲制の多様性に従って戦争ないし国防についてお得意の歴史物語を詳細に列挙する。彼があげた諸事例は、国内の自由の保全と海外との戦争しか意図しないといっている。これはある意味で戦争国家論であり、われわれが今日国防について当然とみなすものの一線を越える表現もである。しかし当時の一七世紀後半における欧州国際状況での対外的脅威を考慮すれば、戦争や国防に備える状態（英蘭戦争直後やカトリック大国の脅威など）を総合すると、極端に過剰反応的とみなすのは酷かもしれぬ。シドニーが当然のこととして想定している状態は、その主権国家の併存状態にある軍事力的状況であり、当時の現状もこの文節が反映していよう。いずれにせよ、彼は、諸国民をその勇敢な戦争指導者の下に結集することを強調し、その愛国者となさしめ、常にその国防などに備える必要性を強調しているのである。

シドニーは、そうした視点に立って古代、並びに近代の諸事例を列挙しつつその立憲制の多様性と戦争との関係を示そうと努める。彼はこの節を次のような結論によって結ぶのである。

「各共和国は、その立憲制に従って行動し、共に連合した諸属州の多くは、本国の権威に全体的に依存する人々の如く、混乱をそれ程免れていないのである。しかし我々は存在していない民衆的政体など知らぬし、君主公国よりも規制されかつ静穏でない民衆的政体など知らぬ。そして対外戦争について諸共和国はそれらの多様な立憲制に従って戦争を求めたり、或いは避けたりするのである[5]」。

この文節は、次のような文をうけている。即ち、「私は告白するが、諸王国は共和国によると同様に、国内の騒擾から免かれている時もあり、かついくらかの君主達の間に形成された諸同盟は恒常的にして宗教的に遵守されていると。しかし以上のことが世界に現れず、かつ厚ましくもなく無知でもないいかなる人もそれを思い切って言い張らなければ[6]」。ここにおいてシドニーは基本的には共和国を支持する立場から告白する形式をとる。時には前者と同様に君主制諸国も国内の騒乱を被っており、君主達から形成された諸君同盟の結束も正常に守られている場合もあると。これは、その共和国の立憲制の多様性を君主制諸国にも拡張している。このようにシドニーはうけ、われわれが結節部として配した文もそのうけた文の後半部がその条件節となっている。即ち、そうした国内の騒動から免れていないなどと偽わらなければ。つまり、それぞれの共和制的諸国は、その立憲制に適応しうる手段をもっているのであり、かつ連合を組んだ多くの諸属州は、その宗主国の権威に全面的に従属する人々のように混乱を避けられないでいる場合もあるというのである。とはいえシドニーは、君主制諸国などがポピュラー政体程よく規制され、かつ平和であるなどとはきいていないと明言する。最後にシドニーは、対外国との戦争に関しては共和制諸国の多様な立憲制によって戦争に訴えたり、或いは戦争を回避したりしていると結んでいる。

（1）A. Sidney, *Discourses*, 1751, p. 159.
（2）A. Sidney, *op.cit.*, pp. 159-160.
（3）*Ibid.*
（4）*Ibid.*
（5）*Ibid.*, p. 164.
（6）*Ibid.*

(四)　最善の国防立憲制としての民衆的政体

われわれは、前述の如くシドニーが同時代における代表的なウイッグ派論者達のうちの一人として著名なロックと比較すれば、その軍事的知識や当時の欧州の国際情勢の理解などにおいて秀れている性質を示してきている。彼の『統治論』第二章第二三節「戦争に最も備えてあるものが最善の政体である」[1]においてもそのシドニーの特徴があらわれている。彼のその国防ないし自衛思想もそこに明確に述べられている。われわれは、本項を「最善の国防立憲制としての民衆的政体」と記すことも、彼のその論理的性格を表現するものである。

シドニーは、その冒頭で次のようにフィルマー批判の一環としてそれを説き起す。

「全ての民衆的政体と混合政体を一つへと急いでいた我々の著者は、ある程度私を強いてそうした政体が基礎づけられた多様な立憲制や原理を説明させている。しかしある父親の知恵が自分の家族にパンを与える事においてばかりでなく、或いは彼の長子相続財産を増大する事においても、その財産の安全のためにも全て可能な供給をなすのに見られるように、その政体が最初にもつものを当てにせず、民の数・力・及び富を増大しようと努め、かつ最善の規律によってそのように改善された権力を国民にとって有用でありうる如き秩序へともたらそうと努める、政体が明らかに最善である。これは、次のように導くもの全てを含む。即ち、人々の現状に気に入る人々が自分の国への愛に満たされ、かつ自分達自身のものである公的大義のために大胆に闘うように勇気づけられるために、裁判の執行・国内治安の保全・及び商業の増大へと［導くもの全てを含む］。人々が繁栄するものに心から加わるごとく、そこでは外国人がこうした国家で居住を定め、かつそこで支配する諸原理を支持するようにひきつけうるのである[2]」。

この文節において最初にシドニーは、フィルマーがあらゆる民衆的政体と混合政体を同一として強引に決めつけているが、そうした諸政体が基盤とする多様な国制や基本思想も説明していると譲歩する。とはいえシドニーは、父親の知恵によってその家族が食物をえ、その長子相続財産を増大させ、かつその財産の保全確保のためにありうる力を尽すことが当然とする如く、最善の政体は最高度な規律をもって国民の人口数・勢力・及び商業を増加させるものであると主張する。これはシドニーによる理想的な政体像の基本的部分である。彼は更にその中に、裁判の公正な執行、国内の安全の確保、並びに商業活動の拡大全てを包摂させる。こうした経済面におけるそのノンゼロサム的傾向は、自由主義的な経済社会を想起させ、シドニーの自由主義的思想傾向と重なる一面でもある。更に彼はそれをその後半部においてやや具体的に示し、そうした政体において愛国心、公的大義の目的を説き、かつその国に他国人でも居住を求める位に繁栄するものであるというのである。

シドニーは、ここでは戦争をなすという表現が目立ち、当時の共和主義者と共通な軍事的な特徴のものである。しかしわれわれはそれを有事に備える国防ないし自衛という今日的表現にも置き換えることができる。それを根本原理において理解すれば、それが現代においても重要であるゆえに妥当性を有するとみなしうる。その関連で彼は、次のように主張し、かつ繰返している。

「たとえ君主制であれ民衆的政体であれ、絶対的であれ制限的であれ諸政体全てが、戦争をなすのによく構成されようがされまいが、称賛に値しようがされまいが、そしてこの目的の達成が指揮官の要件・勇気・及び軍隊がひかれる民の力・勇気……愛情・並びに気質に全体的に依拠するならば、軍隊がよく命じうる最善の配慮をするそうした諸政体は、必然的に最善であるに相違ない。そしてこうした政体は、彼らが数・勇気・及び力において日々に増大し、かつ変化への恐れについて現状で大いに満足しうるように民の為に備え、かつ自分達自身のものとして公益の保全ないし促進のために戦うにちがいない[3]」。

シドニーはここにおいても諸政体が基本的な三類型の混合や異形のいずれからなろうとも、その戦争遂行目標の達成がその指揮官の資質要件、並びにその軍隊がひかれる国民の活力・武勇・愛国心・及びその気質などに全面的によるものである故に、諸政体がそれに対して次のようであるにちがいないというのである。即ち、軍隊がそのよき目的達成への指揮命令系統が迅速で確かであるように最高度な配慮がなされているように。そしてその指揮官が軍隊から引かれる民のそうした諸要件が日常的に増加してゆき、更に変化への恐れに対して現実に大いに満足しうる如く国民のために準備し、かつ軍隊自体の事項について公益の維持促進を図るために戦うものであるということに。シドニーは、こうした前提条件を示した後に、次のようにその否定すべき政体を配する。
「我々は、世襲君主制において結局のところいかなる配慮もその指揮官になされない事に既に気づいているのである。その指揮官は選出されず偶然に着任し、かつしばしば欠陥を証明するばかりでなく、大部分自らの義務のいかなる役割も全く遂行しえないのである」(4)。

この文節においてシドニーが否定する世襲君主制下において、その君主である指揮官がその能力ゆえに指揮をとるわけではないのであるという。更にその指揮官は多くの場合欠陥を有している故に、その戦争を急には遂行する役割を果たしえないというものである。シドニーによるその結論は、次のようになる。
「民衆的政体において優れた人々が、一般に選出され、かつたとえ一人ないしそれ以上のものが失敗しても他の者がその地位を与える準備ができているほど、その極めて多くのものが存在するのである。そして本言説は（もし我々が誤まっていなければ）その一連全体において次のように示したのである。即ち、民の勇気・人数、及び勢力の増大（それらから軍隊が形成される）に関連して、かつ彼らの義務を勇敢に遂行するために準備するような気質へと民をもたらす民衆的政体の諸利点は、選択の知恵がその生れの偶然性を凌ぐと同様に、君主制の利点を上回ると。ゆえにその両面において戦争にかかわる部分が君主制よりも民衆的政体においてよりよく遂行されることを否定しえぬ」(5)。

シドニーは、こうして民衆的政体の戦争に備えられる長所を示し、その政体を主張する。即ち、民衆的政体においてその指導について能力ある人が主に選出され、たとえ一人ないしそれ以上のものが死亡ないし失敗したとしても、他の人がその地位を占める準備ができている。この共和主義者は、既述の如く、その軍隊が形成する民の武勇・民の数・及び民の力の増大といったプラス面、並びに彼らの任務遂行活力（その階位を上げようとするもの）によって、更に生れよりも選択の知力や能力がその生れの偶有性を上回るといった長所において民衆的政体が世襲的君主制よりもよく戦争に備えることができ、かつそれを遂行できると主張する。

（1）A. Sidney, *Discourses*, 1751, p. 165.
（2）A. Sidney, *op.cit.*, p. 165.
（3）*Ibid.*, p. 168.
（4）*Ibid.*
（5）*Ibid.*

(五) 諸国民に許容される国内の騒動・扇動・及び戦争

シドニーは、その主著第二章第二六節「国内の騒動と戦争は諸国民を陥れる最悪ではない[1]」において自らの反乱が許容される条件について述べる。われわれは、それを「諸国民に許容される国内の騒動・扇動・及び戦争」と表現することとする。シドニーが、ここでは自らの執筆意図とされるチャールズ二世体制に対する反乱目的の前提条件を構成しており、われわれはこの共和主義者において最も重要な内容のうちの一つを示す故に、検討する必要がある。

シドニーは、例の如くフィルマーを名指しの標的としてあげ、次のようにその節を説き起す。「我々の著者は、『人間は生存するために全てのものを放棄すべきである』（『ヨブ記』二・四『家父長論』）という。フィルマーの著書にある聖書の諸表現を与える必要があった故に、それらは悪魔によって語られる以上にその目的によく当てはまるものなどなかったが、彼には少しも役立たないのである。私は、それらが真であるべきである事を認めることから退くべきであるが、それらから彼が引き出す次のような結論を否定できるといっても差し支えないからである。即ち、『それら［民衆的政体］は、大部分の人々が殺害される最悪の政体であり、或いは絶対君主制におけるよりも民衆的政体において多く殺害される』（『家父長論』）結論を[2]」。

シドニーは、この文節においてフィルマーが旧約聖書のうちの『ヨブ記』を援用している部分を標的とする。彼によれば、その部分は悪魔による人間に対する誘惑を意図し、人間が生き残るためには人間らしさを全て捨て去るべしといった内容であると一刀両断にする。シドニーは、続いてそれを根拠として『家父長論』第一九章「民衆的政体は僭主政体よりも流血的である[3]」をとりあげる。シドニーは、フィルマーが主張している政体の後者にかえて「絶対君主制」と置換し、後者が述べていると結論づけている。シドニーは、それを更に次のように敷衍する。

「共和国に起こっている全ての戦争や騒動がマケドニアやローマの諸帝国、或いはイスラエル、ユダ、フランス、スペイン、スコットランド、或いはイングランドのような王国にもたらされるような殺戮（これらの諸王冠のためのいくつかの競合者達間での競合によって生み出しているようなもの）を決して生み出していない事を証明したゆえに、もし騒動・戦争・及び殺戮が問題であるならば、そうした君主制諸国による戦争はそれらが最も常習的にして残忍である政体全てのうちで最悪であるからである[4]」。

ここでのシドニーによるその表現は絡み合わされるようになっている。しかしその筋道は簡明である。即ち、ここでは共和制諸国と民衆的政体諸国が同類語となっているが、そこでの戦争事例はその列挙された君主制諸国ほど悪くはなく、そうした君主制諸国の戦争における行為が最も残虐であると示している。シドニーは、こうした前提条件を示した後に自らが最も訴えたい内容のうちの一つへと移ろうとする。

「人々が扇動・騒動・及び戦争において相互に殺し合う事はよくない。しかし万事を争う力も勇気ももたない程のそうした悲惨・弱体・及び卑しさへと諸国民をもたらす事は悪なのである。自らが財産を守る事を必要とする者には何ものも任せず、かつ荒廃に平和の名を与えることはよくないのである。私は、ギリシャ人が人々で諸都市が多く溢れた時、幸福にして栄誉的であったとみなし、人々の間に称賛に値する芸術において繁栄したとみなすのである。私は、彼らが最も偉大な国王達に守られ、かつ恐れられ、かつ国王自身の死や混乱以外に何ものによっても悩まされず、バビロンやスーサが彼らの武力の動機によって揺り動かされた時、我々の著者が最大の悪とみなすそうした戦争と騒動において行使された武勇は、地上において何ものも彼らに抵抗しえぬような力にまで引き上げられたのである⑸」。

シドニーは、ここにおいて自衛や国防並びに武装反乱の立場からわれわれが本項で設定した三つの主要概念に言及する。その節の見出しにおいて彼は扇動を除いているが、騒動に関連するものとして扇動を内包しているように思える。確かにシドニーは扇動・騒動・及び戦争における殺人行為を望ましくないと認めるけれども、国家がそれらに備えず、かつ大切な財を保全するに値する者には何らの措置も講ぜず、荒廃や悲惨を見逃すことなどなおさらあってはならないと説くのである。シドニーは民衆優位的国家論の立場から自衛のための武装を肯定する一方で、ギリシャの繁栄のうちに民が諸都市に満ちあふれた時、幸福にして理性的に行動し、かつその芸術も栄えたことを称賛している。シドニーによるその文節も表現としてやや絡み合わされる形となっているかもしれぬ。しかし彼は、そうした諸々の困難な状況にもかかわらずその民が戦争や騒擾で行使された武勇や活力をたたえ、高い評価を与えているのである。

シドニーは次にそれについてイタリアの事例をあげる。

「イタリアは、自分達の意思によって自治を行なう諸国民によって居住されたけれども、彼らは国内の扇動へと陥った時もあり、かつその近隣諸国としばしば戦争をなした時もある。彼らが自由であった時、彼らは自国を愛したし、その国防においていつも戦う気でいたのである。十分に成功した人々は活力においても権力においても増大をなしたのである。またある時代において最も不運であった人々でさえ、その政体が継続した場合には、自分達の最大の損失を修復する手段を見出したのである⑹」。

古代イタリアの共和制期にはその国は、国民の自治を中心として治められていたけれども、彼らは国内の不穏によって扇動状態を被った時もある一方で、諸国との戦争をなしたこともしばしばであるという。それにもかかわらずその国民は自由の中でいき、愛国心も旺盛であったし、その国防や自衛の面でもその戦闘の準備を怠らなかったというのである。立派に成功した国民は、精神的にも実力的にも国力を増大せしめたのである。他方においてきわめて幸運に恵まれなかった人々でさえ、その政体が連続性を保ったとき、自らの最大の損失を回復する手段を見つけている程の復元力をもったとシドニーは説くのである。彼は、有事にも備える自衛や国防体制維持の立場からその民の士気や活力を基本に据える。これは、われわれの今日的な国家にも通じる一面である。

「彼らは自分の財産の所有権をもった一方で、彼らは自国を侵略させないようにしたのである。というのは彼らは自国が敗北すれば何ものももちえぬことを知ったからである。この事は、戦争や騒動に隙を与えたが、それは彼らの勇気を鋭くさせ、よき規律を保ったのである。そしてそうした面倒によって最も多く見舞われる諸国民は、権力と人口数においていつも増加したのである。従ってイタリアはハンニバルが侵略する時にあるより以上の国など考えられないし、ハンニバルの敗北以後世界の残りは彼らの武勇と権力に抵抗しえなかったのである(7)」。

シドニーは、この文節において私有財産権を有する市民観念を当時のイングランドと同様に古代ローマ共和国でも存在するとみなす。そのためにローマ市民達は、自国を侵略によって敗北させせぬ自衛ないし国防の必要性があるという。確かにそうした古代事例は、騒擾や戦争を招く場合もあり、その有事の場合には大切なものを擁護する市民の士気や紀律の重要性を強調しているのである。こうした市民や国民の自衛や国防意識や備えがあれば、そうして諸国は活力にあふれ、他国からの侵略に抗する抑止力にもなりうるという。ポエニ戦争でのハンニバルの侵略にもめげず、ローマの民は彼らをはねかえしており、そうした戦争や騒動を乗り越えているというものである。シドニーは、この節の後半部において次のように結論づける。

「この平和裡な隔絶状況が絶対君主によって導入されている所全てに言及する事は、終りなき作業であった。しかし民衆的政体にして正規な政体は、次のことによってその民の数・力・権力・富・及び勇気を増す事にいつも傾注しているのである。即ち、その市民達のために快適な存続の道筋を与え、異邦人達を招来することによって、かつ各人が自分のものとして公的大義をみなし、かついつもその大義を擁護する気にさせるほどの、こうした自らの国への愛をその市民達全てに満たすことによって。この事は、最も精力的な多数者が熱病へと陥る如く、騒動や戦争に隙を与える時もある。各人が、公共のために熱心である時、意見の相違が存在しうる。そしてあるものは、その道筋を誤まる事によって自らが便益をえる時損害をもたらしうるのである。しかしある僭主が出現し、かつ彼等の至福の根である政体を破壊する事がなければ、或いは彼らのものよりも大きい有徳ないし運命をもつ抵抗しえぬ力によって圧倒されなければ、彼らは直ぐ回復し、かつ大部分以前よりも大きな名誉と繁栄において上昇するのである。この事は、次のようなギリシャとイタリアの共和国において見られたのである。即ち、そうした共和国は、この理由のために正しく有徳の養成所と呼ばれ、彼らの統治者達は人々の保護者と呼ばれたのである。他方、我々の著者による和解的君主は、人類の敵にして破壊者の名称同然に相当し得るのである(8)」。

シドニーによれば、扇動・騒動・及び戦争なしに（外見的平和状態で）民の活力を抑圧することは、「生れる事を禁じることは殺す事である」（テルトゥリアヌス(9)）と同様に悪であるという。即ち、そうしたことをシドニーは、「平和裡な困難な状況」と表現する。悪しき君主達によってそうした状況が数多くうみ出されているので、彼はそれに紙幅を費すことをここではとめておこうという。とはいえシドニーは、自らが主張する民衆的政体がその国の市民達に自らの進むべき道をとることが予想しえ、かつ部外者達を招来しえ、かつ各人が公的大義を自分達のものとみなしうるという。これは、民衆が自治的要素を実感しうる要素であり、シドニーによる楽観的にして予定調和的な自由主義的性格の一面をあらわしている。更に各人は、その公的大義を維持促進する精神をもつといった、その愛国心によって全てあふれさせることによって、自国の人々の勢力・活力・及び豊かさや武勇を増進することに専心したというのである。更にシドニーは、本項の主要概念である三つについてそうした活力ある多数者がその過剰なナショナリズムに陥る可能性を示し、そうした三つに向かわせる場合もありうることを示す。更にその共和国における人々は、公共事に情熱をもつ場合、意見の対立が生れ、そうすることによってその道筋を誤まることによって自分達が利得をえるとき損害をもたらす場合もあるという。とはいえ暴君の登場によってでも、かつ市民達の幸福の根幹である政体を崩壊へと至らしめることがなければ、或いは市民達の有徳ないし運命よりも大なる力によって打倒されるのでなければ、そうした人々はすぐに回復力を発揮し、かつおおよそにおいて以前にもまして大なる栄誉と豊かさにおいて発展し続けると説く。最後は、その結びの部分であり、その適例が、ギリシャやイタリアの共和制諸国で示されるという。そうした諸国は、上記の理由により正しく有徳の学校と称され、その国家指導者達は、民の守護者といわれるという。シドニーによれば、フィルマーによる外見上平和的態度をとる君主は、その抑圧的支配を固定化するものである。そうした君主は正に類的人間の逆にして破壊者であると指弾する。

（1）A. Sidney, *Discourses*, p. 207.

（2）A. Sidney, *op.cit.*; Sir R. Filmer, *Patriarcha*, 78-83 MS.

（3）Sir R. Filmer, *op.cit.*, x, MS.

（4）A. Sidney, *op.cit.*

（5）*Ibid.*

(6) *Ibid.*, p. 207.
(7) *Ibid.*
(8) *Ibid.*, p. 209.
(9) *Ibid.*, p. 208.

(六) 民衆的政体下の民における公共善の優位

シドニーは、フィルマー卿の絶対君主制よりも民衆的政体（制度的には混合政体）が優れていることを強調する。これは、前者による『統治論』がそのチャールズ二世体制を専断的な君主による民に対する抑圧体制ゆえに、それに対する武装反乱を訴えるための一環であることによるのである。その第二章第二八節は、「民衆的政体ないし混合政体に生きる人々は、絶対君主制下におけるよりも公共善を大切にする」[1]という見出しが付されている。われわれは、シドニーによるその民衆的政体論の積極的思想に着目するゆえに、表題を本項の如く示している。シドニーは、その冒頭で次のようにフィルマーの『家父長論』の文節を使いつつその標的を定める。

「奇妙な事に喜ぶ我々の著者は、次に見事な賢明さをもって彼の前のいかなる人によっても見出しえぬ、民衆的政体における二つの欠陥を見出し、それらが無知と怠慢にほかならぬという。臣民達を保全するそうした君主達の配慮について語る時、彼は、次のように付け加える。即ち、『民衆的政体国家において逆に各人は、公共善が自分の配慮に全体的には依拠しないが、その国家は他者によって十分統治しえる。各人のみ自分の私的事項に配慮しうるとしても』。そしてその少し下で『彼らは、彼らの怠慢の事では多く非難されないのである。というのは我々は彼らの無知がその怠慢と同じであると間違える事なく信じえるからである。従って民の間の統治官達は大部分一年任期である故に、彼らがその公職を理解する前にいつも終え、より理解の遅い君主は必然的に彼らを上回るに違いないからである』と。

これは、勇ましく決定されたし、世界はこれまではびこっているそうした誤謬の発見の事でフィルマーに負うている」[2]。

シドニーは、例の如く思い切った二者択一的形式でフィルマーの主張を一刀両断にする論法をこの文節でも用いる。ここでの主題は、公共善であるが、後者は彼の論敵による民衆的政体国家論の民の無知と怠慢批判にその的をしぼる。これに対してシドニーは、フィルマーが当然主張するこの文節をここで引用する。即ち、民は公共善に依拠するものではなく、そうした国家は民以外のものによって統治できるものである（この公共善はその各人の私的事項にだけ配慮するものではない）ことを。次にシドニーは、フィルマーによる民の無知と怠慢批判をその俎上に載せる。後者が云う如くそうした民は、その怠慢にもかかわらずそこでは非難されぬという。またローマの共和制にみられる統治官は一年任期が大部分である故、その公職を熟知しないうちにその任期を終えてしまい、より飲み込みの遅い君主達でさえそうした指導者達を上回ると切り捨てているという。こうしたフィルマーの論法をシドニーは皮肉を込めて論難する。シドニーは、古代共和制の成功物語を称賛してばかりいるわけではないが、フィルマーによるローマの皇帝達を称賛する論理を自らの広範な知識を駆使しつつ打倒する手法も用いる。シドニーは、先ず最初にフィルマーによるそうした君主達の事例を次のように論破している。

「我々の著者は、我々が考えもしない事を我々に教える事によって、彼の品格と理解力について無謬の証拠を与える。彼は、自らが提案する事が最も愚かなように思えるが、信じられるべきであるという。しかし我々は、そうした［古代の］時代に生きたような人々、或いは後の時代における彼らの著作を精読している人々を信じるならば、我々は前述の君主達や同じ地位を占めた人々の最大部分が有徳全てを欠いていたと考えざるをえないばかりでなく、その支配下でいかなるものも成長させずにいたと考えざるをえず、彼らが卑しさ・愚かさ・及び悪辣さにおいてあらゆる獣のうちで最悪と同じであったと考えざるをえないのである。欲望と流血にまみれ、カプリ島での自分の洞窟で居を構え、多数の悪名高き占星術師達に囲まれた君主（ティベリウス）もいれば、売春婦・男性同性愛者の相手方の少年・解放奴隷・及び他の悪漢達によって左右された君主もいる。しかしその帝国は、彼らの怠慢・遂行的非力・及び悪辣さを通じて崩壊したのである。世界でも知られぬいかなるもの以上に、あらゆる種類の有徳において繁栄していたその都市国家はもはやうみ出されなかった。この国を培う規律が解体されたのであり、いかなる人も公共善を進めたり或いは自分の勤勉や武勇によって悪をそらす事を望みえなかったろうし、その［勤勉と武勇］いずれかによって評判をえた者は、残忍な死以外の他の報賞を期待しえなかろう(3)」。

この文節の最初の文章においてシドニーは、自らの自然法的立場から信じられないような君主達の長所をフィルマーが列挙し、かつその民全体に対する蔑視を恥ずかしげもなく示して見せ、それを信ずべしと説く。これに対してシドニーらの民の優位を主張する陣営は、そうしたフィルマーの絶対君主論の主張がこじつけであり、かつ民の多数がそれほど愚かではなく、逆にそうした神授権的絶対君主主義がきわめて根拠薄弱で、最悪の名に値するものと糾弾する。更にシドニーは、悪名高きローマ皇帝ティベリウスの悪行ぶりや更に卑しき例をそこにつけ加える。彼によれば、そうしたローマ帝国は、悪辣な皇帝達による怠慢などによって崩壊の要因となったと決めつける。シドニーは、再びその共和制時代の有徳によって繁栄したローマがそうした結果、回復しえなかったというのである。この文節の最後に「公共善」という用語が出てくる。シドニーによれば、そうした有徳を土台とするローマ共和国の規律が彼らによってなきものとされ、公共善も進められず、ローマ市民の勤勉や勇気といった美徳によってもそうしてもたらされた悪徳を消去しえず、そうした二つの美徳によって評判をえた者でも、凶暴な殺害以外の他の信賞必罰が期待できないと切り捨てるのである。

われわれは、民衆的政体における民の合理性を唱えるシドニーの思想に重点を置くゆえに、その第二八節における最もその内容をよく表現する文節を示す必要に迫られる。

「人々は、自分達自身やその国のために戦う時、武勇にして勤勉である。人々は、自分達が有徳な実践によって育まれ、その実践によってえられた名誉に恵まれる事を自らの父や教師によって教えられる時、戦争と平和の技術全てにおいて優れている事を証明する。個々の人々が公的繁栄に含まれ、かつ自分達の業績の成功が一般的利点へと改善される時、自分達の国を愛するのである。彼らは、政体が正しく運営される時、その政体のために危険や骨折りを引き受けるのである(4)」。

シドニーはここにおいて古代における合理的市民にかかわる政体での光の部分を述べている。彼は、その国家観において自律自衛を念頭においている。そうした市民は、国防における自衛体制の基盤を一方においてなしており、彼らは武勇と勤勉をその基本的行動規範としているという。それらの市民は、教育においても有徳が実践的にも育くまれているとする。彼らの栄誉はそうした実践を通じて獲得されるものであり、こうしたことがその父親や教育者によって教育される時、軍事と政治技術全てにおいてそれらの市民は優っていることを明らかにするものであると説く。シドニーは、この文節の後半部で、それらをうけてその政体とより密接に関連づける。即ち、そうした民衆的政体下での各々の特定的人間が公的繁栄に自らの幸福を証明し、自らが貢献するよき成功を実感する時、こうした市民達の愛国心が高まるという。そうした政体が適切に運用される場合、彼らはその政体のために危険や苦労を快く引き受けるというものである。

更にシドニーは、次の文節においても民衆的政体の利点を示す。

「果実は、それがなる種子や根と同じ性質をいつももつのである。木々はそのつける果実によって知られるのである。人間が人間を生み、かつ獣が獣を生む如く、政体を正義・有徳・及び共通善の基礎の上に構成する人々の社会は、それらの諸目標をいつも促進する人々を有するのである。一人物の欲望や虚栄心の助長を意図する事は、その欲望や虚栄心をあおる人々であふれるのである。人々は全て自分達自身に有利と思える事に従うのである。よき規律下で育てられ、かつ便益全てが有徳的行為によって自分達の国にもたらすとみなすような人々は、自分達自身・その子供達・及び親類達の名誉と利点に及び、母国に対する愛をその幼少の頃から身につけ、かつ共通な事柄を自分達の事とみなすのである。人々が有徳である事を学んでおり、かつ有徳が尊敬に値するとみなす時、人々はその道筋をえる事ができるようなもの以外に他の選好を求めず、いかなる国もいつも優れた人々の大多数を欠かず、そうした所ではその方法が確立されたのである⑸」

シドニーは、この部分の前に時代の変化というものよりも、変えられぬものを中心に据える。それは「神によって自然に与えられた規則である⑹」という。こうした基本原理をうけてわれわれが今導入した文節が配されているのである。シドニーは、そのことを果実や木々などにたとえたその性質との関連で論じ始める。

シドニーは、それに基づき（その文節に続き）、自らの民衆的政体優位的な人間観を展開する。その基本的価値は、正義・有徳・及び公共善であり、その上に構成される立憲制における人々は、それらを目標とし、かつ促進する人間であるという。それと対照的な絶対君主制において一人の君主の欲望や虚栄心を助長することを目指す政体の支柱が存在する故に、そうした政体下の人々はその悪しき人間の方向へと突き進んでしまうという。従ってシドニーは、前者の政体下の人々が今日的な「合理的選択論」下の合理的個人を想起させる存在であるというものである。そうした社会をシドニーは有徳的な社会と称し、規律がとれ、彼らの便益にとって行動する人々によって制度が効果的に機能する社会を描く。こうした社会は、国家全体にその行動規範が滲透し、かつ幼児教育からなされる人間教育もその目標に従って行われ、当然ながら愛国心が培われ、自治的精神を有する公共心がゆきわたるという。そうした有徳と便益が融合した社会は、それぞれの人間の尊重も当然のこととして身についており、そうした社会における自治的な人々の合意による意思決定過程の選好をあるべき形態とみなすものである。そうした国家社会において本来的に常に優れた人々が多数存在するとシドニーは説くのである。

（1）A. Sidney, *Discourses*, p. 215.
（2）A. Sidney, *op.cit.*
（3）*Ibid.*, pp. 216-217.
（4）*Ibid.*, p. 217.
（5）*Ibid.*, p. 218.
（6）*Ibid.*

(七) 国民による統治者設立契約の重要性

シドニーは、『統治論』第二章の最終節を「統治者達とその統治者達を設立した諸国民との間になされた契約は、現実的で厳粛にして義務であった[1]」と名づける。われわれは、シドニーによる主張により近づけるために「国民による統治者設立契約の重要性」として本項を設定した。われわれは、われわれの共和主義者がその国民優位の視野からその統治者を設立する契約を義務として強調する形式をここで示そうとするものである。シドニーはその第三二節の説き起こしにおいて次のようにそれを書き始める。

「民衆的政体と混合政体に抗して大袈裟な言葉と意味のないものによって批判していた我々の著者は、あたかもそうした政体が存在しえず、かつ存在すべきでないことを証明していたように進めるのである[2]」。

シドニーは、この文章において自らが主張する民衆的政体とその制度的内容を示す混合政体を標的として批判するフィルマーを、その立憲制ないし政体の存在すら認めないとするとし、自らの立場を明確にする。次に彼はフィルマーの『家父長論』の次の文節を選び、彼に論戦を挑む。

「もし多数者がその統治者を選出し、或いは政体を統治し、或いは政体を共にする事が不自然である（と彼は言う）とすれば、多数者が必要ならば自分達の君主を改善したり廃位したりするために、あまりにも多くのものによってなされるあのいむべき結論について何が想定しうるのか。確かにこの立場の不自然さと不正義は十分に明らかにしえない。国王がその祖先においてもともとにおいて或いは君主の戴冠式で個人的になすかのいずれかにおいて、自らの民との契約ないし協定を結ぶ（というのはこれらの諸契約がともにある夢を有するが、いずれの証拠も提供しえぬ故である）事を認める人々がいるゆえに、『契約はいかなる国の法によっても、第一に、その違反者についての通常の裁判官によってなされる合法的裁判を除き、破られるとみなしえないのである。さもなくば各人は、彼自身の事件における当事者として裁判官でありうる（それは、愚なくして考ええないことである）からである。というのは頭のない多数者が気に入るとき、神が彼らに置いている政体の軛を解き放ち、かつ国王を裁判にかけ、かつ罰する事が頭のない多数者の手にあることになるからである（その国王によってその多数者は判決が下され、かつ彼らが罰せられるべきである）』[3]『自由な君主制の真の法』」。

この文節は、フィルマーの『家父長論』第二〇章「国王と民からなる混合政体について（民は国王達を判断できず、或いは国王達を改善しえぬ）」における前半部を受けた後半部を形成する。これに対してシドニーは、その第三二節全てを使って反駁する形式をとる。周知のごとく、フィルマーの『家父長論』は、基本的にはジェームズ一世の王権神授説批判に抗する反批判である故、ここでも後者を使って述べるが、これは、その『家父長論』からの引用文節を三つに分けて答えている。そのうちの一つは、フィルマーによれば、国王と民からなる混合政体においてその民の多数者がその統治官を選び、政体を治め、或いは政体をその両方で共有することは不自然であるという。そうしたものは、必要な時にその多数者によってその君主を矯正したり廃位したりすべきでなく、そうすることが不正であるという。従ってその重大事件の判決は、国王によってなされるべきであると説くのである。シドニーはその第一に対して次のように答える。

「もし多数者が自分達の統治者達を選択し、或いは統治し、或いは最も自分達が気に入る如く、政体に参加する事が当然とすれば、或いは自分達自体において当然本来的な権力を追求して彼らによってそのように設立されない世界における政体が存在しなかったならば、必要であるとしても、多数者が自分達自身の統治者達を正したり或いは廃位しえぬというあのいむべき結論（それは愚者やごろつきによってなされている）について何を考えうるのか[5]」。ここにおいてシドニーによれば、多数者による統治担当者の選択、及び自治的な政体参加は当然のことであるという。そうした民衆的政体ないし混合政体が必要なしとすれば、多数者によるこうしたことがなしえなければ、合理的人間性に全く反するものがフィルマーの結論であると断定する。続いてシドニーは第二の論点にして本項の主題へと移る。

「もしそうした事が認められたならば、諸国民とその統治者達との間になされた最も厳粛な条約や契約がもともと或いは個人的になされ、かつ法や相互の誓いによって確認された協定や契約は何の価値ももたなくなってしまおう。人々の間でありうる最も神聖な絆を破る彼は、偽証や悪意によって自分自身の事件の裁判官となってしまい、かつ犯罪のうちで最悪によって万事に免責をえてしまおう。彼が多数者を保全するために設立され、かつそのように誓われる多数者（彼らは、賢明で有徳でかつ正しいのであり、最も賢明な人々によって率いられる）を破壊することは、或いは神法と自然法によって自由であるべき人々に軛を置く事は、愚・悪辣・及び狂気によって彼の権力にある事となろう。

彼は、自分自身の事件で彼が裁判されるべきなのに、そうした裁判官たるべき人々を裁くことができてしまおう。そして彼は、そうなってしまった彼ら自身と彼ら自体の利益の報酬としてそうした彼をしてその多数者のうちの各人以上に何であれなさしめてしまおう[6]」。

フィルマーが云う如く多数者にそうした自治的参加が認められなければ、治者と被治者との間における最も重大な契約などが勝手に或いは私人的になされてしまい、法や宣誓に基いて肯定された契約は少しの重要性もなくしてしまうという。そうした両者間でなされた契約を重要視するシドニー達の陣営によれば、それが最も重要であるはずの絆帯を無に帰す君主は偽りによって自らの訴訟での裁判官となってしまい、その違反のうちの最悪の者によって、免責されてしまうという。こうしたものは、シドニーらの陣営が基づく民衆的政体原理と全く逆であり、ウィッグ派が望む原理を崩壊させ、自然法などによる合理的人間思想にのっとった自由人達に軛を課すものである故、愚かにして悪辣な狂気の君主権力下に自分達をもたらしてしまうという。そうした絶対君主は、自らの訴訟でその彼こそ裁かれるべきなのであるが、逆にその裁判官達たるべき人々を裁くことになってしまうという。そうした彼は、自ら彼らへの報酬として彼らのせいにし、かつそれによって歪曲させつつ公正な政治を損わせるとシドニーは、論難する。

これに対してシドニーは、自らがよって立つ民衆的政体ないし混合政体下の諸国民と統治者達との間になされた契約の積極的内容について次にように説明する。

「各々の民が一人以上の統治者達を統治しえ、或いは構成しえ、かつ選出しうるならば、彼らは、いくらかの人々或いは人々の通常のものとの間に諸権限を分ける事ができ、彼らが気に入る限り各人に割り当て、或いは彼らが適当とみなすだけの部分を保持できるのである。この事は、幾つかの形態下でパレスチナ・ギリシャ・イタリア・ドイツ・フランス・イングランド・及び世界の残りの繁栄している諸政体全てにおいて実践されているのである。各国の法は、それぞれの統治者権力が何であるのか［その定義］を示し、かつどれくらい統治者に許容するのか［その範囲］を宣する事によって、何が否定されるのか［その否定範囲］を宣するものである。というのはそうした彼は、自らをもたぬものをもたないのであり、自分がもつものを行使する一方で、統治者としてみなされるからである」。[7]

シドニーは、この文節においてそのもともとの自由をもつイングランド人と、そのイングランドの混合政体としてのものを念頭に置き、それを理念化した形で自説を展開するという。イングランド市民の各々は一人以上の統治者をコントロールでき、或いはそうしたものとして彼らが立憲制化でき、各市民は統治者を選出でき、権力を制限でき、或いは幾人かの人々ないし通常の人々との間で権力を分有しえ、自分達が望む如く各々の人に割当てることができ、或いは自分達が妥当と考える限りでそうした諸権限を保持できるという。こうした契約的統治形態は、古代・近代・及びその他の繁栄している諸政体において現実に行われていると説く。シドニーは、こうした諸国の立憲制が統治者権力の定義、その統治者権威の許容範囲を述べ、かつその否定すべき範囲も述べるという。その理由は、統治者が所有せぬ権限と所有するものが明確となり、彼が行使する権限も同様であり、統治者が明瞭に説明されることとなるというものである。従ってこの共和主義者は、近代国家権力制限論にして法の支配論をここにおいて主張することになる。

シドニーは、そうした自らの基本的政体論における契約について論じた後に、諸疑念を晴らし、かつそれをより強固な契約説としようと試みる。

「もしここで諸疑念が生じるならば、私は、それらを除きたい。そして私は次のことを証明したいのである。即ち、第一に、幾らかの諸国の国民が自らの統治者との契約を明瞭にして明示的になしていることを。第二に、契約が黙示的であり、かつ契約が明瞭に表現されないところでは、そのことが理解されるべきことを。第三に、契約が夢ではなく現実的な事であり、かつ恒久的に義務を伴っていることを。第四に、裁判官達が多くの所でこうした契約の違反から生じる争いを決定するために任命される。裁判官がいないところで或いは違反当事者が自ら甘受せぬ力ないし横柄から発するところでは、諸国民が最も極端な進路をとるように義務づけられている事を」[8]。シドニーは、前の文節でわれわれが示した如くかなり理想化された契約形態を描いている。従ってこの文節ではより厳密に現実にそくしたものに限定する必要がでてきたのである。それは、その第三二節の表現と直接的にかかわるものである。それをシドニーは上記の四点にわたって証明したいというのである。

シドニーは、先ずその第一の証明事項について次のように答える。

「私は次のような事が否定されないと想定する。即ち、多様な共和国の年次統治官達がある契約下にあり、かつ彼らがその内容を遂行する事を限定し、或いはその違反の事で彼らの処罰を限定する権限がある事を。ローマの執政官と独裁官（彼らの法の効力がある限り）の適度な行動は彼らの善良な性質からは多分出てこなかろう。その民は我々の著者が云うような大部分自分達のためになるゆえに最悪の人々を選出するほど狂気でも愚かでも、かついつも望むわけではなかったが、称賛しうる位賢明にして有徳である」[9]。

この部分においてシドニーは、フィルマーとの論議の対象であるローマの共和制事例を論証としてとりあげる。前者によれば、一年任期の統治官達は治者と被治者との統治契約を共にし、その治者の統治遂行内容を限定し、その契約違反時での処罰権限も限定しているという。より具体的にはそうしたローマの執政官などは、法が実効性をもつ故、その統治者達による抑制的行為はそのよき性質の効果によるものではなく、その制度に負うところが大きいという。ローマ市民はフィルマーが云うように極端に極道者を選択する程おかしくはなく、いつもそうした極悪者を選出するものではないし、逆に賢人にして有徳な人々であったと主張する。

更にシドニーはそのローマの統治関係について次のように付言する。

「執政官達が国王的地位にあり、かつ独裁官の権力が少なくとも彼らがもったものと同等であることには全ての者によって合意されている。それ故彼らは、自分達が侵害することができ、或いは彼らが侵害する場合、規律に従わせ、かつその国王達がなした如くその民会に服さざるをえないような規則下にあったならば、国王達は同じ条件で立てられ、同様にそれらを遂行するように義務づけられたのである」[10]。

シドニーは、この第一の文章においてローマ共和制下の執政官や独裁官も国王的要素をもつことについてアリストテレスやフィルマーらと見解において共通していることを述べている。たとえシドニーがフィルマーとは逆な対立軸に立つとしても。とはいえシドニーは、後半の文章においてそれらの統治者達の限定的内容を強調し、かつフィルマーの如き絶対君主主義者の説くような国王でさえ民会に服さざるをえなかったように、限定されることを主張している。

更にこの論点についてシドニーは、旧約聖書によって自らの見解を論証しようと試みる。

「士師達は、国王達と権力において同等であったと言われる。私は、多分『申命記』的国王との関連で、或いは人々が神を攻撃することなく選択したであろうような人々との関連でそのことを認めるかもしれぬ。ギレアデ人達は、エフタが彼らの長にして将軍とする事とする信約をなした。エフタは、ギレアデ人達がそれをなすまでエフタの国には戻らないのである。これは、ミズパにおいて主の前でおごそかに遂行されたし、イスラエル人は全てギレアデ人達に従ったのである。それ故彼らは、彼らの国王と信約をなしえたかもしれぬ。というのは名称の相違がその権利を増加しないか、或いは減少したりしないからである。否、『彼らは義務においてそうするように拘束されたのである』(『申命記』第一七章)。『国王は多妻をもってはならぬ。その彼の心は、自分の兄弟の上に上げてはならぬ』という第一七章の言葉は、彼がそうしないように、或いはヨセフスが言うように、彼がそれを試みるならば、彼を妨げるように配慮すべき以外に他の意味づけをもちえないのである。というのは法は、存在せぬ国王に与えられたのではなく、彼らが適合するとみなすならば、国王をつくりうる人々に与えられたからである」[11]。

シドニーとフィルマーとの論戦の主要な論拠資料の中には、前述の如く聖書が存在する。前者は、旧約聖書中の士師達が国王権力と同等のものを有し、『申命記』における国王が制限つきであることについても本項の統治契約と同じであると主張する。次にシドニーは、ギレアデ人とエフタとの間の統治契約をその論証として使おうとする。彼らはエフタとの間に彼を最高統治者にするという統治信約をなしたが、それが実際になされるまでエフタは帰国しないつもりでいた。従ってヤコブとラバンによって彼らの契約の証拠として建立された石塚であるミズパにおいて、その神の前で厳粛に頂点に就いたと正式になされたゆえに、イスラエルの民全てはギレアデ人に従ったというものである。故にここでは彼らは、エフタを国王として信約を結ぶ範囲内での権限が与えられたのであって限定付きであったことを強調している。最後にシドニーは、『申命記』第一七章における「多妻禁止」要件についても、それが破られると人の道をはずしてしまい、その信約を破ることとなり、その人物による専断に道を開くこととなってしまうと説くものである。

シドニーの『統治論』初版（一六九八年）以来の印刷においてその次の「この法を追求して――」[12]を最後に第二章は終わっている。しかしながら二〇世紀末の新『統治論』（ウェストによる編集版）にはシドニー裁判で読み上げられたものが掲載されている[13]。それはその主著が内包する重要な部分があり、それと対決する陣営が標的とする核心的部分でもある。われわれはこうした理由ゆえ、その内在的論理をおさえておく必要がある。

「第二に、これには愚かさが存在しないが（それは彼自身の事件であった）、逆に彼ら自身の事件であったからである。即ち、人々自身のみかかわり、かつ彼らはいかなる上位者ももたなかったからである。彼らのみ能力ある裁判官であったし、各人がそれ自身の家族において決定する如く（例えば彼とその子供との間、及び召使達との間で生じるような）、彼らの争いを決定したのである。この権力はこの国（そこに人が生きる）の国内法によって置かれるもの以外の制限をもたず、それは彼が同意していたとわかるもの以外の効力をもたないのである。かくしてイングランドにおいて各人（ある程度まで）は、彼らを処罰する権利を有し、多くの所で（神法によってさえ）その主人は自分の召使いに対して生殺与奪の権をもったのである」[14]。

前出のウェストが云う如く、シドニーはこの文節の最初の文章において次のようにフィルマーの主張を論じる。即ち、「その国民は、国王が国民との契約を侵害するかどうかを判決をする事が愚かであるという彼の主張を（というのはそれは国民をして自分達の事件で判決させるからである）」[15]。これに対してシドニーは、その事は妥当であり、国民がその場合にいかなる上位者をもたなかったからであるという。ここにおいてシドニーは、統治者とその国民との関係を対等者間の統治契約とみなしているのである。これはイングランドの清教徒革命時のチャールズ一世処刑を当然のこととしてシドニーがみなしている観点と考えられる。故にこれ以下のシドニーの文節は、統治契約違反を根拠として彼が反乱を求めるものとなっているのである。特にシドニーが述べているそれらの文節における重要な論点は、国民が自らの事件において裁判官であるというものである。従ってわれわれは、そのチャールズ二世の体制側がこの文節をその根拠の一つとして示しかつ大逆罪にあたるとみなすものである。

（1）A. Sidney, *Discourses*, 1751, p. 247.
（2）A. Sidney, *op.cit.*, p. 247.
（3）*Ibid.*;Sir R. Filmer, *Patriarcha*, 85 MS;J. P. Sommerville (ed.), *King James* VI *and* I : *Political Writings*, Cambridge, 1994, pp. 81-82.

（4）Sir R. Filmer, *op.cit.*, 84-85 MS.
（5）A. Sidney, *Discourses*, p. 247.
（6）A. Sidney, *op.cit.*, pp. 247-248.
（7）*Ibid.*, p. 248..
（8）*Ibid.*
（9）*Ibid.*, pp. 248-249.
（10）*Ibid.*, p. 249.
（11）*Ibid.*
（12）*Ibid.*
（13）A. Sidney, *Discourses Concerning Government*, 1763（Tryal of Algernon Sidney, pp. 23-26).
（14）A. Sidney, *Discourses*, 1763 (Tryal., p. 23).
（15）T. G. West(ed), A. Sidney: *Discourses*, 1990, p. 312.

第三節　結論

われわれは、本章の第二節を通じてアルジャノン・シドニーの主著第二章における内在的論理を整理することによって彼の自由主義的（近代への過渡期的な）民衆的政体論ないし混合政体論を探るように努めてきた。われわれは、既にシドニーの主著の執筆動機について論及してきているのでその若干の補足を述べる必要がある。つまり、それは一六八三年末のシドニーの処刑をはじめとするチャールズ二世体制側のウイッグ急進派の掃討意図である「ステュアート体制の報復」(1)も、その執筆の背景にあると考えられる。いずれにせよわれわれはその主著第二章を表題の如く規定している故、残りにおいてその本文への補足なり確認が求められる。

われわれがシドニーの政体論を自由主義的なものとして規定する故に、多様な視角を含ませている。即ち、この「自由主義的」は、近代的性格への一段階前のものといった中間を示す「過渡期的」性格も表現する。つまり、古代・中世・近世・近代・現代という歴史的区分があるとすれば、近世がそれに近い内容を含む側面ではそれを超えており、他方では古代・中世の伝統を受け継いでいた故に、完全に近代へと脱皮し切れぬ側面を示すからである。シドニーの場合には特にそうした表現が当てはまる。他方においてわれわれは、従来における通説に対する問題点も提起するつもりである。例えば、シドニーとほぼ同時代人にしてはるかに政治思想史において評価されるロックを近代人ないし現代人的要素で固定化することなどもその典型である。この問題は、より詳細な論証を要するのでここではこれ以上の言及を控えたい。

シドニーの場合にはそうした近代イングランドにおける過渡期的時代精神や自由主義的な制度的精神の特徴を表現するのに適する面を表すのである。シドニーは、論理的には家父長的な神授権的絶対君主論を展開するフィルマーに抗する批判（厳密に言えば民の自然的自由を批判する彼への反批判）をなす。言うまでもなく、フィルマーのそれは、一方においてボダン流の権力集中的な近代的絶対君主国家論を展開するが、その思想面では前近代的な家父長論を唱えるものである。これに対しシドニーは、古代ローマの共和主義思想的伝統を基本に据える。更に彼は「キリストの兵士」(2)と称せられる側面から、キリスト教が中世的伝統を含み、かつ兵士が重武装歩兵以来の古典古代的伝統を含むとはいえそれらの諸概念も彼が生きた一七世紀前半から後半にわたる時代は、近代資本主義が徐々に発達しようとしているものであったし、個人の自律性を支柱とする近代自由主義精神も勢いをもちつつあった時代でもある。そうしたものの混成からなる性格を体現するシドニーには、過渡期的自由主義者とも示すことが可能になってくる。

紙幅の都合上われわれは次の一点だけ確認しなければならない。フィルマーの家父長的絶対君主制論は、君主の生れに神的能力をもたせる点においてエリート論的側面を示す。更に彼はそれを固定的に据える側面では硬直的にして静態論的である。これに対してシドニーの民衆的政体論は、古来の立憲制を論拠とする点において前近代的であるが、自然法的にして自治的市民の自由に基づく点では近代自由主義的であり、民の活力を基盤とする側面は動態論的である。更に彼が政治指導者の有徳や能力を主張する側面はエリート論と民主主義論の中間ないし融合的性格を有するものといえる。

(1) 例えば、D. Ogg, *England in the Reign of Charles II*, 1956, Vol. II, etc.
(2) 例えば、A. Sidney, *Discourses*, 1751, p. 347, etc.

第三章　A・シドニーの議会の大義

——その『統治論』第三章の分析——

第一節　序論

われわれは、既にアルジャノン・シドニーを近代イングランドにおける「過渡期的な自由主義的共和主義者[1]」とみなしてきている。それは、次の三要素を含む。第一に、彼が共和主義者であるというものである。近代初期イングランドの共和主義についての有力な論者のうちの一人であるZ・フィンク女史は、その基本的観念が君主なしの政体を基盤とし、その古典的共和主義者を次のように定義づける。即ち、「共和制を唱道し、或いは称賛した人物であるそうした人物は、政治組織の古代の傑作から、そうしたものを想定した通用している作品、或いは古代及び近代の説明者達から一部ないし全体的に自らの共和政体観念をえたものである[2]」と。われわれは、そのシドニーがこの古典的共和主義思想を土台として、清教徒革命期を通じてイングランド共和制において残部議会議員を歴任し、一定の政治的役割を担い、かつそれ以後も反専制君主主義という形で共和主義を抱き、更に市民的公共心思想をもち続ける人物とみなすものである。

第二の要素は、自由主義的傾向ももつ人物がシドニーである側面である。シドニーは、その反専制君主主義的傾向と重なるけれども、市民の自律という思想をもっており、これも古代に起源を辿るが、一七世紀後半においてその市民的意思の自由、或いは暴君に対する反乱の政治理論における支柱ともなっている。別の視角から観察すれば自然法をシドニーは、規準としており、それも自由主義的性格をもつと解釈できる。更にシドニーは、近代国家権力からの自由を唱えており、かつ具体的にはその絶対君主主権の制限を主張するゆえである。

第三に、シドニーは、政治制度論的にも政治思想史的にも近代への「過渡期的」傾向をもつ人物として捉える必要がある。例えば、それは、自由主義的傾向と表現する場合においても近代への過渡期的という形容詞つきであるというものである。というのはそれは、シドニーの特徴であり、かつ限界ともいえる要素であるからである。シドニーは、重要な事項において個人の有徳や武勇を主張している理由などから完全な近代自由主義者とは割り切れない性格をもつゆえである。更にわれわれは、二〇世紀と二一世紀に現実的に生活しているものであり、現代民主主義（制度的には奴隷、農奴及び女性を政体の基本的単位とみなさぬものとは異なる）の系統的位置からの評価も必要となる。そうした視野からわれわれがシドニーを評価すれば、その現代的条件を満たさぬ側面から「過渡期的」と冠する必要がある。われわれはシドニーにおける積極的な思想を重視するゆえに、彼が一七世紀におけるイングランドという近代国家において市民的自由を強く主張した側面を示す必要がある。シドニーは、そうした近代絶対主義的権力に勇敢に立ち向い、市民の自由を根幹としてその反乱を訴えたことなどにおいて近代初期における古来の立憲制を一段引き上げた功績をあげているのである。このことも一九世紀半ばにおける英国の古典的な議会制民主主義への「過渡期的」自由主義という表現が適合性を有するとわれわれは主張する。

本章は、残されたシドニーの『統治論』第三章における内在的論理を捉えることを主たる目的とする。その全三章における最終章にこれはあたるものである。われわれは、その主著の主要目的が自由主義的ウィッグ派に対するチャールズ二世体制による弾圧に抗する反乱を訴えることにあると既に確認してきている。しかしながらわれわれは、その主著にかかわるより広い視野に立ちかえる必要がある。というのは、シドニー研究は多様な問題点を現在において残しているからである。特にわれわれは、そのシドニー研究史における二〇世紀半ば頃の議論にまでさかのぼって考えることにはその多様性の一端を垣間みる利点をもつように思えるのである。われわれが既にZ・フィンク著『古典的共和主義者達』に言及してきているが、それはその序論部分において次のようにシドニーを導入している。

「ダルリンプルが主張する如くシドニーは、バリロンフランス大使を通じてルイ一四世に次のように示す事を引き受けた。即ち、イングランド共和制の樹立は、フランスの国益に有害であるよりもオレンジ公ウィリアムの即位に有害であると。そして確かに抜け目のない観察者であるバリロンは、共和制樹立を見たがることがシドニーの願望であると信じた。これらの事実は、第一に、『統治論』がどの程度まで、性格上共和主義的とみなされるのかを我々に問わせ、かつ第二に、それが古典的共和主義理論に反映するとみなされるのかを我々に問わせるのである(3)」と。

この部分は、後の一八世紀の論者によるシドニー解釈をフィンクが導入する文節である。これは、周知の如くイングランドの王政復古以来欧州大陸で一七年前後にわたり亡命生活を過している。シドニーは、その亡命中のシドニーについて当時の駐仏大使を通じてルイ一四世が秘密裡に調査したことを示している。そうしたシドニーはいまだにイングランド共和制の復活を願っており、それがカトリックの君主制大国に害をもたらすよりもむしろオランダのオレンジ公に害をもたらすものとして捉えられている。従ってそれが『統治論』の共和主義的性格と、その古典的共和主義理論との関連問題を浮び上がらせ、かつそれをフィンクはわれわれに問うものである。

このダルリンプルによるシドニー解釈にそったフィンクの問題提起は、一方においてシドニーがイングランド共和制の樹立を求めることを容認し、他方ではその『統治論』とその共和制樹立論との一致を問うものとなっている。われわれは、それもシドニー研究史における諸問題のうちの一つを表現すると解するものである。

われわれは、こうした諸学説を一瞥しつつ、本題に向かうこととする。われわれは、既にT・G・ウェストテーゼとも称せられるものを提示してきた。即ち、その『統治論』第三章は、『家父長論』第三章［全三章版］「実定法が国王の自然的にして父権的権力を侵害するものではない」に抗して、「国王が法に全面的に服し、その法はイングランドでは議会を意味する(4)」というものである。われわれが本章の主題を、議会の大義と示したのは当然そのテーゼと関連することを認めるからである。しかしそれは、第一次的には民衆優位的なものであることから発する。つまりそのコモンズ優位型議会は、中世以来の国王、貴族、及びコモンズからなる三位一体的であるが、専制的国王権力の濫用に対する理性的抑制も主要な大義であると主張するものである。換言すれば、それは法の支配を含む立憲主義も含意するのである。われわれは、それらを総合的に判断して彼の基本的政治原理を自治と反抗と定めようとするものである。

（1）本書第一章など。

（2）Zera Fink, *The Classical Republicans*, Evanston, 1945, p.x.

（3）Zera Fink, *op.cit.*, p. 150.

　フィンクは、『統治論』を次のように要約する。「君主制が神によって命じられた政体形態であり、君主権力が主権が不可分である故に絶対的であり、諸国家が家族の拡大から起源をもったし、国王達が家族の長へと神によって与えられた父権力から相続権によってその権力を行使したというフィルマーの主張に抗してシドニーは、次のように答えた。即ち、

　政体は契約に基づき、国王は法を遵守する限りでのみ国王であり、彼がそうしえぬ場合、国王は廃位しえ、かつその民は自分達が望むいかなる仕方であれその政体を変更でき、絶対主義は神法であれ自然法であれ、或いはイングランドの立憲制であれ、その基盤をもたなかったと」(*Ibid.*, pp. 150-151)。

（4）T. G. West (ed.), *A. Sidney: Discourses Concerning Government*, 1990, pp. xviii-xix.

　フィンクの場合、そのシドニーに関する章を「古き大義」と名づける。周知の如くシドニーによるこの言葉の使用は、処刑直前の彼の『弁明』や『最後の文書』におけるものであり、かつそれを強調するものとなっている（A. Sidney: *Discourses Concerning Government*, 1751, p. li, etc.)。

第二節　シドニーの議会の大義

――その『統治論』第三章の分析――

(一)　家父長的絶対君主法論批判

われわれは、シドニーの『統治論』が形式論理的にはフィルマー卿による家父長的絶対君主権論に抗する反駁であると既に規定してきている。即ち、フィルマーは、特にその『家父長論』第六章において要約されている如く、自らの君主神授権説とその愚民的被治者論との組合せによってその近代国家論を構成する。これに対してシドニーは、合理的な民衆自治論とその反世襲的治者論の組合せによってフィルマー説を批判するものである。本章は、当然ながらその形式論理的論法を捉えつつ、シドニーによるその法の支配論を含意する議会の大義を整理することを目的とする。

シドニーの主著第三章は、その序論にあたる第一節の表題を次のように表現する。即ち、「国王は民の父ではなく、有徳において他者を凌がない国王は法が与える以外に正当な権力をもちえず、神の特権に対するいかなる権限ももちえぬ(1)」と。この見出しは、フィルマーの主著第二章「国王権力は人定法には服さない。国王は法の前にある。ユダとイスラエルの国王達は法には拘束されない(2)」、及び第三章「国王についてのサムエルの記述。新約聖書において国王に帰された権力(3)」に対応する。

このシドニーの第一節の表題は、二つの内容を含む。その第一は、フィルマーによる家父長的君主神授権説批判である。これはわれわれが前述において言及したものである。第二は、その第一の内容を前提とするフィルマーの第二章に抗する批判である。即ち、シドニーは、その優れた政治指導者要件をもたぬ国王は、その逆の法の支配に従わねばならず、その要件が国王設立に先行すると論難するものである。フィルマーによるその章題の最後のものは、旧約聖書におけるユダやイスラエルの国王達が法に拘束されないとし、それによって彼は自説を正当化する。これに対してシドニーは、その必要要件を有しない国王には神による例外的権力など与られていないと批判するものである。

その権力を制限する法に従う必要のない絶対君主説と、近代国家の第一次的要素としての強力な主権説とを結合して強力な指導力を発揮させようという意図によって、近代主権国家の併存状態を乗り切ろうとするものがフィルマーらの王党派の主張であろう。これに対してシドニーは、そこから生じる負の側面である、民に対する抑圧を標的として反乱を訴える論理を展開するものである。われわれは、こうした視角からシドニーが批判の対象とする『家父長論』第二三章とシドニーの第一節の絡みから読み解くこととしたい。フィルマーの第二三章は、一六世紀から一七世紀にかけての政治思想論争の中心となっている『サムエル記』における君主主義的解釈で自説を強化しようとする。(4) 更にその後半部では『ローマ人への手紙』における聖パウロの記述によってその世俗権力と絶対君主の両方を正当化しようと努めるものである。その冒頭でフィルマーは、次のようにその主張を説き起こす。

「国王達の無制限な管轄権は、ある人々に次のように想像する機会を与えている程きわめて多く、サムエルによって記述される。即ち、イスラエル人達を君主制における危害で脅えさす事によって、サムエル自身とその家族にその統治を保たせる事は、サムエルの謀略ないし策略に過ぎず、さもなければサウルの将来の悪しき統治についての預言的記述かのいずれかのみでしかないように。しかしこれらの推測の空しさは『自由な君主制の真の法』(ジェームズ一世)のあの威厳のある論文において賢明にも見出される。そこでは人々自身が有害にして不都合とみなした事においてさえ、サムエルの視野が人々の国王への義務的服従を教える事にあると明らかに示される。というのはサムエルは、国王が何をすべきかを人々に教える事によって臣民が被らねばならぬ事を人々に教示するからである。しかし国王達が危害を加える事は正しいが、国王がたとえ危害を加えるとしても、その民によって罰せられない事は、国王にとって正しいのである。従ってこの点においてサムエルが国王か或いは専制君主を記述するかどうかはどうでもいい事である。というのは耐え忍ぶ服従が国王にも専制君主にも払われるべきであるからである。その時代には神に泣きつき、かつ神に祈る事以外に専制君主に抗する改善策などその聖書にはないのである。しかしサムエルの記述が専制君主に当てはめるべき厳格な構成においてであろうとも、好意的解釈による言葉は、正しい国王の態度と一致しえ、かつその聖書の文章の範囲と一体性はその言葉のより穏健な意味ないし要件をもった意味を最もよく含意するのである（『サムエル記（上）』第八章第一一〜一八節）(5)」。

われわれは、前記の如く、神の啓示によってサウル国王が示された内容に強調点を置くフィルマーの絶対君主論から発する説明をここで読み取ることができる。先ず最初の文章においてフィルマーは、その国王の無制限な支配権を真先きに措定する。そうしたものからの様々なイスラエル人達による服従や負担などの必要性へのサムエルの記述は、その脅しに過ぎないか或いは国王実現時での悪化した事例の想定される結果に過ぎぬという。続く次の文章は、そうした内容の空しさについてフィルマーが師と仰ぐシェームズ一世の主著によってもうまく見出されるという。更にフィルマーは、神の啓示による国王への国民の強制的服従をそれが表すと説く。更にその次の文章がシドニーの法の支配によるものの標的とされる部分であり、君主による民への危害について法によって処罰されぬというものである。次の二つの文節は、シドニーによって本節で引用されているが、サムエルによる国王描写が専制君主であるかどうかなどさ細な事柄に過ぎぬとまで言い切っている。従ってフィルマーによれば、臣民にはそうした君主に対して神に祈願し、かつ嘆願する以外に聖書では解決法を示すものではないという。最後のサムエルの文節において専制君主に課すべき厳格な要件が存在するとしても、その包括的な解釈を可能にする言語は、正しき君主の態度と合致でき、かつそうした聖書の文節は寛大な内容を包摂するものを最も適切に含意できると説くものである。そのフィルマーの文節に対し、シドニーはその第一節の冒頭部分において反駁する。それは、フィルマーによる法に拘束されない国王説の第二二章に抗し、国王といえども法に服すべしとする理論を基盤として展開される。シドニーは、その序論節を次のように説き起す。

「父の権利が自然から出ており、かつ譲渡しえぬ事を証明したので、次のようにならねばならぬ。即ち、各人は自らを生み、育て、かつ教育した人々全てに、愛・尊敬・奉仕・及び服従を恒久的に（その名の下で他のいかなる者にも負わぬが）負うように。それ故誰もそうである人以外にいかなる者に対しても父権を主張しえず、いかなる人も二人の主人には仕えず、各人が自分の父に負う義務の範囲と恒久性は、同じ事を他のいかなる者にも負う事を不可能にせしめるのである。この父権は、自然法によって各息子が自分の父の相続者であり、かつ自分の父が子供の頃、子供に命じる権利をもったように、同じ命令権をもつ場合以外に父の相続者に委譲しえないのである。いかなる人も次のような理由で、自分が父に負うた事を自分の兄弟に負う事ができない。というのはその人は、自分が父からもらったものをその兄弟から受け取りえぬからである。しかし人間の心へと入りうる愚かさの全てのうちで最悪なものは、ある人物が力と簒奪以外の他の権限をもたぬ、父によるべきとしてその権利を強いる事である。……こうした事は、コモンセンスのなんらかのものの尺度を有する人々全てに明らかであるならば、私は、次のように結論づけても差し支えないと想定する。即ち、ある父親が自分の家族に対してもちうる権利が何であれ、国王が自分の民に対してもつものと関係づけることができないと（もし彼が前述の『パインズ島』における人のように彼ら全ての父でないならば）[6]」。

この文節においてシドニーは、先ず最初に父権が人為的なものではなく、生得的にして道徳的なものであり、かつ他人がそれを継承したり譲ったりできないことを前述で証明しているという。従ってフィルマーが云うようなそのまま全てを相続する類ではなく、かつ譲り渡すようなものでもない故に、人間である各人が自らが生み、養育したり教育したりする人々全てに、その父権という名称下で他の何ものも負うものではなく、愛・尊敬・奉仕・及び服従を恒久的に負う義務をもつことに限られるというのである。ここでシドニーが強調していることは、フィルマーのように無理に父たる権利を他人にまでに絶対的に服従の義務と支配の権力とを結合しえるものではないという。従ってその父権は、ある成人に達するまでの期間限定の子供に対する命令権に過ぎず、その相続者にまで委譲しえぬものであるという。更にそうした父権は、自らがその父からほどこされたものをその兄弟にほどこしえない理由によって、自分の兄弟に負いえないという。シドニーは、更にそれをたたみかけて、そうした内面にまで絶対的に結びつけることなどきわめて悪質であると論難する。その最悪は、あるものにとって力と簒奪といった悪辣な権限に加える、父権の強制であるという。最後に、ここでシドニーは、客観的に結論づけようとするとき、そうした限定された自らの家族に対する父権によって君主が自らの臣民に対しての絶対的支配と関係づけることなど不可能であると断じているのである。

シドニーは、その父権的絶対君主による臣民に対する圧政論理を自然法論によって次のように論駁していく。

「たとえ彼［国王］が行使する権力になにがしかの正義が存在するとしても、彼がなすべきであるとされるその民の善についてその民の福祉よりも、彼が人々の保全を義務づけられる者達を破壊する事によって、最も神聖な自然法を侵害する人の欲望を選好することは不遜である。我々の著者は、民の福祉よりも国王の福祉へと代える事によって、その無意味の膨大さをおおいかくすと愚かにも考えるのである。というのはRegnum［国王］は命令権と解すことができるからである。その意味ではその民の保全が君主達の配慮の通常の目的であるが、民は国王の被治者であるあの国民の大多数をより正しく意味づけるからである。それ故その格言が真であるならば、その格言は、彼が存在すると認める如く、民の福祉は最高の法である。我々が調べる第一の事は、多様な人の政体がその最高の法の達成へと導くか否かなのである。というのはさもなくば国王の福祉が最高の法といわれてしまっただろうからである（それは、フィルマーよりも賢明な人ないし善人が確かに決して考えるものではなかったけれども）。彼の諸事由は、次のような彼の教義と同様に立派である。彼が云う如く、『国王に課し得る法など存在しない。というのはいかなる法も形成される以前に国王が存在したからであると』（『家父長論』）[7]」。

この文節の前半においてシドニーは、自然法において最も重要な諸原理のうちの一つが民の福祉であり、そうした事をその君主の肉欲によって破壊することなど最悪の理性の法侵害であるという。フィルマーが主張するそうしたものは、その本来の原理にかえて専制君主の善を導びくものであって、その愚かさを隠すものであるという。ラテン語のレグヌムは命令権と解釈することが可能であって、国王達が心すべき一般的目的はその権限の保全であると説く。従ってシドニーは、それがその国王の被治者である国民の多数をより正しく含意する故であるという。当時のウィッグ派のスローガンである「民の声は天の声」とともに「民の福祉は最高の法」をシドニーは、前面に出すことによって、本来の人間の政体と連係され、国王もそうした法に従うべきであると説く。故に自然法論者であるシドニー陣営は、そうした法の遂行がなされているかいないかが第一次的評価規準であるという。従ってフィルマーが主張するような無制限な君主権力など容認できず、かつ法よりも国王が先行するなど歴史的事実に反するとシドニーは、反駁するのである。

シドニーは、その第一節の残りにおいて引き続き次のように順序立てる。即ち、

「自分達により都合のよい方法でその王権に就き、かつ法が認める権力に満足されぬ他の君主達は、自分達が権力を拡大するように力によってであれ詐取によってであれ努める時、自らに同じ憎悪を引くのである。こうした君主達は、

前述の諸方法によって民を裏切ったり征服したりしている彼［君主］と同様に民を必然的に恐れ、かつ憎むにちがいないのである。我々の著者は、この事について何とも思わぬが、サムエルが国王であれ専制君主であれ一人支配について語るけれども、それは全て同じと当然みなすことによって次のように宣するのである。即ち、同じ耐える服従が両方ともになされるべきと。しかし私は、我々が彼を信ずべきいかなる理由も快く与えることなどできなかったゆえに、我々が信ずべきでないいくつかの理由を提示することを意図するものである。

第一に、君主制が僭主政体へと堕落する時、諸国民をして君主制の過剰をもたらすように強いる、君主制の性質ないし設立など存在せぬ。第二に、我々はそうした君主制のための格言などもたぬ。第三に、我々はその逆に対する多くの是認された諸事例や、時折の特定な命令をもつのである」[8]。

この文節においてシドニーは、専制君主による賢明な民抑圧説の立場からその非を責め立てる。先ず最初に彼は、そうした君主達が自らに好都合な仕方でその王権的地位を占め、かつ通常の法をはるかに上回る権力行使を果たすために民の理性を踏みにじる手段によって、その権力を拡大する場合に、民の増悪を招くという。他方においてシドニーによれば、そうした手練手管などによって民を無視し、かつ武力などによって征服した専制君主等は、その被治者の反乱力を必ず恐れ、かつ彼らに対する憎しみを増幅させるに相違ないという。この事についてフィルマーは何ら示しておらず、サムエルが国王であろうが専制君主であろうが問題とせず、こうした類いが同一のものとみなすことが当然というのである。そして彼は、その一人支配政体に対して同等な服従がなされるべきと定める。従ってシドニーは、そのフィルマーの絶対君主説を信ずべきでない理由を次の三つに分けて列挙し、次の文節の残りでそれらについて詳述する形式をとる。

その第一の理由についてシドニーは次のように示す。即ち、フィルマーの一人支配政体の主張に反対する理由としてテイラニーへと政体が腐敗する場合に、その君主制権力を過剰に振わせるように諸国民に義務づける一人支配政体への性向ないし設立根拠など存在しないと。その絶対主義者に対してシドニーは、以下のように自らの論拠を構成する。即ち、

「父である事の論点が説明され、親に対する子供の義務が親から受け入れられた便益から発することを証明し、かつ子供に対する権限（それは最初に主に父達に委ねられたように思える。というのは彼らがそれを濫用しないと考えられた故に）は、以来長く全ての文明化された諸国［特にわが国］において大いに限定されている。従って我々は、次のように結論づけることができる。即ち、人々は同じ素材から全て創られ、かつ人はたとえ受け入れられた便益のためでも或いはなされたある約束によるのでもなければ、自分に対しての他の者と同様に他者には何ももはや負わぬと。受け入れられた便益から生じる義務は、それに比例されねばならぬ。一約束から発するものは、その約束ないし契約によって決定される(9)」。

この文節においてシドニーは、人間の成長可能性に信をおく自由主義的な立場に立脚して、父子関係を捉え、父の命令権が養育・教育等の便益と対をなし、それ以上の関係では一般にはないと反論する。それ以外に父子関係は、便益に対する約束ないし契約によって均衡的に成り立つものであり、上下に固定的に埋め込み、かつ治者と被治者間の絶対的支配服従関係へと拡張するものではないというのである。逆にシドニーによれば、この統治者と国民との契約において前者によって後者を擁護することを目的として結ばれるものであって、必ずその契約を守らねばならないと説く。

「我々を説いて一つないしそれ以上の諸国の国民がそうした契約によって僭主の横柄な行為全てを被らざるをえぬとする者が誰であれ、次のように示す事が義務づけられる。即ち、これらの契約によって彼らがどんなに偉大であろう

ともその横柄な行為を無制限に誓ったことが」[10]。ここではシドニーは、君主達がそうした契約の遵守を一般原則の尊重を含めて義務づけるものと説いている。この共和主義者は、統治者が被治者のために尽すことは義務であるが、逆に専制君主の横柄な行為を被る場合でも契約によって拘束されるべきであると述べている。彼は、この論点について次のように結ぶ。

「私は正しく次のようなことを一歩進めることとし、かつ肯定できる。即ち、もしこうしたある者が現世に現れるとすれば、その事の愚と堕落はそれをなした人々の狂気の十全な証拠であり、その内容を完全に破壊するために十全な証拠であることを。しかしそのようなものはまだうみ出されておらず、かつ賢人を説いて少なくとも文明諸国間（それらについてのみ我々はかかわる）でこうしたものがいつも存在していると云う事にはもはやいかなる理由も与えられないのである。ゆえにそうした者は、存在しなかったと結論づけうるし、或いはたとえ存在したとしても、彼らは我々の主題と少しもかかわるものではない。従って諸国民は、その生来の自由をなお継続し、かつ彼ら或いは彼らのうちの各々が彼らを耐えうるとみなす以外に僭主の傲慢さを他の方法で耐えるようには義務づけられぬ」[11]。

この文節においてシドニーは、自らの主著における最も強い一人支配政体批判のうちの一つを示している。というのは当然の如くこの論点が特に専制君主の正当化説を反駁することにあるからである。その最初の文章にはそうした君主制の堕落形態の存在があるならば、愚かさと腐敗こそがそれらをもたらした専制君主達の暴走の十分な論拠となり、民の善に対する全くの蹂躙へと至らしめると説く。そうした僭主政体の狂気がロック流の原始的自然状態（通常は平和な自然法が存在するもの）や、当時のイングランドをはじめとする文明社会においてずうっと存在したなどという所説にまともな根拠など与ええないという。更にシドニーは、一線を越えて言うまでに展開してそうした狂暴など「存在しえぬ」と言い切っている。シドニーは、その文節の終わりで結論的用語を用い、それを次のように訴える。

即ち、その自然状態における民の生得的自由が政治社会においても依然として存続し、その民がその支配者達を容認するものを除き、そうした専制君主の暴政を「耐え忍べ」という隷従要求を許してはならないとシドニーは説くものである。

われわれは、彼の第二の信ずべきでない理由の言及へと移ることとしたい。

「第二に、サムエルの言葉は、ヘブル人達の国王達が加える危害全てを耐えさせるヘブル人の必要な義務を含意していたが、それは我々にかかわりえないのである。というのは例えば、彼は、全ての国王について語るわけではないが、彼らが要請していたような国王達について語り、次のような彼らの隣国人達である隷属的アジア人達に対して支配したような国王について語るのである。即ち、そうしたアジア人達は、彼らの偶像崇拝と悪徳の事で嫌悪すべきと同様に彼らの卑しさと臆病の事で世界において悪名高いのである。サムエル自身とその家族において統治を保つ事は、サムエルの謀略や策略ではなかったのである」[12]。

シドニーがあげたその第二の理由は、他の政体よりもむしろ君主制を受け入れるべきといった格言などそこにはないというものである。これに対する説明をわれわれが今引用した形でシドニーは、示している。ここではフィルマーによる第二三章のサムエルの記述に対するものに焦点をあてる。サムエルによってユダヤ人達に対してその来るべき国王が加える危害などを耐え忍ぶ内容を意味したことと、今シドニーが批判する専制君主の狂気とは直接的には関連しないと説く。その理由は、シドニーが云う如く、それがアジア型専制とされる支配服従関係を述べたものであって、西洋型の民の善中心型の多元主義的ないし自由主義的統治形態を言っているわけではないという。更にシドニーによれば、そのサムエルによる記述は、そうしたアジア型支配者でさえ、その偶像崇拝的にして悪徳的隣国人に対して君主を要請することに限定しているという。従ってサムエルがサウルを国王として設立する前に、自身とその直系家族にその政体を留保しておくことは、フィルマーが前記の如き陰謀やトリックではなかったと主張するものである。シドニーは、それを次のように断じる。

「そうした卑しい表現ないし思想は、フィルマー、ヘイリン、及び彼らの弟子達にのみ適合する。しかし民（彼らは神や神法によって統治されるよりもむしろ、一人物の正規でない意思に自らを服させる事を選ぶ）の愚や悪辣さに悩まされたその預言者は、神の直接的命令によって彼らの怒りの結果が何であるかを彼らに宣したのである」[13]。

この部分ではサムエルの記述に対する前出の相対立する王党派と共和主義派による二解釈にかかわる。従ってそのサムエルが必ずしも君主制を好むわけではないという後者の説に立ち、それと反対の立場から発するフィルマーらによる専制君主容認論に抗する批判を確認する。そのうちのヘイリンは、必ずしもフィルマーと同じ立場をとるわけではない故に、シドニーの誤解と考えられる。とはいえフィルマーらのその論理立てをシドニーは、きわめて少数の意見に過ぎぬと斬り捨てる。ゆえにシドニーらの共和主義的解釈によれば、民の悪しき理解によって君主を求め、サムエルが渋々それを認め、その悪しき結果を預言したものとなっているという。

引き続きわれわれは、第三のフィルマーによる専制君主正当化から発する民の忍従を信ずべきでないという、その共和主義者による理由へと移ろう。シドニーは、その文の最初において次のように説き起こす。

「エジプトのファラオ国王に抗して、かつカナーン人、ミディアン人、エドム人、アモリ人、或いはフェリシテ人の国王達に抗して神の命令によって、かつモーセ、ヨシュア、エホデ、バラク、ギデオン、サムソン、エペタ、サムエル、及び士師達の残りのものによってなされたものが何であれ、次のように示すために私が予想した特定の格言や事例に明らかになっているのである。即ち、神が時折命じていたし、神の従僕達が彼ら自身の国王（所有が権利を立てることが本当であるならば）でもあった国王達からなる人々に抵抗し、かつ破壊すべしという神の命令を執行したのであると」[14]。

われわれは既述の如く、シドニーがフィルマーに抗する反駁と自説を論証する手段として聖書・自然法・及び古来のイングランドの歴史などを援用することを示してきている。この文節においてシドニーは、旧約聖書における数多くの神の命令による君主や支配者達の悪政に抗する民の抵抗並びに、神の命令の実行などによってフィルマーの専制君主支配の欠陥を証明できるというのである。

（1）A. Sidney, *Discourses*, 1751, p.250.
（2）Sir R. Filmer, *Patriarcha*, x, MS (Add. MS 7078).
（3）Sir R. Filmer, *op.cit.*, xi, MS.
（4）H. W. Blom et al. (eds.), *Sidney: Court Maxims*, Cambridge, 1996, p. xxxvii, etc.
（5）Sir R. Filmer, *op.cit.*, 90-91 MS.
（6）A. Sidney, *op.cit.*, p.250.
（7）*Ibid.*, p.252; Sir R. Filmer, *op.cit.*, 89 MS, etc.
（8）A. Sidney, *op.cit.*, p.255.
（9）*Ibid.*
（10）*Ibid.*, p.257.
（11）*Ibid.*
（12）*Ibid.*
（13）*Ibid.*
（14）*Ibid.*, p.258.

(二) イスラエル人の僭主要請と僭主による民の抑圧

われわれは前項においてシドニーの主著第三章第一節の論理形式にそって彼の主張を捉えつつ、その議会の大義ないしその法の支配を系統的に整理しようと努めてきている。われわれは引き続き本項において彼のフィルマー批判にそってシドニーの基本思想を辿ることとする。本項の見出しは、その第七節「イスラエル人達は、自分達の近隣諸国民がもつような国王を要請した時、彼らは国王を僭主（専制君主）と呼ばぬが、僭主を要請したのである」[1]における内容から主にひいている。その第三章第七節では第一節に続いて『家父長論』第二三章からなるものの三部のうちの中間部分にあたる文節[2]を標的としている。シドニーはその冒頭部分で次のように定める。

「サウルが僭主でなかった今、我々はその民が『全ての諸国民がもつ如く国王を要請した』事に注目しよう（と我々の著者は言う）。神は答え、かつサムエルがその民が話した事全てにおいて民の声を聞き、かつ彼らに国王を与えるように命じる。彼らは僭主を要請しなかったのである。そして彼らが国王を要請する時、彼らに僭主を与える事は、『全ての事において民の声を聞いているわけではなかった』が、むしろ彼らにサソリを与えていた（卵を要請していた時でも）のである（我々は、全ての諸国民が僭主をもったと言わなければ）[3]」。

これは、フィルマーが『サムエル記（上）』第八章においてイスラエル人達が国王を要請した前出の議論の延長線にあるものである。シドニーは、先ず最初にそれを俎上にのせ、これに対し彼は次のように批判を展開し始める。

「しかし彼がこうした結論を引く前に彼は、次のように観察すべきであった。即ち、神は彼らに卵を与える時、サソリを与えなかったが、彼らが卵を要請する時、サソリを彼らに与えぬけれども、彼らが卵と呼ぶ［有毒なものとしての］サソリであると彼らに教えると。彼らは自分達を裁き、自分達の前に連れ出し、かつ自分達の戦闘を戦うために国王をもつだろう。しかし神は、実のところ彼らに云う如く、彼が正義全てを覆し、かつ彼に与えられる権力を彼らやその子孫の破壊へと変えてしまうだろうという。しかし彼らがそのように主張した故、神は彼らの声を聞き、かつサムエルに、彼らの罪の愚の罰のために、彼らが求めるような国王（即ち、自ら託されるべき権力を、自らの利益と民の悲惨に向けるものであり、かつこれが正に僭主と命名するものである）をその民に与えるように命じたのである。アリストテレスは、国王が民の善のために統治し、僭主が自分自らの快楽ないし便宜のために統治する以外に国王と僭主を区別しない（『政治学』[bk. 1, 1311 a]）。そしてこうしたものを要請した彼らは、その彼を国王と呼んだのであるけれども」。(4)

これらはシドニーの主著第三章第二節の冒頭部のほぼ全体を占め、長い配置となっているが、明確性を求めるためである。われわれは先ず最初にフィルマーが引用した文節を重要とみなすゆえに、それを吟味することとする。その『サムエル記』からの引用から検討すれば、フィルマーが「僭主を要請しなかった」ことに対し、シドニーはその表題の如く「要請した」として否定し、それを表題の中心的項目とするのである。次の論点は、「民による卵の要請に対しサソリを神が与えた」というフィルマーの比喩的解釈にかかわる。これに対しシドニーは、神が直接的に「有毒なものとしての」サソリを与えたのではなく、国王となる外見を思わせる卵と称せられる形のサソリに属する類のものであると教示すると解釈すべきと反論する。シドニーによれば、民は自分達の事を裁いてもらい、自分達の前に呼び、かつ自分達の戦いを行う目的で国王をもつこととなろう。しかし神は次のようにそのイスラエル人達に言うのである。即ち、そうした君主は全て正義を打倒し、その一人に与えられた権力をその民とその子孫達の破滅にまでかえてしまうと。しかしながら、イスラエル人達が君主を要請したために、神はしかたなく彼らの声を聞いてそうした神の掟にそむく罪に対する天罰のために、彼らに僭主（専制君主）をその士師にして預言者であるサムエルに与えさせたという。この論理は、シドニーにおける典型的な共和主義思想を示す。アリストテレスの国王と僭主の周知の区別と『サムエル記』との用語的ずれについての確認がその文節の最後に配されている。「国王政体は、優しくして友好的であるべきであり、民の善への傾向を示し、かつ自分の家族への父親の優しい配慮に似せるべきである如きものであ」り、そうでない「彼らが求めた国王は僭主であった」。ここではわれわれは、シドニーの配置の逆で示してみよう。即ち、シドニーは、民が求めた君主が「神にとって好ましくない故に」僭主「専制君主」であるという。従ってそれは、望ましい民への善傾向を示す国王政体ではないと説くものである。従って「国王とするために設立され、かつ父のようにするために設立される者がその民に重い軛を置き、かつ民を奴隷として（かつ子供としてではなく）使うならば、彼は父の類推全てを放棄し、かつ敵とみなさねばならぬと[5]」。

われわれの共和主義者は、本来の国王政体から堕落した僭主がその臣民に重い強制を課することによって隷属化せしめた場合に、父親の比喩全て（よい意味での）を無効にするものであり、戦略論としての立場からその統治を打破せねばならぬと訴えるものである。われわれは引き続きシドニーによるフィルマーの『家父長論』第二三章の引用にそって、彼の論理を捉えることにしよう。

「主への民の不満や泣き言の言及は、その民がある専制的抑圧下にあるべきと論じるが、我々は次の事を想起できる。即ち、民の不満や泣き言は、彼らが僭主下に生きる議論でいつもあると限らぬ事を。いかなる人もソロモンが僭主であったと言いえぬが、イスラエル民族（congregation）全ては、ソロモン王が自分達の軛を苦悩とせしめると[6]不満を言ったのである」。

ここでわれわれは、二人の論争を注意して観察する必要がある。この文節においても明らかなように、フィルマーは必ずしも全ての専制君主を正しいと主張するものではない。他方でシドニーはそのフィルマーの曖昧さを徹底的に攻撃する論法をとっているものである。そうした流れの中でシドニーの特徴が絡み合わされているとわれわれはみなければならないからである。こうした視点も考慮しながらフィルマーの文節を読み解くとすれば、自由主義的立場からはそうした君主への不平不満などは専制君主による民衆抑圧に責任を一般的に帰す場合が多いという。フィルマーは必ずしもそうした僭主下に限定されぬと説き、民がソロモン王のような一般に優れた国王と認められた統治下でも自分達が重い負担の下で苦しめられていると不平不満を言う場合もあると主張するものである。

これに対してシドニーは、次のように反論し始める。

「次の事は、奇妙である。即ち、子供達否ライオンの子が泣く時、それは子供達が痛みを感じる表れとみなし、かつ民全体の泣き言が何ものでもないということは。或いは彼らの安楽のために建てられる政体は、それが軽くすべき人々にとって苦悩を証明するならば、僭主政体とみなされるべきではないと［いう事などは、奇妙である］。しかし私は理由なしで一般に不満を言った人々の例など知らない如く、我々の敵対者達は、私がそのなにがしかを信じる前に、ソロモンの事例とは別なものを引証せねばならぬ。我々は、ソロモンについて敬意をもって語る。ソロモンは知恵において優れていたし、彼は神殿を建立し、神は二度彼のもとに現れたが、事実は次のようであるに違いない。即ち、ソロモンは自分の生涯の大部分に、国王達に神によって与えられた法とは逆に直接的に行動し、神のやり方が善であったならば、ソロモンの仕方がその民にとって悪にして抑圧的であったに［違いない］」[7]。

シドニーは、この文節においてフィルマーの欠点に鋭く切り込む。彼は、子供達というフィルマーの用語をライオンの子と言い換え、子供達が泣きつく場合に彼らが困難へと至らしめられ、かつその人々全体が不平不満を言うことが問題なしと説明することなど不自然であるという。更に民の幸福のために構築された統治政体が、民の負担を本来軽減すべき者が彼らに苦悩を客観的に示されるならば、専制政治とみなされるべきでないということにはなお更おかしいと疑問を投じるものである。その共和主義者は、引き続き賢人ソロモン王といえども、民を困難へと至しめた政治をおかしたことなど周知とされるけれども、そうした側面からもフィルマーを追及する。即ち、こうした不平不満はそれなりの重要な民に対する抑圧原因をもつものであり、シドニーの立場からすれば、重大な意味をもつというものである。その文節の最後の表現を使えば、神の掟にそむいてその民を虐げたことが重大原因の一つであるというのである。

引き続いてわれわれは、シドニーによるフィルマーの三つの引用のうちの最後のものへと移ることとしたい。それは、その共和主義者が次のように記す文節にある。

「我々の著者は、ソロモンのみを擁護する事に満足しておらず、彼の寛容をサウルへと拡大する。彼の習慣は嫌悪すべき全てを後援する事にあり、かついかなるよき証言もそのことに与えることもできなかろう。彼が言う如く、『なるほどサウルは、自分の王国を失なったが、自らの臣民に対してあまりにも残忍過ぎる、或いは僭主政的過ぎる故ではなく、自分の敵に対してあまりにも慈悲的過ぎる故である』(『家父長論』)(8)」という。

シドニーがその第七節において主張したい部分は、この文節に主としてかかわる。この共和主義者の立場は、専制君主の抑圧を糾弾することにあるからである。彼によれば、フィルマーは聖書上高名なソロモン王の影なる汚点を当然のこととし、その容認をサウル王にまで拡大するという。シドニーは、フィルマーがサウル王による自国を失なう際に臣民に加えた危害を赦し、むしろその敵に対してあまりにも情をかけ過ぎるとまで言っているというのである。それに対してこの共和主義者は、次のように具体的な事実へと切り込もうとする。

「彼は、その君主の命令による司祭達の故殺が非難されぬ以外の他の理由を申し立てず、かつ次のようには述べないのである。即ち、自然の光によっていまわしいと知られる事に関連するとき聖書の著者達は、そうした事についてもはや頻繁にいわぬとは。もしこれがそうでないならば、ロトの泥酔と近親相姦、ルベンの自分の父の内縁の妻との寝床での不倫、アビメレクによる自分の七十人の兄弟の故殺、及び今までおかされた最も悪辣な行為のうちの多くは称賛に値し、かつ無実という理由で見過してしまうのである（『創世記』19: 32-38; 35: 22;『士師記』9: 1-6)。しかしサウルが司祭達を殺害する事で非難できなかったならば、なぜウリヤの死の事で非難されなかったのか（『サムエル記（下）』第12章）[9]」。

ここでの最初の文章においてシドニーは、もってまわった表現で示しているが、フィルマーに対する批判意図が明瞭である。フィルマーがサウル王によるアビメレクとその親類達の殺害を悪いとみなさず、かつ自然法ではあってはならぬことを容認していると彼は追及する。その中ほどの文章においてシドニーは、フィルマーが旧約聖書において悪とみなされる事例でも当然と是認し、従ってそうした悪しき犯罪を無実としてしまっているという。あれほどの専制君主であるサウルによる悪事がこうしたアビメレクとその司祭達の故殺を罪とみなさなければ、ダビデが自らの勇士の一人であるウリヤの妻を奪おうとしてウリヤをダビデが殺害したことが罪とみなされなくなってしまうのではないかとシドニーは迫っているのである。

シドニーは、聖書を重視する新教徒の立場からサウルの事例が信仰上神に従わぬサウル王というイメージで語っていることは言うまでもないのである。更にシドニーは、その共和主義的視点から徹底してサウルを民に対する専制君主として位置づける。この共和主義者は、次のような表現によってサウルの暴君ぶりを断じている。

「サウルの歴史のシリーズ全体は、その生涯や治世が最も暴力的な残虐さと狂気で溢れた事を明らかに示した時、我々は、彼が脅かされ、かつ彼と彼の家族にもたらされた崩壊の事で他の理由を求めないのである。……いかなる人も二人の主人に仕えぬ如く、いかなる人も二つの逆な利益を追求しえぬ。……サウルはヘブル人達に対して残虐であったし、アマレク人達を救ったたし、アマレク人達の保全は神の民（イスラエル人達）の破壊であった。サウルは（自ら救ったはずの人々）である神の民を破壊し、かつサウルが神の一般的命令と特殊的命令によって破壊したはずの人々を救ったが、サウルは自らの悪しく統治された王国を失なったし、横柄・愚・及び僭主政をあてにする限界を子孫に一例を残したのである」[10]。

ここではわれわれは、シドニーによる法の支配をつなぐ意図を確認する必要がある。シドニーは、フィルマーによる専制君主是認説を批判し、かつそのサウル専制君主説によって暴君による民への抑圧と結びつけ、それが自然法にそむく人の支配であって法の支配ではないとする論理を系統立てるものである。

今われわれが配した文節において、サウルが最も悪辣にして暴君的専制政治を行なってきたとシドニーは措定する。続いてこの古典的共和主義者は、キリスト教徒としての立場から二人の主人に仕えぬ原理にそって神に従わぬサウルによる暴政とそれを非難するものである。続く文章においてその君主は、神の民に対して危害を加え、その敵である民を助けたという。それをシドニーは繰返して論及しつつ、神から断罪されたサウルがその王位を追われ、暴君政治の典型として聖書が示し、かつそれが法の支配の対極にあるものとみなすものである[11]。

（1）A. Sidney, *Discourses*, 1751, p. 277.
（2）Sir R. Filmer, *Patriarcha* (Add. MS 7078), 93-94 MS.
（3）Sir R. Filmer, *op.cit.*; A. Sidney, *op.cit.*, p. 277.
（4）A. Sidney, *ibid.*, pp. 277-278.
（5）*Ibid.*, p. 279.
（6）Sir R. Filmer, *Patriarcha*, 94-95 MS.
（7）A. Sidney, *Discourses*, p. 279.
（8）A. Sidney, *op.cit.*, p. 280; Sir R. Filmer, *op.cit.*, 94-95 MS.

(9) A. Sidney, *op.cit.*, p. 280.

(10) *Ibid.*, pp. 280-281.

(11) シドニーにおいて権力分立原理が存在するという学説がある。それは、その第三章第一〇節「聖パウロがより高次な権力に従えという言葉は、君主制だけではなく、あらゆる種類の政体に与するのである」における文節から引き出している。その表題は、文字通り、フィルマーが『ローマ人への手紙』における「より高次な権力に従え」を、絶対君主への民の服従を補強するものに抗するシドニーの反駁の標的として示している。

その共和主義者は、その一元的君主制的解釈に抗して多元的な政体を含意していると説くものである。その権力分立説の根拠とされている文節は、以下のようである。

「そのPopeは、二つの剣が存在するという。その一方の剣は、世俗的な剣であり、他方の剣は宗教的な剣である。そしてその二つの剣はともにペテロとその継承者達に与えられたと言うのである。他の者達は二つの剣が次のように戦争の剣とjusticeの剣であると正しく解釈する。

即ち、

それらはいくつかの政体の立憲制によれば、いくつかの条件と制約下で幾人かの人々の手に委ねられていると言う。

justiceの剣は、立法権と執行権を含む。立法権は、法形成時に行使され、その執行権は、形成される法によって論争を判定するときに行使される。軍事的剣は、それをもつような統治官達が適切と考える人々との戦争をなし、平和を形成する時に、それをもつ統治官達によって行使され、かつ別の剣によって決定されるような戦争を追求するときには、軍事的剣をもたぬ他の統治官達によって行使されるときもある」(A. Sidney, *Discourses*, 1751, pp. 292-295.)。

ここでのシドニーの主張は、聖パウロの世俗的権力の容認にかかわるものから発している。われわれが特に注目しなければならないものは、世俗的剣には二つがあるという部分である。その戦争の剣がロック流の外交権(ないし連合権)に相当し、ジャスティスの剣は法を司るという広い意味があり、その中に立法権と行政執行権を含ませている。確かにシドニーに権力分立論に近いものを求めるならば、この部分がそれにあたろう。しかしそれを権力分立説と断定することには無理があるように思える。むしろそれは、一人物に権力を集中させるものに対する反定立として解した方が自然であろう。より権力分立説に近いとそれをみなすならば、その権力の機能的側面の分離にそれが近いといえる。

㈢　正義としての法の重要性

本項の題目を「正義としての法の重要性」と命名したのは、シドニーの第一一節の「正しくないものは法ではなく、法でないものに従うべきではない(1)」の内容を表現するゆえである。それは、形式論理的には専制君主に抗する不服従の主張となっているが、われわれの意図（議会の大義［その法の支配］の思想として捉える）からの段階的位置づけのためである。前項においてわれわれは聖書における専制君主による民の抑圧を措定し、その危害について論及し、シドニーによる法に従わぬ僭主政体批判を捉えることによってわれわれの目的への道筋をつける方向で進めてきた。シドニーの第一一節は、フィルマーの『家父長論』第二三章の最後の文章を俎上にのせ、シドニーがそれを反駁を開始する形で説き起こしている。

「長い間我々の著者は良心を言い張っていたし、今自らの仮面を引き剝がし、かつ次のように明瞭に我々に教えるのである。即ち、法が従われるべきであるというのは良心のためでなく、罰の恐れないし報酬の希望のためであると。彼が言う如く、『スコラ哲学者達が法の命令権に国王達を服従させるが、法の強制力に服させるのではない事によって彼らのあの馴染みの区別は、国王達がいかなる国の実定法によっても拘束されぬという告白である（というのは法の強制力は、法が法と正しくせしめることにあるからである）［『家父長論』(2)］』。

この文節は三つの部分からなり、シドニーは法解釈にかかわるフィルマーの議論へと入り込んでいる。この古典的共和主義者の基本思想のうちの一つは、既述の如く、自然法思想である。それにもかかわらず彼は兵士的経験と貴族的教養をあわせもつ政治家でもある故に、より実定法的知識ももちあわせている。先ず彼は、その最初の文節においてフィルマーが偽って良心を語り、かつ法への服従について一方的に制裁への恐怖と利益誘動（飴と鞭）を極端に強調していると批判する。更に第二の文章におけるその引用は、中世以来のスコラ哲学者達による法の命令権への国王の服従、及び国王の法の強制力への不服従を、フィルマーがその国王による法の支配の制約除去として正当化するものであるという。これに対してこの古典的共和主義者は、そのスコラ派の区別をおおむね是認するが、残された側面でのそのフィルマーの偏向を指摘する。即ち、確実にして本来それに存在する善と公正に基づく法の命令権が基盤にあることを前提とすべきであって、それは当然ながら人間の良心に対する権限のみであるとしても、その強制権などに対する制限といったその原理を保障するものであることを省いているという。しかしながらわれわれは、より大局的な視野からこの王政復古後期とシドニーらの自由主義的ウイッグ派が占める位置について一瞥することに意義を見出したい。なぜなら本章は、かなりミクロ的に入り過ぎている傾向があるからである。今われわれが焦点をあてているフィルマーによる家父長的絶対君主論も、前記の如くボダンのそれを踏まえているものである。他方においてシドニーは、早熟な市民革命的要素も含むイングランド共和制を運営する指導者達のうちの一人でもあった。そうした絡みの中でわれわれは、典型的にはステュアート体制によるウィッグ派に対する「報復《リベンジ》」が、その自由主義的実際を経験した論者によって国家権力の制限とそれに抗する反乱を惹き起すとみなすものである。そうした側面においてイングランドの政治的現実と自由主義的思想の連係が浮かび上るのである。ここでのシドニーによるフィルマーに対する論点毎の反駁において、その傾向が強くあらわれているのである。

「法の名に値する制裁は、故に『古代から或いはその立法者の高潔からその優秀性を引き出すのではなく、本質的な衡平や正義から引き出す』（テルトゥリアヌス［Tertullian］『弁明』）のである。そうしたものは、全ての時代における全ての諸国民が対等な尊敬と服従を負うあの普遍的理性を追求して形成されるべきである。これによって我々は、その権力保持者が正義をなすかどうかを知りうるのである。我々は、彼が我々の善に対する神の僕にして善の擁護者であり、かつ悪人に対する恐怖であるのか、或いはあらゆる種類の悪を刺激する事によって、かつ悪や腐敗によって民を悲惨へと至らしめるために悪くせしめ、かつ悪くせしめるために悲惨にせしめようと努める事によって我々の危害に対する悪魔の僕であるか否か、を知りうるのである。私は、もしそうした人が力によって武装されるならば、そうした力を決して恐れてはならぬと思い切って言うものではない。しかし私は確信をもって神の僕であると彼をみなさず、私が彼を恐れるならば、そうした私が災いを与えるとみなすこととする」(3)。

シドニーによる法の支配説は、神法や自然法を大原則として民の善のために市民によって合意された規則にそってその選出の統治者が支配するものであって、その彼による専断的支配を抑制するものである。その大原則の一つが正義であり、公正を旨とするものである。それは、ここでは「公正な制裁が神聖にして純粋である正義の規則(4)」に関する文脈に入る。先ず最初にこの古典的な共和主義者は法の制裁が立法者の原理よりもその公正としての正義や衡平に発しなければならぬという。それこそシドニーらの自由主義的ウィッグ派がよって立つ立場である。そうした自然法にかなう法の制裁であるならば、それはその民の等しい尊敬と服従の是認根拠をうることができるという。更にそれが権力掌握者に正統性を与えることとなり、シドニー達の民の善に照らして神のよき代理にして正しき行為であると彼らを納得させるものであるという。そうでないものは、悪魔の僕にして悪の道を歩むものとして非難に値すると説く。従ってこの共和主義者は、この文節の最後のところで更に武力によってそうした専断的支配をなすものをいきなり恐れるなとは云わぬが、神に従うものではなく、一般に打倒に値するというのである。

この節の後半の文節においてシドニーは、本来の正義の法にそわぬ聖書上の悪しき事例であるカリグラやネロらによる民に対する専断的抑圧とその結末などについて説き明かし、次のようにその節を結ぶ。「世界の正義は、証拠なしの単なる主張によって覆されるべきではないが、この問題には何の役にも立たぬ。というのはもしそれがネロを絶望へと追い立て、或いはヴィテリウスを下水だめへと投げ込むのに適切にはなされなかったとすれば、それは彼等が神の僕である故ではなかったからである。彼等の生涯は、その神の使徒があの聖なる名に値する性格とは決して一致しなかったゆえである。もしその権力保持者達のみが恐れられるとすれば、そうした彼らが恐れられない時があったのである。というのは彼らはそうした権力をもたなかったからである。強制権力下にないような君主達が法によって義務づけられなければ、法は彼らに免責を与えなかろう。というのは彼らがその権力下に落ちたからである。そして我々は、彼らが死ぬまで自らの足で歩む他の君主達に何がふりかかるのかを知らぬ如く、我々は彼らが強制権力から免れているかどうかについてその時まで知りえないのである[5]」。

この節においてシドニーは、善と公正に基づく法の命令権に従わぬ聖書における絶対専制君主が民衆による制裁を被った事件には、何らの正義もそうした暴君に与えられぬという。これは正にシドニーの『統治論』の執筆意図と軌を一にするものである。この共和主義者は、フィルマーが聖書によって自らの家父長的君主神授権説を援用しようとするものを俎上にのせ、その行間を読み取る事によって彼に反駁し、その多元論によって対応し、自らの反乱意図も明確にしているのである。シドニーは、その最後の文章において自らの自由主義的な国家権力の制限論を支柱としてその強制権力の濫用について補足する。即ち、いつその濫用を非とするのかという問題であるが、それはそれぞれの状況によって異なるというものである。

(1) A. Sidney, *Discourses*, 1751, p. 300.

（2）A. Sidney, *op.cit.*, p. 300; Sir R. Filmer, *Patriarcha*, 101 MS.
（3）A. Sidney, *op.cit.*, p. 301.
（4）*Ibid.*
（5）*Ibid.*, pp. 301-302

(四) イングランド議会における民の自治的・代表的伝統

われわれは、ようやく本章の主題であるイングランド議会本体に辿りついている。というのはわれわれが既にその論理形式を跡づけた如く、この共和主義者の論法はよく云えばきわめて詳細にして多岐にわたって説き明かす傾向をもつからである。他方において悪く云えば、それがきわめて煩雑すぎる傾向をもつからである。ともあれわれわれは、シドニーの主著第三章第二八節がその主題を最もよく論じる諸節のうちの一つであり、それと取り組む必要がある。その見出しは、「イングランド国民は、その国民自体によって、或いはその代表達によって統治される[1]」と表現される。それを文字通り解釈すれば、イングランド国民は、その統治を自治によってか代議制民主主義のいずれかによって行なっているとなろう。とはいえこの古典的共和主義者による背景からすれば、そうした傾向をもつことは事実であるが、必ずしもわれわれの今日的側面と同じであるわけではない事も留保せねばならぬ。というのはシドニーの論述は、基本的にはフィルマーに対する反駁であるからであり、前述の如く民衆の兵士的土台の上に立っているなどの理由ゆえである。

シドニーは、例の如く、フィルマーの『家父長論』の逐語的反駁を行なうために次のように説き起こす。

「イングランドの民が自分達自身のもの［人定法］以外に他の人定法を認めず、かつ我々の議会が法を形成し、かつ廃止しうる権限をもち、議会のみが法を解釈しえ、かつ困難な事件を決定しうる事を証明してきたので、次のような我々の著者の主張には真理などありえぬように明らかに思える。即ち、『国王が制定法とコモンローの両方の立案者にして修正者であるとの』(『家父長論』)。そして『それらの法のいずれも国王達が父としてのその民に対してもあの自然的権力の減少ではありえぬ』(同上)と彼が付け加える事以上に取るに足らぬものなどありえぬと。(彼がそれを主張する如く)父権力と王権力との間の差異は、私が本著作の前の諸部分において主に証明しているように、原理上も実際上も膨大にして相容れぬ限りでは[2]」。

この文節の前半部においてシドニーは、先ず最初にフィルマーがその絶対君主主権説を強化するためにイングランド法の二つの支柱の創設者にして修正者とする主張を否認する。そして彼は、自国民がつくった法を除き、そうでないものを全て是認しないと云い、例えば次のような議会の機能を前の第二六節で主張したことなどを示し、自らの説の妥当性を確認する。即ち、「ヘンリー八世は、議会の権威による以外の他の方法でいかなる異常な事態も試みもしない程に、法を形成し、変え、かつ廃止する権限が議会になおある[3]」ことを全体的に認めたと。その文節でフィルマーによる民に対する国王主権の縮少などありえぬという主張に対し、この共和主義者は明瞭に否定する。その最後の文章においてシドニーは、われわれも多くの箇所で示してきている如く、その両権力の差異など理論上も現実的にも全く対立するというのである。続いてシドニーは、その『家父長論』第三〇章「民が最初に議会に召集された時について。議会の自由は自然から生じるのではなく、君主による特別な計らいから生じる[4]」における三つの主要点を俎上にのせる。われわれはその順序に従い、そのフィルマーの説き起こしから検討してみよう。

「議会の古き伝統に抗して我々が論じる必要などない。というのは議会が古ければ古い程益々、議会は君主制の名誉に益々多く寄与するからである。しかし考察されるのに適する議会形態についていくつかの状況が存在する[5]」。

イングランドにおいて中世以来議会万能論が存在しており、それは国王、貴族、及びコモンズの三位一体的構成も示す。その重点のおき方は全く対照的であるとしても、この意味ではフィルマーとシドニーは一致する。この共和主義者は、自らコモンズ優位型議会を主張するけれどもそのフィルマーが先きの引用部分ではその議会史において君主制にとって益々有利という点について対立するが、ひとまずその議論に適する議会形態の状況に自らの論点をしぼり、次のようにまとめる。

「『第一に、征服（我々の国民の名誉ゆえのその名を彼は、ノルマン人達からの到来にあたえる）まで、我々は一般的諸階級から集められた議会などもたぬ（というのは我々は、その時代までそれが全体的に一つに統合されたという事を知りえぬからである）ことを想起すべきである。第二に、『サクソン時代に議会が貴族と聖職者から構成されたかどうか、或いはコモンズも召集されたかどうかを』彼は疑う。しかし彼は、『いかなる州《シャイア》も存在しなかった故に、いかなる州騎士も存在しえなかろう』と結論づける。第三に、『ヘンリー一世は、コモンズが最初に自分達自身の選出によって騎士と都市民を集めさせたのである』。そしてこれがその国王からの恩恵と好意の行為とせしめるのであり、次のように付け加える。即ち、『その王冠への権利がよりよく根拠づけられる君主にその［最初の議会召集］形態の起源をたどることは、議会の名誉にとってよかっただろう』と」（『家父長論』[6]）。

　こうしてシドニーは、この文節においてその対立点ないし標的を明確化した後に、そのフィルマーの反論について論戦を挑む。

　シドニーはその第一の論点に対して、「私は議会の名称ないし形態を主張する事自体で義務づけられるとはみなさぬ。というのは統治官職の権威はそれが継続している年代数から生じるのではなく、その設立の高潔及びそれを設立する権威から生じるからである」[7]と説く。この古典的共和主義者はここにおいてフィルマーの提案への反論に先立ち、自らの一般的立場を先ず最初に披露する。シドニーによれば、大切なことはその名称や形態よりもむしろその立憲制設立の精神であるという。

「サウル・ダビデ・及びヤラベアムの権力は、イスラエル王とユダ王の最後のものに属するものと同じであった。ローマの執政官・独裁官・法務官・護民官の権威は、それが設立されるや否や同じであったし、デンマーク王の権威（三千年以上継続した言われる）がそれと同じ位合法的であった。というのは時は、合法的な事であれ正当な事であれ何もなしえぬように、そのことはそれ自体効力をもつよりもむしろ（人々がそこに大きな不都合を見出すのでなければ、人々は自分達の祖先に気に入っていることを変える事を潔しとせぬが）、ある民が自分達自身の善のために正しく樹立する事がその最初の時に効力をもつのである（継続がいつもそれに与えうる如く）。故に最重要事項について賢明にして善である人々は、存在を問うよりもむしろ当為を問うのである。というのはそれ自体悪である事は、継続的に悪くなされ、最初の時に基づいて正しく廃止されるべきであるからである(8)」。

シドニーの基本思想は、民重視の統治制度を支柱としている故に、その統治官の権威もそうした視野からここでは捉えられる。この古典的共和主義者は、前の文節における如くその政体機構の設立意思に力点を置くために、『サムエル記』でのサウルやダビデの権力機構、及び『列王記』におけるヤラベアムの権威もイスラエル最後のホセア王やユダ王のゼデキアのものとともにその適例であるという。更にシドニーは、お得意の古代ローマ共和制期の主要統治官機構ばかりでなく、三千年以上も続いたと伝承されるデンマークの王のそれまでも示している。従ってシドニーは、その政体機構の設立における高邁な精神を最も重視することが、マキアベリらの思想において示唆される如く、共和主義思想家達の特徴でもある。ゆえにこの共和主義者は、それを中心に据えることによって、その原理にそわなければ、改廃が可能であり、かつそうした権利をその民がもつと説くのである。

シドニーはそうした共和主義的思想に基礎づけた後に、それをイングランドの制度へとつなげる。

「もし神が人間を創造したあの自由が継続から力を受け入れることができ、イングランド人達の権利が長年の使用による権利によって問題なく多くなしうるならば、私は次のように云うものである。即ち、諸国民［その権利を我々が受け継ぐ］は、彼らが世界で知られた時代から、我々が主張する自由をずうっと享受しているし、民衆的政体的に自分達自身で統治する時いつもそれを遂行しており、或いは自分達自身で設立されているような代表達によって遂行していると。ブリトン人達やサクソン人達は、カエサルやタキトゥスよりも古い著者達のいずれかによってもなされた事を求めても無駄な程、長く野蛮を伴う不明の中に隠されているのである」(9)。

この文節においてシドニーは、その祖先であるブリトン人達やサクソン人達が古来から神によって与えられた自由をより多く享受する形でその制度がつくられたのであり、その民の代表制度が具体的なものであり、感謝せねばならぬという。シドニーによれば、そうしたよき伝統は、カエサルやタキトゥスといった有名な古代の作者によって多く表現されているというのである。

「それらの著者のうちの第一の者は、ブリトン人達が自由のためにきわめて熱烈な民であったと書き、かつ自由の擁護には次のような程に頑なに武勇をもったと書く。即ち、ブリトン人達が技術を欠き、かつローマ人達によって力で上回われたが、彼らの国は武器をもちうる住民の故殺による以外に他の仕方では征服しえぬ程に。その第一の著者は、彼らが偉大な人々によって形成された法によって統治されたガリア人のようではなく、その民によって統治されたものの如くあった限りで、彼らを自由な民と呼ぶのである。彼の時代にブリトン人達は、その戦争において自分達を指揮するためにカシヴェラウヌス（Cassivellaunus）を選び、かつその後に、カラクタトゥス、アルヴィラグス（Arviragus）などを選んだのであるが、彼らは自分達自身でその政体を保持したのである。その指導者達には何らの力も置かれぬゆえに、彼らはその一般議会《ジェネラル》において武装して集まったのである。その小さな事柄は、あの目的のために自分達によって選んだ長である人々の決定に委ねられたが、彼らは最重要事項（その中にはそうした人々の選出もその一事項であった）を自分達自身に留保したのである」[10]。

この文節においてシドニーは、カエサルがブリタニアへと渡った頃の状態について記し、その居住民達の強烈な自由をもつ性質を認めているという。この古典的共和主義者は、その記述が彼らの自由の擁護を最も尊ぶ民の証拠であると示す。従ってカエサルは、その偉人達による立法で統治したガリア人とは異なり、その民の自治による自由な民と称したというものである。そうした時代にあってそのブリタニアにおける当時の居住民は、戦争に際して指導者も自ら選出し、かつその民衆的政体を守ったという。故に彼らの政体の支柱は自らが武装して集まる「一般議会」であり、小事項の意思決定は民の自由のため選出した長達の決定に委ねるが、重大な意思決定は一般議会に委ねるというものである。

シドニーは、それに続く文節においても、同様な論法を使っている。即ち、彼はフィルマーのその第一提案についてローマ帝国属州期以後のアングロサクソン期のイングランドについても周知のタキトゥスの著作をもとに、その民会的「大会議」（ミクレゲモート）を中心的政体機関と捉え、かつ論証しようとしている。

フィルマーによるその提案についてシドニーは、必ずしも全面的に答えていないことも明らかである。というのはフィルマーがその内容について一面の真実を述べているからである。この共和主義者もそれをその論述においても認めているけれども、その回答について次のように結んでいる。

「我々の著者にほとんど反対する事が私の運命である如く、私は政体の多様性が次のようなサクソン人達の間にあったと主張するものである。即ち、サクソン人達は、分割された時代にあったときもあれば、統一された時代にもあったし、将軍下にあったときもあり、国王下にあったときもあり、ミクレゲモートにおいて個人的に会議をしたときもあったし、ウィテナゲモート（賢人会議）において自らの代表によって会議を行なったときもあると。その政体の多様性は、サクソン人達が自分達自身の意思によって万事を命じる事を明らかに証明するのである。我々がオファ、イーネ、アルフレッド、クヌート、エドワード［懺悔《ざんげ》王］、及び全国的国王達と同様に他の特定地域の国王の告白によって既に証明している如く、そうした事が最高度な自由の行為である時、それはこれらの諸変化全ての下において不可侵なままであったのである。そして我々はノルマン王家の人々がもはや彼らと同じ権力をもちえぬ事を確信しうる。というのは彼らは、同じ仕方によって来、かつ同じ法によって統治すると誓ったからである」[11]。

この文節において先ずシドニーは、サクソン人達の間に統一的な国家の時代状況もあれば、分散的傾向も存在したとしてフィルマー説を批判する。具体的には「大会議《ミクレゲモート》」や「賢人会議《ウィテナゲモート》」において私的に集まる会合もあれば、代表者達の会合も行なわれたという。更にこの共和主義者は、イングランド国全体の国王と同様にアングロサクソン期末前後の地域的国王達の様々な告白などの文書で明らかな如く、多様な変化の中においても民の自由が侵害されぬままに残っていると説く。最後に彼は、ノルマン征服期以後のその王家の人々でさえその自由を侵害せず、彼らが法にのっとって民を治めると宣誓しているというのである。

ここではその共和主義者の論理について一言してみよう。われわれは、シドニー側もフィルマー側にもその議会史について偏向的傾向があるとみなすものである。一般的な表現を使えば、前者はその君主側の身分制的要件などを軽視し、後者は家父長主義的絶対君主説の立場から運命論的ないし硬直的傾向をもち、かつその他の状況を軽視するからである。

第二の論点へとわれわれは移ることとしたい。シドニーによれば、フィルマーがサクソン時代に議会が貴族と聖職者から構成されたのか或いはコモンズも召集されたかどうかを疑うという。その理由は、当時州など存在しなかった故に、州騎士など存在しえぬからであるというものである。

この共和主義者は、その第二の主張に対してこの二つのうち前半の文章におけるフィルマーの懐疑には拘わらないという。というのは「彼が主張する如く、恒久的神法と自然法によれば、絶対君主（その主権がいかなる法や慣習によっても減じえぬ）の政体以外に世界に存在しえぬ事が本当ならば、彼らの権力や存在をその君主の意思から引き出しえなかったいかなる議会も他の統治者達も存在しえなかろう[12]」故であると。このシドニーの論法は、前述の如くフィルマーによる悪しき硬直的権威主義を突くものであり、自らを動態論的にして自由主義論者と示す側面を表す。次の文章から前者はその本筋へと切り込む。

「サクソン人達が国王をもたなかった時、その一般議会や会議をもち、彼らが自らによって国王が形成され、かつ最大事項は彼らが国王をもとうがもつまいがそれらの議会などで決定される事を証明したのである。ある時代或いは多くの時代においてコモンズが政体において役割をもつかどうかなど重要ではありえないのである。というのはコモンズなしに議会を設立した同じ権力は、彼らが適切とみなした時、彼らを議会へと受け入れるからである。或いはむしろもし自分達の手に政体を収めた彼らが自分達自身に知られた理由ゆえに、その権力行使から退いたならば、彼らは自分達が気に入る時、それを再開したのであろうからである[13]」。

シドニーは、サクソン人達に関するこの文節において先ず最初にフィルマーの絶対君主説の立場からその他の議会の主要素である貴族・聖職者・コモンズの詳細についての懐疑に反論するよりもむしろ、国王がいない時期を想定する。この共和主義者は、彼らが民会的なものを有し、かつ国王を設立し、かつそうした総議会的機関によって最も重要な問題を決定しているという。シドニーは、そのコモンズがその一般議会に参加せぬ時でも、彼らの意思を重要とみなすゆえに、やがて迎え入れると説くのである。この共和主義者は、それに続く文節において貴族の高潔さやその指導的役割の重要性を列挙し、キリスト教が普及すると、尊敬されるべき聖職者の役割も評価する形で議会における要素を妥当化する。次にシドニーは、その議会におけるコモンズの役割や重要性について次のように述べる。「私は、我々が今コモンズと呼ぶ人々が政体において役割をもち、かつそれを運営する評議会《カウンシル》に自分達の地位をもつことを肯定する。というのはそこには一つの特有さが存在すれば、それは特許（ないし勅許）権・生れ・或いは土地保有権によってもったに違いないからである⒁」。

この共和主義者はこの文章においてその本来の庶民や平民よりも多くの特権をもち、かつ高貴な品格を備えた人々を含意させている。更にシドニーは、前記の貴族やコモンズを国民の主要素とみなし、次のようにカムデンを使いながら、サクソン時代の議会を合理化する。

「我々がカムデンを信じるならば、『サクソン人達がウィテナゲモートと呼ぶものを、我々は次のような議会と正に名づけうるのである。即ち、その議会は法を形成し、廃止し、かつ解釈し、一般的には国家の安全にかかわる全ての事についての最高にして最も神聖な権威をもつと』（『ブリタニア』）。このウィテナゲモートは、マームズベリのウィリアムによれば『元老院と民会からなる一般会議であった』（『イングランド国王年代記』）し、H・スペルマン卿はそれを『聖職者と民からなる一般会議』と呼ぶ（スペルマン）。カルチューズの会議においてこの『賢人会議』は『国王が司祭達や民の長老達によって選出されるべきである』と大司教、司教、修道院長、公爵、元老院議員、及び国民によって命じられたのである（『同上』⒂）」。

シドニーは、このサクソン時代の議会についてその前の文章でフィルマーがそのカムデンを引用する故に同様に「使う」旨をことわっている。この文節では最初の文章において彼は正に日本国憲法の国権の最高機関にして立法機関の表現を想起させる表現をそのまま示す。またそれは、「議会における国王」の議会主権の原初的基礎を表現する。

更に彼は、ローマの二院からなるものや聖職者と民からなるものを列挙する。最後にシドニーは、多様な諸階級から選出され、かつ命じられる国王説を示すものを配する。いずれにせよシドニーは、議会史についての最初の文を除けば、民的要素を強調しようと努める。それを引き続き彼は次のように敷衍する。

「コモンズが貴族と同様に自由であり、彼らの多くは、生れにおいて勅許権所有者達と同等であり、資産においてその所有者達の大部分よりも上位にあり、かつ彼らが戦時において人員と財政によって君主を助けることを期待されるばかりでなく、その国家の力と有徳がコモンズにあると全ての人々によって認められるならば、事実は、次のようであるに違いない。即ち、彼らはイングランドの真の貴族であったと。……厄介にして増殖的雰囲気へとこの国をもたらしたサクソン軍が……膨大な数にまで……増大する時、彼らが以前に自分達自身の人々によって行使していた権力を、自分達自身によって選出された代表の手へと権力を置かざるをえぬことを必然的に考え出したのである[16]」。

この文節はかなり長い量からなるものであり、かつ仮定法的文章形式である問題も残す。とはいえそれはシドニーがその前の節でお気に入りのタキトゥスの次の文章をうけてからの推論であるゆえ、強い主張の一環とみなしうる。即ち、「その国民は、自由人ないし貴族（両者は同じ）や『農奴達』へとのみ古代に分割されるけれども、前者はタキトゥスが彼らの祖先であるゲルマン人達について云う如く、『重労働や徴税から免かれ、かつ戦争時の使用目的である武器のようなものの保持が認められた』（『ゲルマニア』[17]）」と。このタキトゥスの引用を含むこの共和主義者の論述内容は、サクソン期のそれと同一線上に、その先の（われわれの）文節を想定しているものである。

われわれの引用形態をなす部分の半ばにおいてシドニーは、コモンズと貴族を含めて国民の中心的要素とみなし、そこにこの国家の力と有徳の源泉を置いている。その後半部で軍隊の急増並びにその国民の増加とともに、従来の直接民主制風的な自治的政体運営から代議制的運営への移行を彼は描いている。シドニーは、それをうけて次のようにその政体像を展開する。

「一方で民衆政体《デモクラシー》への傾向をもち、他方で貴族制への傾向をもつこれらの二つの方法は本質的に異なるよりもむしろ形態上異なる。しかし彼らは、自分自身で支配する一人の絶対支配に同様に反対し、かつ長子相続として国民を支配するその支配にも反対し、かつ同様に自分達自身に最もよく気に入る形態へとその政体を置く民の権利を主張する。この事は、彼らが自らの国での実践したものに適合したし、『長たる人々が小さな問題を協議し、民全体が大きな問題を協議する（『ゲルマニア』[18]）』。

シドニーは、前記の如く、民会的機構から代表制的機構への移行をその時代において示す。即ち、その二つの議会方式は、形態上前者が民衆政体的であり、後者が貴族制的であるという。ここで注目すべきことは、この共和主義者が古代の議会とそれ以降の議会との相違を認識し、後者を貴族制的とみなし、今日のエリート論的議会制民主制の形態的特徴に近い視野をもっていたということである。ただし彼の前提は、その貴族的要素を民衆的要素との区別を明確しないことにあり、必ずしも単純ではないのである。次の真ん中の文章において彼は、絶対君主支配や長子相続的な世襲にはサクソン人達が否認するし、民の意思を重要視する傾向をもっと説く。最後の文章においてシドニーは、以上の内容を基本に据え、統治権を執行する人々が小事項を協議し、大問題について民全体を代表する議会が協議する様態を描くものである。

われわれの古典的共和主義者は、サクソン人達の議会制的伝統について次のように結ぶ。

「サクソン人達は、次のようであった。即ち、彼らは貴族達に属する実践への恒常的適用によって品位が高められ、かつ卑しくしてさもしい事なら何であれ嫌悪する事によって品位が高められる人々であると。さ細な事にけちをつける事に気に入る人々にとって、私があまりにもわざと過ぎると思うことにならぬように、彼らは同じ一般会議が他の著者達によって別の言葉で表現されることで知ることとなろう。そうした一般会議は、イーネ（Ine）の時代に『王国全体の、司教・貴族・伯爵・全ての賢人・長老・及び民からなる』一般会議と呼ばれる。エドワード兄王（一世）の時代にそれは、『司教・修道院長・貴族・及び民からなる一般会議』と呼ばれる。マームズベリのウィリアムは、それを『元老院及び民からなる一般会議』（『年代記』）と呼ぶ。時にはそれは短く『聖職者と民』と呼ばれるが、全て同じ権力をあらわし、次のような国王達から受け取るものではなく、かつ制限しえないのである。即ち、そうした国王達はいつも選出されるのであり、或いは形成されるといわれ、かつ時には前二者によって廃位されるといわれる」[19]。

この文節においてシドニーは先ず最初にサクソン人達が高貴な実践的行為に励み、かつ下卑を嫌う性格をもつ民であると特徴づける。次に彼は、なるべく客観的な表現でその一般会議を示す意図を念頭におく。その国家における全体的会議は、イーネのウェセックス王国時代の表現を用い、その王国全体の諸階級及び民からなるものであるという。次に一二世紀頃の歴史家マームズベリのウィリアムによる年代記において一般元老院と民からなる議会であると、その一般議会は示されるという。その権力機関は、宗教的司祭達と民と呼ばれる場合もあると伝える。最後にシドニーは、その議会によって国王が任免され、かつその国王に様々に制限が課されるというのである。この第二八節の末尾では、この共和主義者は、ノルマン征服以後のものによってフィルマーの論点に反論する。

「ノルマン公ウィリアムは、その国王即位に際し、その条件においてイングランド国民の主体性を見出し、かつその国民に委ねたのである。それ以後、ヘンリー二世、ジョン、及びヘンリー三世は、同じ聖職者と民によって彼らに授与される事以外に何ももたなかったし、ウィリアムと同様になしたのであるという。この大憲章は、その国民が主張することに自身で全てを有したのである）に何ものも与えることができないのである。マグナ・カルタは、民（自分達決定する諸権利を僅かに減じただけであり、国王に次のように告白させ、かつ次に以下のように誓わせたのである。

即ち、そうした権利は恒久的に本来的であり、大昔に享受されたと告白させ、国王が決してその権利を侵さぬと誓わせたことを。国王がそれを侵せば、事実上破門させせられ、民はその国王がかくする事により忌わしく偽証した者と宣せられた時、その者を扱う仕方を知ったのである。この法は、三〇の議会によって確認されており、かつ既に言及されているヘンリー三世期以後と同様に以前にもその宣誓を破っている国王達との議事規則は、次のように示すのに十分である。即ち、イングランドはいつもそれ自体で統治されており、かつ人々が設立するのに適合するとみなす人以外の他の支配者を決して認めなかったと[20]」。

シドニーは、その第二八節において全面的にフィルマーによる三つの論点に抗して、議会において国家全体のうちの国民主導的一般議会の精一杯の証拠となるものを駆使することによって答えている。この文節においてその共和主義者は、一〇六六年以来からマグナ・カルタなどによってサクソン時代以後の議会において国民による主体性を維持しているという。マグナ・カルタは、民が自らのもつ全てを有しているけれども、民に万事を与えることを可能にしていると解釈する。その大憲章はイングランド国民による主張決定権を少ししか制限しておらず、国王に対してそうした民の権利が本来的にして古来からのものである故、不可侵を認めさせ、かつ宣誓させているという。これもシドニーは、その特権階級者達を国民の多数と解する。彼によれば、その君主がその権利侵害時に、宗教上の破門を科せられる罪を負うものであり、契約違反にあたるという。この共和主義者は、その民がそうした犯罪には武装的処罰権をもつことを示唆する。こうしたマグナ・カルタは、そのエドワード一世（治世）の時代における三〇にものぼる議会によって確認されているという。この大憲章は、既に言及されているヘンリー三世の前後においてその宣誓違反君主達についての議事規則がその第二八節の標題を表し、かつ民が適合し、かつ是認する君主以外の統治者を認めないと解釈する。ここにおいてもシドニーは、自説にそぐわぬフィルマーの世襲的絶対君主ないし暴君に対する反乱を是認するものである。

(1) A. Sidney, *Discourses*, 1751, p. 379.
(2) A. Sidney, *op.cit.*
(3) *Ibid.*, p. 375.
(4) Sir R. Filmer, *Patriarcha*, xi, 125-136 MS.
(5) Sir R. Filmer, *op.cit.*, 125 MS.
(6) A. Sidney, *Discourses*, pp. 379-380.
(7) A. Sidney, *op.cit.*, p. 380.
(8) *Ibid.*
(9) *Ibid.*
(10) *Ibid.*
(11) *Ibid.*, p. 383.
(12) *Ibid.*
(13) *Ibid.*, pp. 383-384.
(14) *Ibid.*, p. 385.
(15) *Ibid.*, p. 386.
(16) *Ibid.*, p. 389.
(17) *Ibid.*
(18) *Ibid.*
(19) *Ibid.*, p. 391.
(20) *Ibid.*

(五) 反乱の必要性と最善の立憲制

前述の如くシドニーの主著の執筆意図は、王位継承排斥法案危機末期におけるチャールズ二世体制によるウィッグ派弾圧に抗して武装反乱を人々に訴えることにあった。本節は、その目的を直接的に表現する第三六節「一国民の一般的反抗は、反乱と呼びえない」(1)を取りあげる。この節は、フィルマーの『家父長論』の引用がなく、この古典的共和主義者が最も訴えたい節のうちの一つである。その冒頭では唯一フィルマーの名を示すもので始め、次のように説き起こす。

「我々の著者のような人々は、ペテン師達が物事に偽名を置くことなく世界で認める嘘をほとんどつかぬ如く、次のように努めるのである。即ち、その民を説いて彼らが自分達の保全のために遂行されている、最も正当にして栄誉的な行動に反乱の名を与える事によってその民の自由を擁護させるべきでない［と努めるのである］。そして我々の著者のような人々は事態を悪化させるために、その民を説いて反乱が魔術の如くであると我々に教えることを恐れないのである」(2)。

この文章においてシドニーは、極端な表現も含みながらフィルマーらに続く体制派をこきおろす。そうした体制派の人々は、民が正しくして義なる行為を反乱と決めつけ、自分達だけの自由を守らせ、かつそうした「反乱」名を悪として民に恐怖感を与えようとするという。一般にその体制側ではこれは、しばしば使われる場合もあり、人間の保守性に訴えるものでもある。これに対してこの共和主義者は、次のように自らの多数の民的反乱理論を展開し始める。「真理を求める人々は、次のように容易に考えるのである。即ち、世界において自分達の統治官達に抗して一国民の反乱のようなものなど存在しえぬし、反乱がいつも悪とは限らぬと。その真理を明らかにするために、その反乱という言葉の真の意味を検討し、その反乱が悪しき意味で使われた如くその言葉によって解されたものを注意深く考察する事は誤まりではなかろう。反乱(rebellion)という言葉はラテン語のrebellare(それは戦争を再び始める事を意味する)からとられる。町や州がローマ人によって征服され、かつローマ人達の支配下に至らしめられた時、その町や州の人々が和平の合意後に彼らの信頼を侵し、かつ人々を救った彼らの支配者達を侵略した場合に、人はその企図に反乱の名を与えたのである」(3)。

この文節においてシドニーは、自らの立場に立つ人を真理の求道者と示す傾向があるが、客観的に述べようとする意思でもある。彼らによれば、自分達の統治者に対する一国民の反乱など存在せぬという常識的判断を先ず最初に配する。しかし全ての反乱が常に正しくないわけではないという。この共和主義者は、その反乱の語源から示そうとする。これは同じウィッグ派の論客であるロックと軌を一にする論法でもある。それによってシドニーは、戦争をやり直すというラテン語によってそのもともとの意味を再認識する。彼はそれをその古代ローマ期に求める。そのローマによって征服され、その結果として征服され支配された地域の人々が自分達の生命を救った支配者達を侵略した場合にその被治者達が反乱を起すものと言われるというものである。

ここまではシドニーによる当時の体制派との一致点であるが、彼はすぐに反乱容認状況へと議論を移行させる。「パルティア人達或いはその支配に依拠しなかったような諸国民のいかなる者に対してよりも、十代官、国王、或いは他の統治者達に抗して蹶起する人々に対して反乱用語をあてはめる事はより多く馬鹿げている。というのは反乱を形成すべき状況全てが欠いているからである。その反乱という言葉は、確立された和平違反と同様に、それが蹶起される統治者達の優越を含意するからである。しかし特に各私人がその統治官の命令に服するが、その民の主要部全体は必ずしも彼に服するわけではないのであり、その統治官は民によってかつ民のために存在するけれども、彼によっても彼のためにも存在するわけではないからである。私人達が彼になすべき服従が一般法によって根拠づけられ、かつ一般法によって判断され、その一般法（民の福祉を尊重する）は国民に抗して一人物ないし少数の人々の利益を設定しえぬ。それ故一国民の主要部全体は共通善と一致し、彼らの判断による以外の他の服従と結びつけることができないのである。彼らは、決して征服されておらず、或いは彼らの統治官達と和平を受諾させられていなかった時、その統治官達に善と思えるもののみを負うもの達に抗して反抗したり反乱したりすると云うことができないのである(4)」。

この文節においてシドニーは、古代ローマ帝国などに対して頑強に抵抗したパルティア人達やそうしたローマ支配に頼らぬ諸国民に対する以上に、こうした為政者達に抗して蹶起する人々に反乱という名をあてはめることは愚かであるという。この共和主義者がその表現で示す如く、一国民の多数にわたる抵抗は反乱どころではないからであると説く。それをシドニーは、やや回りくどくして逆説的に述べる側面があるが、反乱者が悪しき意味に解され、かつ支配者に優位が与えられる故に、その反乱要件を欠くという。この文節における後半もそれをうける形式となっている。この共和主義者は、自らがよって立つ民権主義的立場から民の自治と民の善を第一義として統治関係が行われ、かつそうした「民の福祉は最高の法」原則にそって法の支配が行われるものであると説く。その第一原理に従わぬ統治者に対して服従の要件を欠くとシドニーはみなす。その最後の文章においてこうした誤まった為政者に対してその民の多数派は征服されたり、或いは民との和平の合意を受け入れてはおらず、抵抗することなど反乱や反抗とは言いえないというものである。故にシドニーは、民がそうした当時の体制に立ち向かうのは当然のこととして反乱を逆説的に主張する。

従ってこの第三六節におけるシドニーによる最も重要な文章のうちの一つは、次のように確認される。即ち、「反乱によって意味づけられる事は、いつも悪であるとは限らぬ。というのは全ての被征服国民は、自分達自身を征服している人々における優位性を認めねばならぬし、反乱は和平違反を含意するが、その優位が無限であるわけではない故、その和平は正しい根拠に基づいて破りうるし、そうしたものは反乱する事が犯罪でもなければ不名誉でもないからである」[5]と。シドニーによるこの反乱提題は、今われわれが配した如く、長くなっている故にこの文の結語文章を必要としよう。つまりこの共和主義者によれば、反乱が本来必ずしもよい意味として使用されなかったので、それをやむをえず主張せざるをえず、その語源にさかのぼることが不可欠とみなしたのである。従ってその戦争の再開を意味する言葉は、その古代ローマにさかのぼって辿ることとしたという。その反乱原則は、被征服民がその征服者の優位性を認め、かつその和平協定違反を意味づける。シドニーは、その限りにおいて反乱が悪しきものであることも認めている。その用語は、その優位性が無制限ではない理由で、この和平がその民の善に則して破棄することが可能であり、戦いを再び始めることなど罪でもないばかりでなく悪しき民の汚名を被むるものでもなく、逆説的に反乱を説くものである。

われわれは本項の表題に「最善の立憲制」を加えている。それについてシドニーは、その節の最後の文節において民の抵抗の必要と絡ませてそれを主張する。

「賢明にして善人であるような国王達は、諸国民がよき政体の平和と正義を喜ぶことを理性と経験によって教えられたならば、反乱一般を恐れないだろう。彼らは、それが正しく管理されるように配慮する一方で。……これが時には混乱を引き起こしうるといわれるとすれば、私はその事を認める。しかしいかなる人間の状態も完全ではないゆえに、最も寛容しうる不便をそれにもたらすこうした事［反乱］が選ばれることとなる。君主の不法行為やゆき過ぎた行為が、それらの行為によって諸国民全体が滅びるよりも、制限され或いは鎮められることがよい故に、最大の悪に抗して最善の規定を形成するような『立憲制』は最も推奨されるべきである」[6]。

われわれが配したこの二つの部分においてシドニーは、その反乱の必要性とあるべき立憲制とを組合せようとする。ここでは彼は必ずしも君主なき政体を想定するものではない。あくまでもこの共和主義者は、民の権利を擁護する法を侵す悪しき専制君主に対する反乱を主張するものであり、賢くして善なる国王を望んでいるのである。シドニーは、そうしたゆき過ぎた権力の濫用を防止するような立憲制を最善のものとして措定する。

「もし政体が一人物の肉欲を満足するために設立されたならば、そうした政体にとってはこうした肉欲に制約を置くことはよくなかろう。しかし合理的な人々全ては、その政体が国民の善のために設立されると認められれば、特にそれをえ、かつその目的に応じた手段をあてる人達のみが称賛に値しうるのである。我々が世界において知るきわめて多様な政体がこの配慮の効果以外の何ものでもなく、諸国民は、全て自分達ないし自分達の祖先達が万人によって求められるこの共通善のために、よかれ悪しかれ規定しているような秩序を考案し、かつ樹立する精神力、態度の気高さ、及び知恵を有する如く幸福であり、或いは多かれ少なかれ幸福なのである。しかし全ての異議申し立てに抗して規定する程正確でありうる規則など存在しないのである。権利についての紛争全ては正義が否定される時（悪しき人々は、自分達の情念や利益とは逆であるいかなる決定にも本気で従わないのである）、当然効力を失う如く、最善の立憲制は、それを支える権力が存在しなければ、何の価値もないのである[7]」。

この文節においてシドニーは、前述の如く古典的共和主義者に共通である原初的政体設立目的を重視する論理によってその筋道をつける。即ち、彼によれば、悪しき専制君主の欲望意図による政体設立がなされること自体制限を置いても何の意味もなさぬという。これと対照的に理性的判断を行なう人々によって国民の善のために設立する目的をもって政体が構築されれば、おのずとその国家権力濫用を抑制する手段も当然のこととして定められると説く。そうしたよき国民全ては当時の人達ばかりでなくその古来の親達も追求する共通善を目的として定める立憲制を考案する。

彼らはそれをうち立てる自らの心髄、自らの気高い品格、並び英知を有するものによって、満ちあふれているのである。それにもかかわらずそうした秩序は、人間の不完全さや状況の変化などにより、必ずしも完全でない故に、たとえ最善の立憲制であっても、それを強力に補完する権力機構が必要であると説くのである。シドニーは、自らが描く議会法の支配体制を支え、かつ国民の権利を守るための政体の確立の絡みで次のような文節によって結んでいる。

「この権力は先ずその通常の官吏達によって裁判執行のために機能する。しかしエドワード二世やリチャード二世のような性格をもった君主、及びギャベストン、スペンサー、及びトリズイリアン（Tresilian）のような大臣達を時には生み出さない割には国民がそれほど幸福でなかった故に、通常の裁判官吏達は、そうした彼らを制限する意思をしばしば欠き、かつ彼らを制限するその権力をいつも欠くのである。従って一国民の権力と自由は、もしその社会全体の権力がこうした権力と自由を主張したりそれらの侵害を処罰するために用いることができなければ、全面的に覆されかつ廃されねばならないのである。しかし彼らが自分達の善へと大部分が導くような法、方法及び人々によって統治されることは各国民の基本的権利である如く、その国民はあの最重要事項においてなすことに自分達自身以外のいかなるものにも責任をもつことができないのである」(8)。

ここにおいてシドニーは、先ず最初にその本来の民の善を擁護する国家権力機構が通常であれば、その官吏達によって裁判執行が円滑に行われるという。ところが粗野にして視野の狭いエドワード二世らのような国王にふさわしくない性格の君主や、その分別のないことで悪名高きピーター・ギャベストン（P. Gaveston）らの寵臣達を輩出することは、イングランド国民にとって不幸であったという。従ってその一般の裁判官達は、悪しき為政者達を抑制する精神や権威をいつも欠きがちであるというものである。

故にその国民自身の国家権力と自由は、その公的権力機構がそれらを堂々と主張するために使われず、かつその侵害に制裁を加えることができなければ、その政体を全て打倒しかつ破壊せねばならぬと説く。これは、シドニーの主著の執筆意図と一致する。その共和主義者によれば、公共善へと導く法・手段・及び指導者によって治者が被治者を統治することこそイングランド国民の権利であるはずであるという。従ってその古来からの伝統であるあの重要問題をその民が決定するのでなければ、民による政体の転覆についてその国民に責任を負いえぬと訴えるものである。

(1) A. Sidney, *Discourses*, p. 413.
(2) A. Sidney, *op.cit.*, p. 413.
(3) *Ibid.*
(4) *Ibid.*
(5) *Ibid.*, pp. 413-414.
(6) *Ibid.*, pp. 416-417.
(7) *Ibid.*, p. 417.
(8) *Ibid.*

(六)　議会における国王の絶対性の否認

われわれは、前項でシドニーの主著の執筆意図を最もよく表現する節を辿ってきた。従ってわれわれは、本章における「議会の大義」にかかわる節へと移らねばならぬ。その第三章第三八節は、これについてより具体的な問題へと踏み込んで論じる。その表題は、「議会召集権と解散権はたんに国王にだけあるばかりでない。議会議員を選出する慣習の多様性及び民が犯しうる誤謬は、国王達が絶対的である事及び絶対的であるべき事など証明しない(1)」である。

われわれは、その内容などから判断してシドニーによるイングランド「議会における国王の絶対性の否認」とみなし、第六項の見出しとしたのである。われわれの共和主義者は、その冒頭においてその主著における典型的な論理形式に従い、フィルマーの『家父長論』の論点を組み換えて次のように説き起こす。

「統治者権力の起源、その創設における我々の祖先達の意図、及びその権力の方向と制限のために規定された方法は、私が思うに、我々が言っていることによって十分であるに相違ないのである。しかし我々の枝葉末節を捉える我々の著者は、次のように言い張る。即ち、『国王は自分の随意で議会を召集する事が出来、かつ解散しうる』と。そこから彼は、次のように推論する。即ち、『その権力は全体的に国王にある』と。そして彼は、『議会議員選挙において使われたこの国のいくつかの地域における多様な慣習が国王の意思から発すると』申し立て、かつ『民が誤謬を犯しうる故に』、『権力全てが国王の手に置かれるべきである』と考えるのである[2]（『家父長論』）」。

シドニーは先ず最初に次のように今まで主張したことの主要項目を確認する。即ち、民の同意による政治権力の起源、古来のイングランドの祖先による民の善という目的のために政治権力を設立する意図、及びその政治権力が民会から代表議会を通じて、かつ選出によるその統治者によって、そして民の福祉の法に従ってその権力を制限することを。これに対してこの共和主義者は、フィルマーが自らの主張する民衆政体的なコモンズ優位型議会説とは全く逆な専制君主型議会説を唱えるという。彼は、その後者の説を三項目に分け、以下の如くそれぞれに抗して反論する形をとる。

第一の項目に抗してシドニーは、最初に「議会召集権と議会解散権が国王のみにあるばかりではない」と答え、かつその二つの権限が「法によって国王に置かれる[3]」とその通念を述べる。

シドニーはその通説を誇張的に否定することを主張し、かつその否定の理由を次の三項目にわたって示す。

第一に、「国王は権力が自らに与えられなければ、そうした権力をもちえないのである（各人は本来自由である故に）。彼を国王にする同じ権力は、彼が国王である事に属する全てを彼に与えるからである［委任権である故に］」。第二に、「毎年開催議会の法は、彼らの議会開催の決定が国王権力にあるのではなく、従ってそれにはその継続もないと明らかに宣するのである」。シドニーによれば、議会議員がそれがなされるまで継続せねば、「開催権を彼らに与える事」が愚かとなってしまうからであるという。その共和主義者は、「議会開催の唯一の理由」が公共善を与えかつ法によってその目的のために集まるべきであると再び繰り返す。第三に、「王冠への少しの称号ももたぬサクソン人、デーン人、ノルマン人等が、大会議、賢人会議、及び議会《パーラメンツ》によって国王とされる（即ち、国民全体或いは彼らの代表のいずれかによる）」事を既にこの共和主義者は証明している故であるという（議会は、それ自体で公共善のために「出席権と行動権(4)」をもつという）。

ここでのシドニーの論理は、当然ながら一六八一年前後のチャールズ体制側の抑圧的議会状況を直接的に批判しているものである。即ち、その年の三月二八日のオックスフォード議会解散以来チャールズ二世治世期の議会開催がないなどの状況をそれは、直接的に背景として論じられている。

この共和主義者は、議員選出の多様な慣習を理由に絶対的権力を国王に与えるフィルマー説に対して次のように答える。「選挙において使われた多様な慣習などこの問題には何の役にも立たぬ(5)」と。つまりフィルマーがその国王に専断的主権を与える主張の選挙時の多様な慣習根拠は、少しも本来の理由となりえぬというのである。シドニーは、この論拠としてその自治的政体に属するものを含めて次のように説き明かす。

「国民の主要部を形成する諸県において自由保有権者達全ては、自分達の投票権をもつ。彼らは、居留民、或いは居住民、農奴、及び彼らの両親下にある人々からのみ区別して正しく市民《キヴェス》であり、国家の成員であるし、何ら特殊ではないのである」[6]。

シドニーは、先ず最初の文章において国民の多数を構成する諸県において自由土地保有権を有する農民がその民会で参政権をもつと定める。次の文章においてそうした彼らは、財産と教養をもつ市民といった形で自治的政体の主体をなすというものである。これは、その他の多くの人々を除く故にシドニーを今日的な民主主義論者とみなしえぬ側面を示す。

「民が犯しうる誤謬ゆえに、国王が絶対的でありかつあるべき」という第三の論点に対し、その共和主義者は次のように答える。

「その問題は、議会が欠点がないか或いは無謬であるかどうかではないのである。しかしそれは、イングランドの町や県全てにおいて彼らの近隣の者によって最も尊敬されている人々から構成されるコモンズ〔市民〕の議院とともに貴族院が、最近の国王の血統上次位にある人に偶然起こる如く、そうした男・女・子供よりも多かれ少なかれ誤まりないし腐敗を被むるかどうかなのである」[7]。

ここにおいてシドニーによれば、その論点は議会が無謬か否かではないという。その問題は、イングランド中の人々などから敬意が上下両院に払われているけれども、チャールズ二世の王弟にして旧教徒であるヨーク公が偶然国王となる可能性をもつ如く、その当時の国王の後継者達が誤謬を犯かしたり腐敗するか否であるという。故にこの共和主義者は、イングランド議会における国王による絶対権力の行使こそがその民にとって最も危険であると訴えるのである。

(1) A. Sidney, *Discourses*, 1751, p. 421.

（2）A. Sidney, *op.cit.*, p. 421.
（3）*Ibid.*
（4）*Ibid.*, p. 422.
（5）*Ibid.*, p. 423.
（6）*Ibid.*
（7）*Ibid.*, p. 424; A. Sidney, *Discours sur le Gouvernement*, traduit del'anglais par P. A. Samson, 1794, Tome Ⅲ, p. 305. この仏訳について一言すれば、英文のそれをよりよく説明し、かつ具体的な意訳を含む訳出となっており、その説明を含む訳を部分的にわれわれはとり入れている。

(七) 議会の法的権威に基づくものとしての政治権力

われわれは、本項においてシドニーの主著最終節における論理を扱う。彼の第四六節は、「法の強制権限は議会の権威から発する[1]」という表題である。その内容は、フィルマーの議会における絶対君主主権論を批判し、優れた人々から構成されるイングランド議会における法に基づく政治権力の強制権行使を唱えるものである。ここでも前述の如くシドニーは、フィルマーの『家父長論』の論点毎の批判的検討形式を採用する。その冒頭においてこの共和主義者は、次のようにそれを説き起こす。

「宣言が法ではなく、かつ自由裁量的である立法権が形成される法に従わざるをえぬ人々にのみ信託される事を証明した後に、次のような事を見出す事は困難ではない。即ち、我々が生きる下での制裁に法の権限を与える事が何かを。我々の著者が我々に教える如く、『全ての制定法ないし法は故ジェームズ［一世］閣下がその「自由な君主制の真の法」において肯定する如く、彼の民の法案提出においてその国王のみによって正しく形成され』、フッカーが我々に教える如く、『法は法規を工夫する人々の資質から彼らの制限的権限をえるのではなく、法の力を法に与える権限からえるのである』（『家父長論』）」[2]と。

この文節においてシドニーは、先ず前節（第四五節）「立法権がいつも自由裁量的であり、彼ら［議員達等］が形成する法に従うように拘束されぬ、いかなる人の手にも託されるべきではない」（表題）をうけている。換言すれば、法は国王による宣言ではなく、立法権は法を形成する人々による任意的なものである。そして法は、その法に従うように義務づけられる人々にのみ託される故に、その政治権力の制裁の法的権威は最も優れた人々から構成される議会にあるというのである。続く『家父長論』第三一章「国王のみが議会において法をつくる」における冒頭部分をシドニーは、引用する。そこではフィルマーは、当時のイングランド国教会の権威者の一人であるジェームズ一世による有名な論文を文言通り確認する。その国王の著作の副題は、「自由な国王と彼の自然的臣民達」である。その国王は、周知の如くフィルマーの著書（その主張は、一六三〇年代半ばから一六五〇年代前半にかけて構成された）以前から王権神授説を説くものであって、フィルマーがそれに主にそいつつ独自の家父長的絶対君主主権説を展開し、ここでもそれを示している。その実際の文言は、以下のようである。即ち、「既に引き合いに出されたそれらの基本法によれば、我々は日々次のように理解する。即ち、議会（国王とその家臣達からなる最高の評議会以外の何ものでもない）において法は、国王の臣民達によってただ請われ、かつ臣民達の法案提出でその国王によって形成されるのみであり、かつ臣民達の助言とともになされるのみである」[3]と。

ここでわれわれがもう一度確認する必要があるのは、シドニーもフィルマーも新教徒的立場とイングランドナショナリスト的立場を共有している側面である。シドニーは、その意味においてジェームズ一世を全面的に否定するものではない。それゆえそのジェームズ国王の文章の中にこの共和主義者は、逆に自らの主張を確認する主張も展開する。

それらは、「その家臣達からなる議会」・「法がなされ」・「臣民達の法案提出」としてシドニーによって援用される。われわれの共和主義者によるその冒頭文節において『家父長論』がフッカーに依拠するものは、一字も相違なく引用されている。

われわれは、引き続いてシドニーがその二つの文章にそって説く論理を辿りながら、その主著を読み解くこととしよう。

「もしその民の法案提出が必要であるならば、彼らの法案提出から発しない法規は、法ではありえぬ。即ち、それ故にこの権限は、国王のみにあるばかりではなく、最も重要な部分はその民にあることが認められるからであると。……我々の著者の提案或いはそれが基礎づけられる諸原理が真であるならば、こうした役割が民にあるという承認は、そうした彼の諸原理が偽である事を示すこととなってしまおう(4)」。

シドニーは、ここにおいて最初にそのイングランド臣民達による法案提出によって反駁を開始し、その議会における法の権限が国王とその民にあると主張する。シドニーによれば、こうした論理が正しければ、国王のみがその権限をもつというフィルマー説が偽となるというのである。従ってこの共和主義者が最も強調したいものは、その臣民達がその法形成に加わることによって成立する議会法の優位性なのである。シドニーは次のフッカーの文章について以下のように言及する。

「私は、フッカーから引用された言葉についていかなる危害もそこには見出しえないのである。よき法形態を形成する事は、創造力と判断の事柄であるが、それは法制定権限から法の効力を受け入れるのである(5)」。

ここにおける文節では、シドニーによれば、法制定権から法の効果を受け入れる故、そのフィルマーによるフッカーの引用文について異議はないという。

この共和主義者は、再びジェームズ一世とからめて次のように自説を主張する。

「我々は、議会が公費にあてるために国王に対して間接税収入を与えている以外に、そうした税支払いの他の理由をもたないのである。ジェームズ［一世］が自著において或いは彼のために書かれた著書において云う事を気に入る事が何であれ、我々はそれが議会によって制定されるのとは別な仕方でなされるならば、国王殺害が大逆罪と知る事すらなく、或いは死刑に処せられることを知る事すらなかろう。そしてこのことは、いつもそのようである［君主の意のままになる］とは限らなかったのである。というのはエセルスタンの時代に生命の評価の推定は、議会において同意され、かつ国王の生命が三万スリムザ［当時の硬貨単位］の価値を有したからである。もしその法がその議会によって変更されなかったならば、その法は今日において効力をもったに違いないのである。国王自ら他の仕方でそれを主張すると云っても無駄であったのである。というのは国王は、法形成のために立てられるのではなく、つくられる法によって統治するために立てられるからであり、国王は、民が提案する法に合意するように誓わされるからである」[6]。

シドニーは、「議会の大義」を民の善のために、議会においてコモンズが中心となって最重要事項を決定することにあると説くものである。彼はここでは最初に通常議会が国王に公費を与える故に、その他の理由で国王に間接税支払いなど認めぬという。従って彼は、過去のジェームズ一世の時代と、それ以後の時代における変動期との差異を皮肉をもって表現する。次の文章にその議会の優位性を示すエピソードを彼は導入する。即ち、一〇世紀後半のウエセックス王にしてイングランド王といわれるエセルスタン期における議会は、人間の生命の値まで推定するとき、それに同意を与え、そして国王のその数値まで示すに至っているという。従ってシドニーは、そうして形成された法を議会が変えない場合に、一七世紀の前半期でも有効となるとまで思いめぐらすのである。その最後の文章においてその共和主義者は、その議会の大義を再確認する。国王は、市民が法形成に加わり、そうしたことによって統治する意図で設立されたのであるという。従ってその国王は、そうした条件・立法過程などを経た民の法案に合意することを最終的に誓うと説かれる。

シドニーの主著の最終節における残りの部分は、その『家父長論』の引用直後の文章に対する反駁である。それは、フランス語による「国王がそのように欲する」(7)という表現であり、フィルマーがその議会における君主を絶対化する表現として使うものである。それに対してシドニーの議会観を示す部分を手短かに選んでみよう。そうした表現は「大文字で書かれるし、或いは最も悲劇的な仕方で公言されるけれども、国王の宣誓遂行において国王が貴族やコモンズが合意しているような法に同意するのと同じ事を意味しうる。一国民は、自分達自身及び自分達の自由を侵害することなく、国民が提案する事について国王の評議会によって国王に助言させることができるのである。二つの目は一つの目以上をみるのである」(8)。

シドニーがこの文節に至るまでの記述を辿ってみると、その表現がフランス流である故に、自らの長い亡命体験を踏まえて同時代の絶対王政統治下のフランスの事例についてそれは語られる。シドニーによれば、イングランド人達の「自由」は、フランス人達の「意思・有徳・或いは幸運に依存せぬ」という。フランス人達の「隷属がどんなにみじめにして恥辱的」であれ、その悪はただ「彼ら自身に」対するのみであると記す。イングランド人は、「我々のもの以外に人定法」を考えるとすれば、かつ「我々が我々の祖先達の精神をもつ」ならば、「我々に残したのと同様に自由なままに死すべきである」(9)とまで言い切る。シドニーは、ここではかなり性急にナショナリズム的愛国主義的論調を示しつつ、自国の議会の優秀性を強調する文章から続けている。

つまりシドニーによれば、その文節においてこうしたフランス流表現は君主の絶対化を容認するものではなく、国王・貴族やコモンズからなる三位一体型の議会での合意と同じことを含意する。従って議会法の成立にあたって更に独断に陥らぬために、国王の大臣達にも助言することを当然意味することも含ませようとする。その最後の「二つの目」表現は、シドニーの多元主義的にして自由主義的原理によって大臣会議もその視野に入れている。

(1) A. Sidney, *Discourses*, 1751, p. 457.
(2) A. Sidney, *op.cit.*, p. 457; Sir R. Filmer, *Patriarcha*, xi, 136 MS; J. P. Sommerville (ed.), King James VI and I: *Political Writings*, Cambridge U. P., 1994, p. 74; J. Keble (ed.), *The Works of Mr. R. Hooker*, New York, 1970, Vol. I, p. 245.
(3) J. P. Sommerville (ed.), *op.cit.*, pp. 62-74.
(4) A. Sidney, *op.cit.*, p. 457.
(5) *Ibid.*, p. 458; J. Keble (ed.), *op.cit.*, p. 245.
(6) A. Sidney, *Discourses*, p. 458.
(7) Sir R. Filmer, *Patriarcha*, 136 MS.
(8) A. Sidney, *Discourses*, p. 459.
(9) A. Sidney, *op.cit.*, pp. 458-462.

第三節　結論——自治と反乱の思想——

われわれは、今シドニーの主著第三章におけるその核心を構成する諸節を中心にその共和主義者の論理形式を辿りながら、彼の基本原理を探ろうと努めてきた。その論理形式は、R・フィルマーの家父長主義的にして君主神授権的な絶対君主論を反駁し、王位継承排斥法案危機期のイングランド議会を通じて、チャールズ二世側に対する反対運動を展開するウィッグ派に対し、その陣営によるウィッグ派弾圧に抗して武装反乱を主張するものである。即ち、フィルマーによる議会における絶対君主論に抗してシドニーは、議会的「自治」原理違反ゆえに武装「反乱」を訴えるものである。われわれは、シドニーのこの章における根本原理をその自治と反乱として措定するものである。

われわれは先ず最初にその光の部分を表す彼の自治原理について論及してみよう。その自治原理は、古典古代の市民達による自治・自由・自足原理に起源を辿るけれども、われわれが本章第二節第四項で確認した如くイングランドにおけるサクソン人達の自治的民会制度に発する。シドニーによれば、その小規模な民衆的政体は、民の善を目的として民会を通じてその統治者を選出し、かつ重要事項についても民会が決定するものであるという。その政体は、比較的小さな事項についてその統治を執行する人々からなる統治者団で決定するというものである。彼によれば、そのイングランド社会が拡大にするにつれて、この民会は代議制的議会へと変化しつつ、当時の議会まで引き継がれてきたと説く。われわれは、そうしたものを「イングランド議会における自治的・代表的伝統」と表現してきた。本稿は、そこにおいてシドニーによってイングランド議会の大義と示す特質を見出してきた。換言すれば、その議会の大義とは、理性をもった市民達や貴族を中心としたものなどからなる議会において、最重要事項が決定され、かつその国法が形成されるものであり、従って統治者はそれに従って統治すべし、というものである。それをよりシドニーの主著の執筆時期（一六八一～八三年）にひきつけて示せば、次のようにいうこともできる。即ち、シドニーは、神法や自然法から発する神から与えられた個人の意思の自由の総体を含む「民の福祉が最高の法」に基く議会（国王・貴族・コモンズ［市民］からなる）法の成立を第一次的原理として措定する。そこからわれわれが既にシドニーにおいて制度的原理を、法の支配を含む立憲主義と示してきているものと関連づけられる。つまりそうした立憲主義の重要性は、特に近代的国家権力の中央への集中という時代背景に起因するものでもある。この原理は、その強力な物理的強制力を有する主権諸国家の併存状況傾向にある近代欧州の存在ゆえに、個人の自由や民の自治論もそれに応じて変容せざるをえず、新しい緊張関係から重要性を帯びてくるのである。こうした視野からシドニーは、フィルマーによる絶対君主主権論の脅威を認識し、かつその自由や自治原理もその国家権力の制限論として、立憲主義的含意も有しているのである（それはその反乱論ともかかわるけれども）。

次にわれわれは、このイングランド議会史にかかわる問題について他の有力な学説を一瞥する必要がある。というのはわれわれの前に多様なシドニー解釈が存在する故に、それらとの相違と類似点も示さねばならないからである。多くの学者は、このシドニーの論理を「ゴート的政体」や「古来の立憲制」と解釈する。[1] それは、シドニーがその歴史的連続性や伝統を重視するものであり、近代主権国家的状況における文脈をやや軽視するように思える。また他方においてその近代的な市民による民主主義的平等原理や主体原理を見ようとする論者もあり、[2] こうした解釈はその身分制的関係状況や過渡期的性格などを軽視する問題を残すように思える。

いずれにせよわれわれは、その諸学説の長所を全面的に無視するものではなく、それらからもその根本原理構成のヒントをえているものである。それらは、シドニーにおける「自治」原理のそれぞれの重要な側面を部分的に説明するものと解するものである。この自治原理は、古典古代における市民が公共精神をもつ主体性論からも起源を辿りうるし、一七世紀イングランド清教徒革命期におけるレベラーズの男子普通選挙制の主張との共通性も全く無関係とばかり言い切れぬ側面も見出しうる。

とはいえわれわれは、平等原理を支柱として普通選挙制を制度の基本とするものとは、シドニーの自治原理がやや異なるという立場をとるものである。つまりシドニーは、思想的にはそれらと近い側面を有するけれども、厳密な「現代民主主義」という新しい概念は、奴隷や農奴などの差別、並びに女性の参政権の除去などを含まないからである。即ち、シドニーは、そうした新概念について必ずしも積極的であるわけではないからである。

シドニーにおける主著『統治論』の根本原理である自治と対をなすものが反乱[3]である。これは、その絶対君主的国家権力によるその自治的代表的議会法の侵害によって、民の抑圧に抗するその反乱を合理化する原理である。こうした論調は、ロックによる革命権ないし抵抗権の理論と共通性を有する。しかしロックの場合は、確かにその『統治二論』においてほぼシドニーのそれと同時期に大半を構成しているとみなされるが、革命権論について名誉革命期と重なるものであり、単純に比較すべきではない。とはいえシドニーの場合は、自らがかかわるライハウス陰謀事件や一六八三年の処刑に至る過程などを考慮すれば、ロックよりもその著作と事件の関連がより明確である。いずれにせよ前者においてその主著全体にわたる強い反乱の意思は、その行間を読みとることによって明らかにすることが可能である。

（1）例えば、A. C. Houston, *Algernon Sidney and the republican heritage in England and America*, Princeton U. P., 1991, pp. 186-191, etc.
（2）例えば、A. Fukuda, *Sovereignty and Sword*, Oxford U. P., 1997, etc.
（3）例えば、J. Scott., *Commonwealth Principles*, Cambridge U. P., 2004, etc.

結び

われわれは、前記の本書の三章全体においてアルジャノン・シドニーの『統治論』全三章を読み解くことによって、彼の根本的政体思想を捉えるように努めてきた。彼の主著は、形式論理的にはフィルマーの『家父長論』における絶対君主体制に抗する民衆的政体（popular government）論ないし混合政体論によって反駁するものであった。即ち、シドニーは、基本的にはその古代ギリシャ・ローマにおける非君主制的国家体制の系譜をひき、かつその市民の公共善のために行われる伝統をひいたのである。そうした古典的共和主義思想は、暴君的専断政治支配を身分制的均衡論によって抑制することも含意するのであった。そうした伝統を当然のこととして考えるシドニーは、古来のイングランドにおける混合政体的な「自治的」直接的民会、更にその中世の代議制的会議、更には近世イタリアの都市国家の混合政体へと系統づけるのである。そうした伝統を引き継ぐシドニーは、自らが生きた一七世紀後半のイングランドにおいて君主・貴族・コモンズからなるコモンズ優位型混合政体的議会による権力制限体制を念頭に置いたものである。それは、貴族的知性と理性（更には勤勉や武勇までも）をもった市民優位型民衆的政体論でもあったのである。こうした主体性をもつ市民主導型的な自治的議会政体を脅かす体制は、チャールズ二世の絶対君主体制であるというものである。それは、そうした民衆的政体思想をもつ市民達を弾圧する専制体制でもあったのである。これに対してシドニーは、そうした自治的議会体制を基礎とし、有徳的市民達を弾圧した当時のチャールズ二世体制に抗して武装反乱に訴え、かつボダン的な絶対君主制的近代主権国家権力からの市民達による自由を唱えたのである。

しかしながら、シドニーにおける混合政体論説に疑念をもつ論者もいる。それは、ジョナサン・スコットである。彼は、当然ながらシドニーが近代的権力分立論者であると主張するものではないが、ウィッグ史観を批判する修正主義的立場からのものであり、次のように近著において自説を提示する。

「シドニーは、それとは逆に次のように主張した。即ち、『我々は、我々にとって最善と思えるようなものを構成するために、我々自身の悟性にゆだねられる』（『統治論』）と。もし『君主制・貴族制・民衆政体（democracy）といった三つの簡明な種からならなかった、世界によき政体など存在しなかったならば、それらが組み合しうる無数の方法は、完全な民衆政体と絶対君主制との間の多様な諸形態が無限』（同書）にせしめると。われわれは、このことをフィンクが是認したように、シドニーによる最初の混合政体論の是認とみなしうる。しかしながら、それは、立憲制的規定よりもむしろ経験的な主張として提示されるのである。それは、次のような理由でこうした立憲制的規定ではありえぬ。即ち、シドニーにとっても、彼が選好するどんな種類の混合も言っていないからであると。シドニーの意図は、諸国民が神与の理性によって備えられるという彼の基本的な議論のための証拠として政体の無限な多様性をむしろ主張することにあるのである[1]」。

われわれは、この説明を全否定するものではないし、彼の指摘もその大半において認めるものである。確かにスコットは、ハリントンやロックにおいてかなり明確な形態でそれらの立憲制規定を読み取っていることも認めるものである。彼は、彼らとの比較で主張していることも承知している。更にわれわれは、シドニーにおいてそうしたものが不足していることも認めざるをえない。しかしながら、われわれは、スコットが認めるごとく、論理的に古典的共和主義思想の伝統をひく、貴族的主体性精神（それを民衆政体的国家として主張）が優位するシドニーによる混合政体論を強調するものである。われわれはシドニーが当時の状況において、経験的であったにしろ、その混合政体を共和主義の中に包摂したものとしての彼の強度（その多様性が正に混合政体論の一特徴でもある）を評価するものである。

次に、本書の冒頭における「序文」で示したわれわれのテーゼについて確認してみよう。その第一のテーゼは、シドニーが政治思想家に値するというものであった。上記までこの「結び」で示したものは、主にその課題への回答でもある。更に第二及び第三のテーゼもスコットの説明を通じてその反論という形で確認してきた。われわれは、そのシドニーの混合政体論の中に、身分制的な均衡論によるその権力制限的性格を含んでいるとみなしている。

残るものは、第四のテーゼにかかわるものである。われわれは、彼の『統治論』執筆意図がその全体において当時のチャールズ二世体制によるウィッグ（自由主義）派に対する弾圧に抗する武装反乱を訴えるためであると措定している。これに対してシドニーによるイングランド共和制設立意図説について論究しなければならなくなっている。というのはわれわれが、その学説について必ずしも十分に示していなかったからである。その学説は、前記のようにアルジャノンが残部議会議員を経験し、かつその後のフランス亡命期と、彼の処刑直前の「神への祈り」形式の中に「古来の大義」とを、結びつけて主張するものであった。確かにこれについてわれわれは、その共和制の大義が彼の精神的支柱であったことも認めるものである。とはいえわれわれは、それをすべてその主著の意図とみなすことには同意できないのである。従ってわれわれは、われわれのテーゼの立場から反論する必要がある。われわれは、シドニーが一六六〇年から一六七七年までの極めて長期間にわたってフランスを中心として亡命生活を過ごし、かつそのイングランドの体制派の監視にさらされ続けたという特有な背景も念頭に置く必要がある。更にわれわれの根拠は、自ら王位継承排斥法案危機期の直前の一六七七年に帰国し、チャールズに政治を避けると誓い、かつその後に庶民院議員選挙に打って出たという事実もあるということから発する。それは、コモンズ優位型議会（その国王も議会法に従うという法の支配政体）の大義も彼の主著において強調しているからである。従って、シドニーは、積極的な局面ではコモンズ優位型議会主権論を基盤としている。彼は、そうした議会型政体を蹂躙するチャールズ二世体制に抗して反乱を訴えることを自らの主たる執筆目的としているのである。

結び

われわれがシドニーを再評価するのは、現代民主主義における質的政策的側面を強調する視点から発する。現代における民主主義は、男女普通選挙制に基づくことについてほとんど異論の余地がないとされる。従ってわれわれに今必要なものは、政治指導者による合理的な政策形成のみならず、国民による政策評価や政策判断などである。更に優れた政策判断能力などを備えた政治家なり国民が今日求められているのである。逆説的であるが、シドニーは、その積極的論理をたどると、そうした知性や知恵を含んだ有徳な人間像を鑑として延々と自らの主張を訴えており、現代民主主義に相通じるものであろう。

（1）Scott, J. *Commonwealth Principles*, 2004, p. 147.

付論〔I〕 王政復古前期における A・シドニーの「法の支配」理論

——その『宮廷の格言』第九章を中心に——

Ｉ　はじめに

アルジャノン・シドニーの共和主義研究の第一人者であるジョナサン・スコットは、最近の一七世紀イングランドの『共和国原理』（二〇〇四年）[1]においてその新資料『宮廷の格言』（一六六四〜五）[2]について注目すべき課題の提示をしている。即ち、

「シドニーの『宮廷の格言』は、その激しい反君主主義とは別に、何らの正確な立憲制規定も提示してはいないが、いくつかの種類の政体に言及し、かつ強調している（「それを貴族制《アリストクラシー》や民衆政体《デモクラシー》と、或いはあなたが望むものであれ[3]、名づけようとも」）」と。

ここでの引用は、彼がこの新資料（一九七〇年代後半に発見されたという意味で）の性格をシドニーの強烈な反君主主義といった共和主義概念の中核をなすものとして先ず最初に措定する。次にそれはスコットの所説の一つとしてシドニー全体について立憲制論者と示さない点を表示しつつ、シドニーの政体理論の可能性を提起するものである[4]。

こうした仮説ないしモデル設定で始める視点は、政治理論分野において基本とされる。例えば、Ａ・Ｃ・ヒューストンによる「シドニーの立憲主義《コンスティチューショナリズム》と革命」の章における理論展開は、その典型を示す。

「シドニーの『正規の混合政体』論に対する混乱が存在する事は、理解できる。『混合政体』という用語は、一七世紀中に広範な観念と価値を示すのに使われたし、いかなる特定のテクストにおけるその正確な意味づけも、しばしば逃げをうつことを証明できる。これはシドニーの『統治論』に特にあてはまり、彼のその議論は、沈没した船にしばしば類似する。即ち、その大きな船体は、海面上少ししかその突出部分を見ることができぬが、その深みにすっかり

隠されたままである。［ヒューストンの］『立憲主義《コンスティチューショナリズム》と革命』の章の中心目的は、シドニーの『正規な混合政体』概念を引き上げるためである。ひと度それが海面上にまでもたらされると、明らかに諸形態の混合、或いは諸身分（君主・貴族・コモンズ）の均衡についてのシドニーの政体論を記述しようとする試みは、間違われるのである。シドニーの国家という船の竜骨は、国民主権概念によって与えられたのである。上述の如く、シドニーの『統治論』（一六八一〜八三）を書く目的は、R・フィルマー卿の家父長制的絶対主義を論駁するためであった。フィルマーによれば、もし我々が本当に恣意的権力なくして統治される事を希望するならば、ただ我々自身で自惚れるだけである。否、我々は誤っており、その問題は恣意的権力が存在すべきかどうかではなく、その唯一の論点は、誰があの恣意的権力をもつべきなのか、一人なのか或いは多数なのか、というものである。フィルマーは、この問題がひと度当然のこととして設定されると、次のようにそれ自体答えられると論じたのである。即ち、『至高な権力は、不可分な一筋の至上権であり、多数者の中では分割しえず、或いは多数者の上に定着しえないのである。神は、それを一人物に固定されたのであろう』と。シドニーの立憲制理論が調べねばならないのは、この背景に抗することである。シドニーは、主権的君主に代わって国民主権を置き、絶対的で無制限にして恣意［或いは自由裁量］的であった政体に代える政体の必要を置いた（その政体の権力は、制限的で分割され、かつ均衡がとれたものである）し、シドニーは、時代を超越した支配類型に代えて、国民革命手段による政体を転換するための権利を置いたのである」(5)。

　われわれは、それがやや長くなったが、シドニーの立憲制理論として最も高い評価を与えるものである故、措定したつもりである。ここでは紙幅の都合上、シドニーの主著の概要を示しえぬため、この引用部分は、その共和主義理論の前提となりうるとするものである。いずれにせよ、ヒューストンによるものは、古代の国制や混合政体における中世的なものを除けば、その『統治論』を国民主権・権力分立・及び革命理論を構成する[6]として位置づける、近代統治機構理論仮説と評価できる要点を提示するものであった。

本論ではこうしたシドニーの共和主義理論の中核は、その王政復古の前半期、特に一六六〇年代半ばに書かれたと思える『宮廷の格言』においても内包しているとみなし、そうした「船舶海面上下仮説」を使った理論展開方式を採用しようと試みる。即ち、この時代のシドニーは、より積極的な形で共和主義運動に加担しており、その政体制度論(混合政体論を内包しつつ)を前提とした共和主義的「法の支配」理論を展開したと仮定する。特にわれわれは、その第九章における「法律家」論を中心にその仮説を論証しようと試みるものである。

(1) J. Scott, *Commonwealth Principles*, Cambridge, 2004.
(2) A. Sidney, *Court Maxims* [MS CR 1886], 18 MS.
(3) A. Sidney, *op.cit.*; J. Scott, *op.cit.*, p. 147.
(4) J. Scott, *op.cit.* p. 147.
(5) A. C. Houston, *Algernon Sidney and the republican heritage* in *England and America* (Princeton, 1991), pp. 180-181.
(6) A. C. Houston, *op.cit.*, pp. 179-219.

II 『宮廷の格言』の背景

われわれは、本稿の序論の部分において『統治論』の要点に言及した故に、本節では、もう一つの主著（『宮廷の格言《マキシムズ》』）を含めたその歴史的背景の概略を措定する必要がある。というのはシドニー研究においてそのコンテクストを軽視しては十分にシドニーの長所を引き出しえないからである。

一六五九年にシドニーは、コペンハーゲンの外交使節として自らを派遣した、復活した残部議会《ランプ》下での公的生活に戻ったのである。シドニーの同僚である大使達は、シドニーとともに働かねばならなかった人々の多くのように、自分達の仕事がシドニーの頑固な精神と熱い気質によって悩まされ、かつ損なわれると感じたのである。シドニーは、一六六〇年から一六七七年まで亡命状態で海外にとどまったのである。シドニーは、権威の唯一の正統的基礎が同意にあるとして、自分の同僚である共和主義者達のいかなるものよりも強調して信じるけれども、イングランドの民が王政復古に同意したことを認めた。その容認は、シドニーが国王（その治世にイングランドの民が同意した）の打倒を謀略することを止めはしなかったのである。シドニーが主張したように、スチュアート王朝の復帰要求は、サウル下での君主制へのイスラエル人による「感情的」欲望に責任があるのと同様に、「愚と罪」から生まれた狂気にして悪辣な願望であったというのである。シドニーは、一六六〇年代半ばにおいて同時期頃に書かれた詩であるJ・ミルトンの『闘士・サムソン』をわれわれに想起させる言葉で、「自由よりもむしろ隷従を求める」イングランド人の傾向について思いめぐらせたのである。イングランドの民が王政復古に同意していたが、彼らはその決定を後悔し、かつ彼らがなしている事を元に戻すための権利と義務を保持したというのである。

故にシドニーは、自分の国の人々に反乱するように強く促したのである。シドニーは、二つの主論文においてこの嘆願をなしたのである。その第一のものは、『論じられ、論破された、宮廷の格言《コート・マキシムズ》』であり、第二次英蘭戦争期中の一六六五年頃に書かれた。この論文は、一九九六年まで刊行されなかった。シドニーは、M・ニーダムが一六五〇年代の異なった状況でなしていた如く、イングランドとオランダの共和主義者達が勢力を結集し、かつ「ステュアートとオレンジの二つの忌むべき王家を絶やすように」切望したのである。シドニーは、次のようにオランダからの侵略を計画した。即ち、その侵略をオランダ連盟諸州の共和主義体制が後援し、かつシドニーが指導するのに役立つように。シドニーは、その希望が崩れた時、同様にそのイングランドの謀略者達を拒否した、ルイ一四世の国へと戻ったのである。シドニーは、ついに一七年間の亡命後の一六七七年にイングランドへの帰国が許されたのである。われわれは、シドニーがその時にチャールズ二世に政治を避けることを約束したが、その後まもなくシドニーが国会議員議席を勝ちとろうとして選挙に打って出た（失敗に終わる）ことを知るのである。シドニーは、再度一六八〇年と一六八一年に立候補する（同様に不成功に終わる）こととなる。

一六八一年三月にオックスフォード議会の解散（チャールズ二世の治世において行なわれる最後の議会）は、ウィッグ派を粉砕し、かつウィッグ派をより急進的な勢力に向かう反乱方向へと駆り立てたのである。シドニーは、その時と一六八三年の自らの死との間に、『統治論』として死後出版される大部な原稿を構成したのである。シドニーは、この著作の出版準備の機会をもたなかったし、われわれはその原稿の繰返しを減じたか、或いはその矛盾を整理したか否かについて知るよしもないのである。そうした失敗にもかかわらず、彼の『統治論』の文章は、容易にして明確であり、かつ一八世紀のイングランドとアメリカにおいて強い影響力をうる宣言的有効性をもったのである。[1]

（1）B. Worden, Republicanism and the Restoration, 1660-1683, in D. Wootton, ed., *Republicanism, Liberty, and Commercial Society, 1649-1776*, Stanford, 1994, pp. 155-156. この部分は、B・ウォーデンの説明を若干修正し、利用した（伝記部分の要約としての性質を含むゆえに）。

Ⅲ　その第九章「第八の宮廷の格言」における共和主義的「法の支配」理論

われわれは、シドニーの『宮廷の格言』において、反専制君主主義と共和主義的「法の支配」が中核的概念であるとみなす。その第九章（ないし第九の対話）「第八の宮廷の格言（法律家達の腐敗は、国王にとって有用である）[1]」を素材としてその論理を辿る事とする。その『宮廷の格言』の目的は、前記の如く一六六〇年代のイングランドの王政復古前半期において、シドニーがオランダ亡命期中にイングランドとオランダの共和主義者達に対し、両国の君主に抗して結集するように訴えるためであった。われわれは、そうした直接的宣伝目的のなかの根底にあるシドニーの根本精神に注目している。われわれは、シドニーのその強力な反専制君主主義は言うに及ばず、その中には彼の主著『統治論』と軌を一にする共和主義思想が存在しているとみなす。当然ながら彼の政治制度論は、ここでも混合政体論（身分制的混在を含意する）を念頭に置いていると想定できる。

特に、彼の第九の対話は国王と法律家との関係を表題としているが、最も長い紙幅を費している章であり、内容的にも豊富であり、彼の共和主義的「法の支配」についてもより詳細に論じられる。われわれは、その第九章を手掛りとして、その主要概念を主に順を追って解明することとする。

（一） 共和国（或いは市民社会）と法

シドニーは、その民権主義的立場をとる故に、当時流行した「民の福祉が最高の法」といった標語を繰返す。そうした前提として、シドニーは、「共和国ないし市民社会」が次のような「正義をなしとげる」ために構成されると措定する。即ち、そこにおいて「生活する各人は、自らに正しく属する事を享受しえ」、自分が正しく評価する事以外に他者から何ものも被りえぬ「正義」を達成するために構成されるという。こうした市民社会の「つながり」は、それぞれの「法」にあると説く。そうした法は、人間によって形成された「契約」によるか或いは神（全てのものについての真の主権を有する）によって与えられるという。こうした考え方は、社会契約論と軌を一にする。そうした人々によって形成された全ての法は、その社会における「諸個人」全てに正義を果たすためにそうした「社会の保全」へと導くべきであると説く。各人は、かくする事により、もし自らがなすべきでないことを為すならば、自分が意図せぬ事を被ることを知る事となってしまうという。(2)

シドニーは、次に法が形成される目的について個人の「生命・自由・財産」の権利も当然ながらかなり頻繁に示しつつ、そうした立場から次のように確認する。即ち、「誰も、もし自分が社会に有害な行為について法に違反するのでなければ、その人に正当に属するものを奪われない(3)」と。

それ故に全ての法の正義は、次のようなことについての「法の明瞭性と明確性」に必然的にして本質的に依拠するという。即ち、「各人は、自ら望む場合に法を理解しえ或いは自分でできるにもかかわらず望まないならば、自分の怠慢の罰を適切に受けうることについての(4)」と。ここではシドニーは、共和主義的公民概念を使用しつつ、その権利と義務を明確に説く。この点において同時代のジョン・ロックとはやや異なり、かつある意味では具体的であることを示している。(5) とはいえ両者の共通点は、ともに自然法的論理を採用していることにもある。

（1）A. Sidney, *Court Maxims*, 97-148 MS. その残りの諸章は以下の通りである。第一章（序論）、第二章第一の宮廷の格言（君主制は、最善の政体形態である）、第三章第二宮廷格言（君主制は、絶対的にして世襲制であるべきである）、第四章第三宮廷格言（政体が君主の意思に全体的に委ねられ、かつ全ての権力が君主の手にのみ託されるところでのあの絶対的・世襲制的君主制は、聖書ともっとも一致でき、かつ聖書から保証できる）、第五章第四宮廷格言（君主制は、貴族が抑圧され柔弱にされかつ腐敗されるのでなければ決して安全ではない）、第六章第五宮廷格言（民の幸福は、貴族の卓越と有徳と同様に国王にとって有害である）、第七章第六宮廷格言（国王の意思に全面的に依存しないいかなる者も雇用されない）、第八章第七宮廷格言（司教達は、その権力と富の極みにおいて維持されるべきである）、第十章第九宮廷格言（フランスとの同盟とオランダとの戦争は、イングランドにおける君主制を維持するのに必要であり、或いはかくして厳格な友好関係は、次のような理由でフランス人とともに保たれるべきである。即ち、フランスの習慣は、導入する事ができ、かつ彼らの事例によって民は、静かに物乞いと隷属へともたらす事ができるゆえに）、第十一章第十宮廷格言（どんな利益であれ宮廷は、スペインとオランダないしオランダ連盟諸州から引き出す事ができる）、第十二章第十一宮廷格言（オランダ連盟諸州は、いつも敵とみなされるべきである）、第一三章第一二宮廷格言（スペイン、ドイツ、イタリア、およびカトリックの君主達は、イングランドの宮廷にとって何の役にも立たないのである）、第一四章第一三宮廷格言（国王の意図は、国内にある。国王は有徳、武勇、および評判をもつ人々を疑う理由を有し、かつ国王は自らが疑う人々を破壊するように強いられる）、第一五章第一四宮廷格言（本論全体の結論として、君主制全体が簡明にして一般的に非合法であるかどうかという問題を論じる）。

（2）A. Sidney, *op.cit.*, 110 MS.

（3）*Ibid.*, 110-111 MS.

（4）*Ibid.*

（5）J. Locke, *Two Treatises of Government*, Cambridge, 1967, pp. 290, 341, etc.

㈡　法の本質

シドニーは、前記のような古代以来の共和主義的及び自然法的論理の流れの中で、法の本質を探る論法を採用する。「法の本質」は、「法が正しくなければ法ではないといった法の正義からのみ」なるという。「法の正義」は、法がよき目的にそわなければ、その法など正しくない、といった形でその目的によるのであると説く。「法は、社会を規制する道理のためかつ社会の保全のために形成され、その混乱に傾斜しがちな違反を防止する」ために形成されるとシドニーは主張する。そうした目的にかなわぬ法や法令は、正義など少しも有せず、かついかなる点においても法の名にも法の力にも値しないという。そのようになってしまえば、法は、危険を警告し、防止するための指標に代わって、意識させずに人々を捕え、かつ破滅させる罠となってしまうと示す。法形成上のこの規則からありうる最大の逸脱は、法がその法のもつ多様性と複雑性によって難解とされる場合であるという。「法律家達」は、法が「書かれた理性」と人々に教え、かつ自分達がその文書において見出すものが何であれ、正しいと教える形になっている[1]という。

本来法は、書かれた理性であり、「理性の如く普遍的にして恒久的に同一であり、いつも正しくして善であり、正義そのものである人の法にいつも適合しうる」ものであるはずであると説く。そうした仮定を進めると、「賢人の各々」は、よき法律家となってしまおう。イングランドでよき法律家は、「フランスとスペインにおいても」同様となってしまうこととなる。更にイングランド人は、この法理解で推論すると、「プラトンや人間理性の偉大な大家以外にJ・リトルトンやE・コーク（Coke）を勉強する必要」がなくなってしまう[2]という。

シドニーによれば、自らそうした自然法的なもので割り切り、現実の法律家を重視しないという立場に執着しているわけではないと述べる。しかし「僅かにしてとるに足らぬ事務弁護士《アトーニー》の腕は、セネカ・アリストテレス・モーセ・パウロの智恵よりも」現状の宮廷において有用となっている[3]と示す。

「至高な権力ないし立法権における人々の全ての行使権は、合理的にして正しくなければならず、さもないと法」[4]ではないと説く。

次にシドニーは、法の正義と法の本質が同じであるか否かという問題に移る。彼は、「本性上なにがしかのことについての理解に必要なもの以外にいかなる法の正義や法の本質との区別も」なすつもりはないとして、単刀直入にこの問題に答えるという。このことは全て、「質料《マター》と形相《フォーム》からなり、質料が存在しない所では形相も存在」しないし、いかなる植物・動物・或いは他の生物が構成される質料のみでは、生物ではなく、質料なくしてそれが生物でありえぬ」という。「形相」は、それに特有な存在を与えるものであり、その内容を「形成する」と説く。同様に「正義は、今まで法の事柄」であり、「正義が存在しないところでは法が存在」しないと繰り返す。「その力と有効性とをなすその形相ないし特有な存在は、法が立法権をもつ人ないし人々から受け取る印章ないしスタンプから出て」いると述べる。最後に、「いつも正しかった事は、正しいのであると表明され、かつ社会の人々によって遵守される一規則として宣言され、規則への服従が報いられるべきであり、その逆は罰せられるべき」であると説く。この共和主義者による信賞必罰説は、現代政治制度における重要な要素でもある。またこれらは、結局のところ「法形成をなす一人物ないし複数の人物の権威」に関するものであるというのである[5]。

シドニーは、法の正義及び本質に必要な事柄を三点にわたって提示する。

「第一に、法が神（偉大な主権者にして人類の創造者であり、その権威は、全てのものの上にある）法と一致することである。神に反対する者は、否定しがたき悪と不正の罪を招」く。神と反対のいかなる法令も他のいかなる者も義務づける事などありえず、故に「神法と矛盾するならば、法ではありえ」[6]ぬと説く。

第二に、「法は、自然の光と人間理性と一致」しなければならない。このことは、神においてその始源をもつ如く、

ている。

「真理に」あふれており、その権威は、「人々の名に値する全ての者によってあがめられ」るという。この光に反して一人物ないし多数の人々がいかなるものも制定しようとも、「人類の残りの者全て（彼らは統治者達の上にある）と神（全ての者の上にある）に」最も不当に反するのであると主張する。われわれは、この点に注目すべきである。即ち、シドニーは、被治者を統治者の上に置く点について、国民主権と民の主権制度の一つの要素となりうることを示唆している。(7)

第三に、「法が形成される諸目的を破壊し、或いは損なういかなる法も正しくありません。もしそうした法が社会を保全するために形成され、社会が正義の獲得のために設立されるならば、正義は人類にとって善にして役立てられる故に求められるのであり、その社会の人々にとって有害的に形成されかつ正義を曲解するどんな法であれ、それが樹立されるべき目的を破り、故に最も不当にして全く妥当ではありません」と。シドニーは、この対話形式の「ユーノミウス（Eunomius）（共和主義者）」を介して法の正義と法の本質を確認している。(8)

シドニーは、その主張をなすために、即ち、現実のチャールズ二世による「人の支配」体制を批判し、「法の支配」を説くために、この事項を現実に則して自らの主張を更に続ける。「社会を保全し正義を管理しかつ社会に正義を与えた人々の善をうる権力を受け取っている一人物ないし少数の人々が、各人の心に書かれた理性の命令の上にかつその命令に抗して私益を維持することで、かつ自分の権威が論じえぬという口実でこの私益を維持することで、自分達の主人と恩人に抗して全て変えかつ自分達自身の法のある虚構を樹立する故の如く、そうした一人ないし少数の人々が、人類が統治されるべき光とは逆に万事を制定する故に、こうした法は確かに不当であります」(9)と。この文節では自然法による統治と、この自然法にそぐわぬ当時の体制下における一人の統治者ないし少数の統治者の私益的法運営とをシドニーは対比する。これに続いてシドニーは、次のような形で自らの立場を再確認する。

「第一に、法の定義は、『有徳である事を定め、かつそれと逆なものを禁じる、正しき規定である』(キケロ)全てによって一致されかつ故にそれは正し」くなければならぬ。第二に、「民の福祉は、最高の法である」故に、民の「安全は正義の執行に依存」し、正義は正しくない法令によって管理しえず、故に「そうしたものは法」ではありえぬという。第三に、こうした「法令全ては、次のような理由で不当でなければならぬ」という。というのは、そうした法の実行者は、自らが「彼の権威がその限度以上までは拡張しないという理由ゆえに」というそのグロチウスの前に引用された言葉に従って、託された権威ないし権力を禁じる故であると説く。[10]

シドニーは、一方において自然法や神法といった「法」を規準とし、他方において「法執行」運営というより実証的な概念を用いて徹底した好対照を示そうと試みる。「権力受託者に問題があったならば、誰がその執行でおかされた誤りのたび毎に法の妥当性を否定するまで、その法執行について正確に批判すべきであるのですか」という。しかしシドニーは、拙速な評価や狭量的憎悪を慎しむ必要をまず最初に述べる。この共和主義者は次に自らの徹底したその分析を示す形式を採用する。「もし悪しき法執行は、無知からではなく悪意から発し、過渡期ではなく恒常的悪であるようなものであり、とるに足らぬ場合においてでなく、法が形成される目的を破壊するようなものであり、故にかくする事によって正義を求めた人々が、抑圧に陥り、その信頼が破壊されるようなものであれば、与えられた権限の建前の口実で、なされた全ての法令は無効であります。そしてその法令を実施した人々は自分達に託した主人達に対する敵にして裏切り者となります」。こうした二分法によって、シドニーは法制度ないし「法執行」における最大の悪を問い、かつ次のようにユーノミウスを通してこの項目を締める。それは、「法が神法や人間における自然の光、及び社会が設立される目的(即ち、正義の獲得)に反する事が人間によって制定される場合であります。法執行における最大の悪は、そうした諸目的に一致できる法が腐敗によって目的に反して変えられる場合であります」[11]。シドニーは、ここにおいて法の支配の堕落を法執行というより身近な制度へとひきつけて断じるものである。

(1) A. Sidney, *Court Maxims*, 111 MS.
(2) A. Sidney, *op.cit.*, 111-112 MS.
(3) *Ibid.*, 112 MS.
(4) *Ibid.*, 112 MS.
(5) *Ibid.*, 113-114 MS.
(6) *Ibid.*, 114 MS.
(7) *Ibid.*
(8) *Ibid.*
(9) *Ibid.*, 115 MS.
(10) *Ibid.*
(11) *Ibid.*, 116-117 MS.

(三) 法の複雑性・法律家・裁判（司法）部

シドニーは、当時の文明化されたとみなす欧州諸国における法治国家を規準としている。そうした国家において法の複雑性が絡み、法律家はそこから必然的に有用となるし、三権のうちの裁判部という観念もおおまかに想定している（近代的意味での「司法権の独立」では明確でないとしても）。

「私は、我が国の法が古代には善に足りるものであり、恐らく我々の近隣諸国の多くの人々が生きる下のものよりもよかったと信じます。しかしあなたが我々の故人である国王達の知恵ないし彼らの従僕の勤勉と忠誠の記として誇るものは、全ての我々の悲惨の原因であります。明瞭でオープンにして平明であるべきことが、多くの混乱へと化しています。コモンローは、誰もそれを理解するとは言えぬ程にまで、制定法と、しばしば不正に判決された事件と大いに絡み合わされるのです。国王達は、法律家達の腕が裁判に有用であることを見出し、かつ法律家達は、それを自ら国王達の権力によって大きな利点とみなしました。それ故に法律家達は、正統君主制を専制へと変える大きな仕事に向けて助け、かつその法律家達のよこしまな実際において君主達によって支持されました(1)」。

この文節では、古代の法治社会を美化する点からシドニーは、説き起し、当時のイングランドを含めた諸国を必ずしもよしとはしていない。しかしある意味では文明化された当時の先進欧州社会ではコモンローなどによる法の複雑性について当然としてシドニーは、みなしてもいる。その後半の引用では、そうした法の複雑化との絡み合いの中で、君主による「人の支配」にかかわる法律家の専門知識を含めた技術が専制支配を加速すると説いている。

シドニーは、更にその専制支配と法律家の連係による政治を次のように徹底させ、かつそれを批判する。「この一致は、自由と国家の転覆であります。我々の法事項の多くは、我々の祖先達の意図が善であった事を示します。我々の祖先は、自分達の自由を維持するために未開にして素朴な時代において知られる最善の諸方法を求めましたが、その全ては国王達の権力、法律家達（その従僕である）の悪意と詐欺によって全体的に挫かれます(2)」。ここでの文節では、前半部分が、前記の敷衍であるが、後半部にシドニーの主著『統治論』でおなじみの「ゴート的立憲制(3)」の美化思想の規準から、前半部を断じる論法を用いる。

シドニーは、次の文章で自らの反乱対象を明確にしつつ、鋭くチャールズ二世体制を指弾する。「我々の自由を擁護するために法律によって設立される主要な防波堤であるものを知る彼らにとって、そうした防波堤を打倒することは、容易な問題でありました。力によって果たしえぬものは、詐欺によって損われましょう。あなたがよく知っていますように、法律家達が長く携わっているこの仕事は、我々が我々のもつものと呼びうるものなど何も残されない程までに徹底されます。我々は、毎日我々の自由・財産・或いは生命の事で問う事ができますし、これらの問題の決定は、我々の大きな敵の心にあり、かつその敵に従属するものの心にあります」[4]。

シドニーが、宣伝目的と言わざるをえない言語を使って糾弾する手法を採用している関連上、冷静に評価せねばならぬわれわれにとってその論述を割り引いて理解する必要がある。とはいえ他方においてより具体的な言葉の中にかなりな事実も読み取ることも可能である。シドニーは、そのイングランド共和制期に政策決定の中枢部の一翼を担った経験から、その法律家の説明についてそれなりに証明可能な面も否定できないと考えられる。この文節の後半部は、自然権に訴えて自らの立場を主張しているものとみなしたい。

「我々の防護であるべき法が罠であります。この迷路は、それを通じて道を見つける事を好むことなくして不可能である程の歪曲や曲解に溢れております」[5]。シドニーは、本来共和主義的公民の防護が法であると考えるが、こうした腐敗した法社会において罠と化し、今日でも一般の人には理解困難と言われるイングランドの不文的立憲制を考えると、当時の社会において今引用した関連も決して大げさではなくなってこよう。ここではその体制への不信感を募らせている表現としても理解可能である。

シドニーは、その法の複雑性・君主の従僕としての法律家・並びに君主の専制化の相乗されたものを次のようにまとめている。

「その複雑性は、それに狡猾である人々が自分達が気に入る事を語らせる程多様であります。そうした法律家達は、自分達自身のものの利益のために関与でき或いは想像しうる最も悪辣にして不正な法令に公平な色彩を置くもの、或いは法律家の主人に気に入るものを自分達の著作に必ずや見出すことができるのであります。法におけるこれらの欠陥は、それの法執行にあらゆる種類の腐敗を導入します。腐敗した目的のために法を腐敗させた彼らは、その腐敗を不正に利用するのであります。この効果は、国王が気に入ることをなし、かつ官吏や法律家が気に入ることをえる事にあります。……あなたが国王の幸福と国王に従属する人々の幸福として言及する事は、この国の全ての残りの者の破壊であります。ここから訴訟が決定されるのに長くしてとがめるべき無限性が発し、かつ、しばしば訴訟が決定されない無限性が発するのであります。各人の生命・自由・財産が依拠するこの法の範囲をいかなる人も理解できませんし、各人はその範囲に最善の推論を為しうる人々に頼らなければならないのです。国王達は、自分達がかくすることによってえている利点を見つけ、かつ我々の崩壊にまでもその利点を追うように努めます(6)」。

この文節では、先ず最初にイングランド法の複雑性から始め、法律家達の悪意をシドニーは読み取っている。こうした意味からここでは、法律家に対する腐敗の面に重点が置かれていることに着目する必要がある。そうした観点から推論するならば、それは古代の専制君主的側面は前面に出ていないと解釈できるが、実体はその両者の相乗的法執行体制を標的とした形態をなしている。これに対するシドニーの陣営は、自然法や自然権的立場からの反抗を主張していると解釈できる。

「国王達は、裁判官を任命する権限を当然とみなし、かつ自分達が気に入るあらゆる種類の悪辣な事を為すために自らを売っているこうした裁判官達を『裁判部《ジュデカチャー》』のあらゆる場所へと投入しております。この事は、最も文明化された諸国の実際に反します。そうした文明諸国には、かつて弁護士や雇われ弁護人であった人々は、決して裁判官になるようには進められないのであります。しかしそうした国王達は、法の実践によって偽善的口ぶりや詐欺といった術策を学んでいるような人々以外には誰も選ばないのであります。この手段によって法廷は、腐敗した雇われた人々の一団で満たされます。真理よりも自分達の収入を重視した人々は、弁護人となった時、裁判官となる場合、正義よりも賄賂を評価するのでありますⅧ」。

インググランド的政治制度論において中世以来、主権は、君主・貴族・コモンズを含む三位一体型議会にあると言われる。裁判部は、主として君主親政であった王政復古期においても力関係において君主が力をもち、議会もその一部であり、特に貴族院が君主に次ぐと同時に裁判官もその下で重要な役割を果たしていたとされる。そうした点からすれば、「裁判部《ジュデカチャー》」という用語も当然の機構とみなされるが、この章ではこの部分でしか使われていない。いずれにしても法律家達は、その複雑性を前提として重要な裁判において一面的には君主権力を制限する役割を果たしていることも事実であろう。こうした観点から、その要素である裁判官や抗弁者・弁護士などを配している点を通じて（従来よりも一歩進んだ）近代的な裁判部（主要な統治機構）観念に言及してシドニーは、それなりの統治機構論を念頭に置いているとみなしうる。そうした論調から公正な判決を下す裁判部観念の裏返しが、その引用における裁判官の経歴の規制に関する主張となっている。

（1）A. Sidney, *Court Maxims*, 122 MS.
（2）A. Sidney, *op.cit.*, 122 MS.
（3）A. Sidney, *Discourses Concerning Goverment*, 1751, pp. 286, 378.
（4）A. Sidney, *Court Maxims*, 122 MS.
（5）A. Sidney, *op.cit.*, 123 MS.
（6）*Ibid.*, 123 MS.
（7）*Ibid.*

(四) 正統的君主・統治者・古代共和主義モデル

シドニーは、次に「正しい統治《ガバメント》」と法の関連で自らの理論を展開する。「法が善であるとき、法はそれがどのように正しく治めるべきかについての仕方を導くのであります。我々は、そうした規則の遵守を『正しい統治』と呼びます。このよき統治は、法をなお一層みがき、かつ向上させます。法の向上は、統治において善なるものを強化し、かつ以前にあったものよりもよいものを加えます。事態がこの正しい秩序の中にある所では、そうした国家が自由・安全・及び幸福（政体が構成される諸目的）の政治的完成へと達成するまで、善である全てにおいて恒常的前進が存在します。意思の誠実さがその悟性の啓発によって作用されるように、その悟性は、その意思の誠実さを通じて真理の発見と知識において前進します(1)」。

シドニーは、この文節にある如く、政治のあるべき統治の基本をようやくこの章の半ばにおいて表明している。それは、善なる法を前提とし、更にその法を向上させ、かつ精緻化させる事を通じて、公民が自由・安全・幸福といった国家政体目的の政治的完成のために前進させる秩序像である。こうしたことは、正に民の主権論の基本を構成しうるものであるし、動態的にして進化的政治制度論を想起させるものである。

シドニーは、そうした動態的政治制度論を規準としつつ、その現実の腐敗状態をえぐる。

「意思における強情は誤謬から生じ、かつ悟性における闇は、誤謬を増し、かつ死の道で歩む者が人間において可能である悪全てを含む生の教義と悪意における虚偽のあの極端へと陥いるまで、誤謬によって増加されます。政体へと忍び入るこれらの悪の効果は、次のようなものときわめて似ております。即ち、もし法において大きな欠陥が存在するならば、正しい悟性によって導かれない意思がその悪魔の悪徳やだましの誘惑によって容易に圧倒されるように、法は法執行における腐敗への容易な入口を残すのであります。再びもし法を執行する一人ないし複数の人々において腐敗が存在するならば、悪辣な意思がその悟性を暗くさせかつ腐敗させる如く、一人ないし複数の人々の者が法を腐敗させるのであります。この法の腐敗は、その執行の悪を恒常的につけ加えるのであります」[2]。

シドニーは、この文節において、意思の強情が、誤謬から起り、悟性を狂わせ、悪のスパイラルを描く。政体へのそうした悪の効果を法の欠陥から法の腐敗、そして統治の悪と重なって堕落する流れの連鎖をシドニーは示す。更にシドニーは、そうした意思の堕落からの正しい再生を進めようと試みる。

「その意思の強情は、その悟性の啓蒙によって矯正できます」と彼は主張し、かつ次のように説き起す。即ち、「もしその意思が堕落し続けるならば、その意思は悟性を腐敗させます。というのは知識の完全の極致と意思の極度なつむじまがりは、同一人物には決して長く続かなかったからであります。同様に法の誠実は、その執行の曲解を矯正します。その執行官の高潔は、法のある欠陥を修正しうるのであります。しかしいずれかが極端に悪を続けると、他方はその影響を受けます。人々の目的は、彼らの行動によって最もよく判断されます。現代人と古代人の実際と目的とを比較することによって我々は我々にかかわる目的と実際について判断できます」[3]。

シドニーは、前述の悪と腐敗へと至った法の統治体制を再生する処方をここで開始する。それは、悟性の啓蒙から巡り始め、法の誠実、統治者の高潔などを通じてその体制の回復を図ろうとする。シドニーは、それをより具体的な事例を使って次のように説明する。

「それらは、二つの種類からなります。その一方は、正しき君主・立法者・或いは統治者であり、他方は正しくない彼らであります。第一のものは、真によき羊飼いでありました。よき羊飼いは、自らの羊のために自分の生命を捨てる気でおりました。羊飼いは、彼らの国父であり、万事においてそうした羊飼い達の下で民の善を求めました。彼らは、自分達の快楽のために統治したのではなく、民の善のために統治しました。この種類にはモーセがおりました。

モーセは民が保全されるためには死を望みました。ヨシュア、ダビデ、及びイスラエル人との間のその他の者はモーセを真似ました。そこには不揃いな歩みがありますが、同じ道を歩む異邦人の中にいる者もいました。リュクルゴスは、自分が戻るまで、自分によって与えられたよき法を遵守すると誓った民が、その義務を決して解かない故に、自らの自発的にして恒常的な亡命を被ったのであります。ソロモンは、自分がきわめて小さな役割しか果たさない政体を設定しました。トラヤヌスは、自分が軍執政官の長官に与えた剣を次のように願ったのであります。即ち、その剣は自分が悪く統治するならば、自らに抗して使われるように願ったのであります。アントニヌス・ピウスは、その著書において次のように示す以外の目的をもたなかったように思えます。即ち、統治者の主要にして必要な義務は、公共の福祉を促進することに全面的に専心するために、人々の私益意図をもつ者達によって支配する利益や感情をなくすことを［示す以外の］。それは、達成されることが可能である利点や快楽全てを遙かに越えた、その統治者の主要な善・真の幸福・及び栄光である［と示す以外の］。これらと、彼らの義務の同様な意味をもっている他の全ては、もし彼らが法を規定しており、或いは欠陥があったものを修正しており、或いは腐敗された法を改正しているならば、彼らの目的として民の善をもつゆえに、例えば犯罪以外のものが処罰されないように、かつそうした犯罪を正しく（即ち、比例的に）処罰するように、その法を純粋に正しく明瞭に、明確にせしめようといつも努めております」[4]。

シドニーは、あるべき統治者モデルを正しき君主、正しき立法者、及び正しき統治者と措定する。彼は、更にそうしたモデルの具体像として「真によき羊飼い」をあげ、そうした民の善のために尽す政治指導者像を描くのである。彼はそれらの具体例としてモーセ、リュクルゴス、トラヤヌス、A・ピウスの模範例等を列挙する。

シドニーは、古代の模範事例からその逆の専制君主の事例を示しつつ、その悪しき事例の手法の要点を次のようにまとめる。

「第一に、多様性・説明・及び追加によって君主達は、公共善に意図されることが彼らの私的善へと主に狙いを定めさせられる程までに、その法の論点を変えております。第二に、法の複雑さや多様性によって彼らは、それを完全な罠とさせております。第三に、彼らは、その法執行者達を腐敗させ、かつ全体的に自分達に従属させることによって、あらゆる種類の腐敗をその執行へともたらしております」[5]。シドニーは、このように簡明に整理してから、ローマ共和国のモデルを使って自説を補強する。

「ローマが十全な自由状態の中で生きた時、法の範囲は、各々の特定人の自由と財産の享受の中で、それぞれの人を保全することにあり、かつ他者の上に権力を自ら我がものとするいかなる厚かましい人も打ちのめすことにあります。その時には公共の福祉に抗していかなる事も行なったり、或いは試みる事も裏切りでありました。支配権に影響を与えたものは各人がそうした者を合法的に殺すことができる、裏切り者でありました。大きな権限は全て分割され、しばしば鼓舞する思想をもつ人々の拙速を抑制し、かつそうした人々による法執行を危険にさらしかつ困難とせしめるために他者の手へと一方の者の手をしばしば移し変えられたのです。その手段によって同時的に最高度な高潔を享受したり、或いは合理的に最高な高潔へと鼓舞しうる、いつも多くの市民達が存在しました。この幸福な状態を多くの世紀にわたって経験していた時、運命を決する時期が到来しました。その時期を神は、最高度な世俗的偉大さと至福（即ち、人間はそれを上回る事ができない）に定めていたように思われました。ローマ人の有徳は、彼らのよき法と規律の効果でありました。世界は、正しくして賢明な法・正確な規律・及び称賛すべき有徳に抵抗できないのであります[6]」。

シドニーは、この文節において、ローマ本来の共和主義の本質を描いてみせる。それは、有徳なローマ市民の自由を出発点として措定する。その公共の福祉のために成立した権力の濫用を、その自由状態（そこでは身分制的混合政体によって権力が分散されると想定する）の中で抑制できるとシドニーはみなす。そこでは市民によってその権力濫用に対する反抗権さえも認めるものである。その政体は、理性をもった市民達によって秩序が保たれる状態でもあるというものである。

（1）A. Sidney, *Court Maxims*, 124 MS.
（2）A. Sidney, *op.cit.*, 125 MS.
（3）*Ibid.*
（4）*Ibid.*, 125-126 MS.
（5）*Ibid.*, 128 MS.
（6）*Ibid.*, 129 MS.

(五)　法の支配と裁判執行

シドニーは、『宮廷の格言』第九章において明確には法の支配という用語を一度しか使用していない。それは、次のような王党派の宮廷官吏である「フィラリーズ（Philalethes）」に対して、共和主義者「ユーノミウス」を通して語らせる[1]場面においてである。

「私が我々の法律家達に抗して言う事が何であれ、私は決して法職ないし法研究を非難するものではありません。私は裁判執行が人間によってなしうる最も高貴な仕事のうちの一つであることを知っており、その裁判執行は、法の支配であって、法研究者達のみによって遂行されるべきであります。神は、自らの民に法の知識に自分達の心を適用し、かつそれをその子供達に教えるように命じます。彼らの国王達、士師達、及び長老達は、法を研究しました。ダビデは、法の研究を日夜実習させせられました。その国の長にして最良な人々は、あらゆる時代に同様な事をなしております。その異教徒達の中で最も有徳な人々は、現行法を研究しました。ペリクレス・アリスティデス・フォキオン・キケロ・グラックス兄弟・及び二人のカトーは、他の多数の者（我々は、その有徳を称賛する）とともにこの学問において優れました(2)」。

周知の如く、混合政体論は、ある種の権力均衡論である故、たとえ裁判権が統治権に属していようとも、権力制限論をもっている。そのように仮定すれば、イングランドにおけるような判例法が相対的に重視される所では、その独立の程度も高いし、かつ当然ながら権利意識も高まると考えられる。これらを総合すれば、この引用における「裁判執行」という用語の使用は、司法部の独立性につながるものであると解釈できる。更に言えば、その「法の支配」や「法律家」という概念の重要性と関連づけると、かなりな水準の司法論を示すものと理解できよう。いずれにせよ、シドニーは、その法律家達の専門知識を含む技術の濫用によって専制支配に彼らが大きく加担していると訴えるものである。

（1）A. Sidney, *Court Maxims*, 1 MS.

（2）A. Sidney, *op.cit.*, 139 MS.

(六)　暴君放伐論

J・スコットらによるシドニー解釈などで示される如く、彼の主要著作の目的は、チャールズ二世らの専制支配体制に対する反乱を訴えることにあった(1)。本論において残された分析もそこに焦点をあてることとなる。

「民の善を求め、かつ民の善をうるのに自分達の義務と職務を遂行する統治者達は、まさしく父にして羊飼いと呼ぶ事ができます。しかしこうした統治者達は、自分達に託した民の利益とは逆な利益を維持した時、彼らはその民の敵となり、愛とやさしさの呼称である父と羊飼いとしてもはやみなすべきではなく、盗人・狼・専制君主であり、あらゆる敵のうちの最悪のものとみなすべきです。アリストテレス（『政治学』第五巻）は、僭主と合法的国王との相違を手短かに示します。彼が言うように、僭主は、自らの便益を求め、国王は、自らによって統治される人々の便益を求めます。ソクラテスによれば、国王は自らが自分自身のために注意深く供するために設立されたのではなく、自らを立てる人々の幸福故に立てられると言います。これは、イシドルスと一致します。それは、その下に生きる人々の便益に全てを差し向ける（と彼は言う）政体のルールであります。というのは他者の骨折りによって自身に快楽を求める僭主政体の混乱へと秩序立った政体規律を変える者は、僭主政体以外の政体など記述していないからであります。そして別な所において僭主政体が僭主自身のもつ便益に全てを差し向けますが、王国は臣民の便益を求めます。これは、我々がそれを人類の声、或いは人間における神の声として結論づけるのがもっともである程しばしば（僭主［或いは専制君主］とその追従者達を除き）、詩人・哲学者・歴史家・預言者・父祖・異教徒・キリスト教徒・あらゆる種類の古代と近代の民によって肯定されます。そしてその逆に話したり或いは行動したりする人々は、人々の性質から野蛮・或いは飲んだくれがもつ獣の性質へと堕落されるように思われます。僭主［或いは専制］政体は、あらゆる腐敗的にして汚れた利益が接する中心でありますが、必ず神に嫌われるにちがいありません。そしてあらゆるよき人々は、（僭主［或いは専制］政体に依存する下層階級を除き）僭主政が全ての人々にとって有害な一人物への最大の悲惨原因であるとすれば、自分達に最大の危害を被らせる人々を必ず嫌うにちがいありません。それ故に悪辣に統治する者が誰であれ、神と人間にとって忌むべきであり、かつ神と人間の両方の激怒にさらされます。神と人間の両方に反対である国家は、恒久的でありえません」[2]。

シドニーは、ようやく自らの主たる標的に辿り着いている。即ち、専制君主による法体制内の法律家を先ず最初に標的としている点は、優れている。特にイングランドにおけるコモンロー的伝統は、法律家に大きく依存しているゆえである。シドニーのそうした論理の鎖は、その長所の悪用・腐敗・並びに堕落の相乗効果にそいつつ、その頂点に達した筋道であった。そこでは周知の合法的国王と堕落したタイラントの区別に論及しつつ、その堕落し腐敗した君主の名にあたるとして論難する。それは、西洋政治思想の伝統的暴君放伐論と軌を一にするものであり、シドニーのそれは、神の名の下で徹底化させるものであった。

（1）J. Scott, *Commonwealth Principles*, Cambridge, 2004. pp. 109-130. J・スコットの学説については、拙稿「王政復古期におけるA・シドニーの統治思想についての一考察」（『日本法学』第七一巻第四号）などを参照されたい。

（2）A. Sidney, *Court Maxims*, 145-146 MS.
本論での原文は、主に英国のウォリックシャー公文書館所蔵の原稿版（Warwickshire Record Office, MS CR 1886, Algernon Sidney, '*Court Maxims*'）を使用し、かつケンブリッジ版（H. W. Blom et al,eds., *Sidney: Court Maxims*, Cambridge, 1996）と合わせて参照した。ただし後者は、誤記も散見される。筆者は、以前にこの『宮廷の格言』について論及したことがある（拙稿「壮年期A・シドニーの共和主義理論」（『政経研究』第三四巻第一号を参照されたい）。

Ⅳ　おわりに

本論の問題設定は、アルジャノン・シドニーの晩年期の主著である『統治論』における混合政体論に基づく共和主義的国民優位論が、『宮廷の格言』の「法律家論」の章において成立するのか、である。われわれは、それが共和主義的「法の支配」体制として成立するものと仮定する。シドニーは、国民優位の立場を支柱とする論理を展開し、諸個人の自然権と自然法を通じて、民の善を最高の法として掲げる形で「社会契約」と同様なものを成立させる。制度的には超越的な法の正義の達成を根幹として法制度を形成させる。その上に立ってシドニーの共和国ないし市民社会は、共和主義的「法の支配」体制を構築する。それは、法律家によるその法の厳格な解釈と適用などにかかわることを前提とするものであった。基本的には国家の統治者達は、当然ながら法律を研究していることを義務とせしめる。こうした法治体制をなさない国家体制は、神の名の下で厳しく断罪される。なぜなら当時のチャールズ二世体制は、その堕落と腐敗などの相互連鎖の極みにまで陥っているからであるという。

シドニーは、その共和主義的法の支配体制をローマの共和主義モデルによって更に強化する。ローマ市民の有徳と理性によってその自由と市民の善の達成がなされており、彼らによって権力の濫用が抑制され、更なる民の善の向上が常に行われるように努められたという。

しかしながら、シドニーの『宮廷の格言』の論法は、チャールズ二世体制などに対する反乱目的故に、その批判と訴えがかなり誇張型となっている。シドニーの主張としては明確であるが、その言語は、合理的筋道の観点から評価すれば、その一線を越えてしまってもいる。

それにもかかわらず、シドニーによる共和主義的「法の支配」体制論は、自由主義的な均衡のとれた混合政体論（権力制限論も含む）の大枠[1]で捉えることがより理にかなっている。A・C・ヒューストンらが主張する国民主権論や今中比呂志[2]らが主張する人民主権論でシドニーを割り切ることには、無理があるように思われる。なぜならそれは中世型の混合政体論からより進化した近代型混合政体論によって説明した方が、近代的権力分立論よりも飛躍的でない故である。一八・一九世紀の英国政体は、自由主義的社会へと向かう漸進性の実態にそくしていると考えられる故である。なぜなら彼が描いた当時のイングランドは、民主主義社会とは言えなかったからである。

われわれは、本論を通じて彼の自由主義的にして共和主義的「法の支配」体制論（特に「法律家論」の章に焦点をしぼって）を分析してきた。われわれは、残された『宮廷の格言』とその『統治論』との統一的分析研究課題に向かって進める必要がある。

（1）例えば、W. Blacstone, *Commentaries on the Laws of England*, 1765, Vol. I, p. 151.

（2）今中比呂志『イギリス革命政治思想史研究』（御茶の水書房、一九七七年）。

付論〔II〕

A・シドニーの混合政体論についての一研究

——その二つの主論文を中心に——

I　序論

一七世紀イングランドの政体理論史研究における中心的な概念のうちの一つは、立憲制にあると言われる。その中心的な議論は、混合政体論か、或いは近代的な民主主義的国民主権論（権力分立を含む）かである。[1] 特に米国や日本の論者の多くは、後者を支持する傾向が示される。他方において前者を主張するものは、英国のその後の漸進的性格に着目する論者によって示される傾向[2]がある。

われわれは、混合政体学説がよりその英国の文脈にかなっていると主張するものである。例えば、一七世紀から一八世紀にかけての英国の立憲制論を適切に表現するW・ブラックストーンを、その解説者であるS・N・カッツは、次のようにまとめている。即ち、

「ブラックストーンが認める如く、イングランドは専制的支配者達の手に被っている時もあり、かつ無政府状態によって動揺している時もあるが、『我々の自由な立憲制の活力がそうした窮地から国民をいつも救っており、その闘争による結果から生じる動乱が終わると直ぐに、我々の権利と自由の均衡がその適切な水準で定着しているのであると……』。自由の『適切な水準』は、偶然な出来事ないし神の執り成しの故ではなく、その立憲制が規整するメカニズムをそれ自体内に含む（それが『均衡のとれた』立憲制である）故に、再び現われるのである。ここでのブラックストーンは、次のように近接的にはモンテスキューに基礎づけられた一八世紀半ばの見解を典型的に肯定するが、ギリシャ人達に辿りうるものである。即ち、最善の政体は、君主制・貴族制・民衆政体からなる混合であると。政体というものは、三つの形態を組合せることによって特徴的な長所をうることができ、かつそれぞれの特徴的悪を避けること

ができる。それは君主制の強力さをその抑圧的傾向なくして表わし、貴族制の知恵をその不誠実的傾向なくして表わし、民衆政体の公共心をその知的弱みなくして表わす。イングランドにおいて国王・貴族・コモンズ〔市民〕の混合は、正にこうした混合立憲制を与えたのである。『民衆政体《デモクラシー》は、通常法の目的を導くように最もよく設計されるものである。貴族制はその目的がえられるべき手段を工夫するように最もよく設計され、かつ君主制はそうした手段を執行へともたらすように最もよく設計されるものである』。この政体の三部分は各々の部分の本来的能力を利用し、かつその組合せは、その適切な役割を越権することをいかなる部分によっても阻止する『抑制と均衡』制度として役立ち、『各部門は、それが不便或いは危険とみなすいかなる革新も追放するに足る、拒否権によって備えられる』。混合立憲制は、政体の立法部門と執行部門の間での権力の均衡として機能的用語で明らかにもできる。この視野から司法部は、立法部門の命令を実行する時、本質的に果たす執行的役割をもったのである。米国革命時代になって初めて、司法部は政体の三部門からなる機能的に独立した部門とみなされたが、ブラックストーンは、裁判官達が均衡のとれた政体制度内での重要な抑制的役割を果たすと、確かに理解したのである」(3)。

この引用部分においてカッツは、ブラックストーンによる英国の混合政体論を基本に据えた自由主義的立憲制理論を、その機能的部分の手堅い説明を通じて描いてみせる。われわれは、その重要な部分について傍点で示し、かつその全体に流れる英国立憲制史の大枠の中でシドニーが念頭に置いた王政復古期の混合政体の概略を位置づけたいのである。

英国政治における立憲制は、革命よりも進化過程と一般に示される。一七世紀の名誉革命までの英国の統治制度には何らの現実的な権力分立は、存在しなかったと言われる。それは絶対君主制期として捉えられる。その君主権力が減じられるのは、一六四二年から一六五二年のイングランドの内戦と共和制を経て、王政復古期へと至る時期を経てからであった。ブラックストーンは、その王政復古期を含めたこの期間を過渡期と位置づける。それは、専制的支配と動乱期を含み、イングランドの自由主義的な（民権的）ウィッグ党（或いは円頂党《ラウンドヘッド》）派的人々による権利と自由のための闘争期と示す。

名誉革命体制の成立によって英国は、その自由な立憲制（「議会における国王」形態で）が安定的に機能するという。それが英国における「均衡のとれた立憲（君主）制」であり、国王・貴族・市民からなる三位一体型混合政体方式で以後一九世紀の第一次選挙法改革まで存続する。この立憲制は、「均衡のとれた立憲制」から「自由主義的立憲制」へとその改革によって進化する過程を経ることとなる。

米国（及び英国では緩やかな権力分立として）における近代的な三権分立論は、基本的には古代ギリシャの混合政体論による抑制と均衡制度の主張にその起源を辿るものである。それは、モンテスキューというフランス人による新しい定式化を通じて米国の成文憲法制度として新しい統治機構が成立することとなる。

英国の立憲制は、混合政体論（「議会における国王」様式で）として米国の立憲制（「司法部の独立的地位」などを含む）への踏み台的位置を占めている。カッツは、ブラックストーンの一八世紀英国の混合政体論の説明において一七世紀王政復古期の内容を基本的に描いている。即ち、われわれは、そうしたブラックストーンによる混合政体論を支柱とした、自由主義的ウィッグ党（或いは円頂党）派的人々による反動的にして抑圧的チャールズ二世政治体制に抗する権利と自由のための闘争モデルを仮定するものである。シドニーは、こうした立場から一七世紀までの絶対君主制期から名誉革命期以後の立憲君主制（或いは「均衡のとれた立憲制」）期の過渡期（特にその後期の王政復古期）においてその二つの論文（『宮廷の格言』（一六六四〜五年頃に書かれた）と『統治論』（一六八一〜八三年））を執筆したのである。[4]シドニーは、そのウィッグ党（或いは円頂党）派的グループの最左派に属する共和主義（反専制君主主義）者であった。

シドニーの政治理論研究においても前述の二つの解釈傾向が存在する。即ち、一方にはシドニーにおいて近代的な民主主義的国民主権論（ないし人民主権論）を見出そうとする学派がある。それは、A・C・ヒューストンら[5]がその傾向を示す。他方では、英国の文脈内でシドニーを捉えようとする学派があり、それはJ・スコットら[6]が属するとみなすことができる。われわれは後者の傾向にそって論を進めることとなろう。即ち、われわれは、本論において英国の立憲政体史の文脈におけるシドニーの共和主義思想、及びその描かれた基本的政治制度としての混合政体論を彼の二つの主論文の分析を通じて整理することを目的とするものである。

（1）例えば、R. Ashcraft, *Revolutionry Politics and Locke's Two Treatises of Government*, Princeton, 1986, etc.
（2）例えば、D. Wootton (ed.), *Republicanism, Liberty, and Commercial Society, 1649-1776*, Princeton, 1994, etc.
（3）S. N. Katz (ed.), W. *Blacstone: Commentaries on the Laws of England* (A Facsimile of the First Edition of 1765-1769), Vol. I, Chicago, 1979, pp. viii-ix. この編者のカッツは、次のようにブラックストーンや英国人達の立憲制観を、G・ウッドを通じて示す。「一般に立憲制ないし政体枠組みと法制度との何らの区別も存在しなかった。全ては同一であった。即ち、各議会法は、ある意味において立憲制の一部であり、かつ法（慣習法であれ制定法であれ）は全てかくして立憲制的《コンスティチューショナル》であったと。ウッドは、次のように注目して同時代の解説者を引用する。即ち、英国において『コンスティチューショナルとアンコンスティチューショナルという用語は、リーガルとイリーガルを意味する』と」(S. N. Katz, *op.cit.*, p. xi)。
（4）例えば、D. Wootton (ed.), *op.cit.*, pp. 155-6.
（5）A. C. Houston, *Algernon Sidney and the republican heritage in England and America* (Princeton), 1991, etc.
（6）J. Scott, *Commonwealth Principles*, Cambridge, 2004, etc.

Ⅱ　A・シドニーの『宮廷の格言』における混合政体論

アルジャノン・シドニーは、周知の『統治論』(一六八一―一六八三)よりも一七年程も前に、『論じられ、かつ論破された、宮廷の格言』(1)(以下、『宮廷の格言』と略記)という原稿を書いたのである。われわれは、それをイングランド王政復古前半期の一六六四年から一六六五年にかけて亡命先のオランダで書いたと考える。それは、晩年の著作と同様にチャールズ二世王政復古体制を反動的なものとみなし、その反乱目的で書いたのである。それは、民の自由と専制君主権力の制限を支柱としつつ、混合政体(国王・貴族・コモンズ(市民)からなる身分的な抑制と均衡制度)をベースとしている。その上に立ってシドニーは、その目的のためにかなり誇張的な論法を用いている。われわれは、『宮廷の格言』が共和主義思想を内包しているとみなす。シドニーの思想は、共和制期と比較してチャールズ二世による君主親政的な王政復古体制がある意味において(共和主義者達の処刑ないし迫害の側面で)反動的である状況では、急進的な位置を示すこととなる。確かにシドニーの思想は、世襲的君主制を否定する意味ゆえに確かに一般的には共和主義である。しかしそれは、古代ローマの共和制を基本として論じる傾向も示すが、必ずしも君主のいない体制のみを指向するものではなく、むしろ反専制君主主義的性格を色濃くもつものである。

われわれは、本節においてシドニーが混合政体(即ち、三身分制的要素の均衡)を示す、国王、貴族、コモンズの各部分に焦点をあてつつ、その『宮廷の格言』を整理する形式を採用する。

㈠『宮廷の格言』の背景

シドニーは、多様な側面を背景にもつ、教養ある思想家にして政治家であった。シドニーの重大な三つの要素（即ち、「特異なキャリア」〈例えば共和制期における最高意思形成機構に所属した事など〉、「彼の大胆な性格」〈率直な言動や頑固な性格など〉、及び「明らかに彼の特定な文化的背景」〈イングランドの貴族的にして古典的な共和主義的教養をもち、豊富な海外経験を有することなど〉[2]）は、その政治的著作に影響を与えていたといわれる。いずれにせよ、シドニーがチャールズ二世の王政復古体制の成立によっても自らイングランドに帰国せず、その体制に反抗する態度を示さざるをえなかったことは、『宮廷の格言』の重大な背景のうちの一つである。

シドニーは、その著作の説明書きで、先ず最初に次のように示す。「［イングランドの］君主制の格言は、ユーノミウスとフィラリーズとの間の対話において明確に述べられる」と。ここでは、『宮廷の格言』の主題がイングランドの君主制問題であることを宣言する。その対話者の前者を「共和主義者」とし、後者を「道徳的にして正直な宮廷官吏であり、［イングランドの］公式的真理の賛美者[3]」と表示する。

この著作の第一章を「序論」と名づける。その第一の対話部分は、この著述の背景部分を導入するものである。シドニーは、その王政復古直後の体制の問題点をフィラリーズを通して次のように提示する。

シドニーは、それを「困難」と言わせ、「第一に、私は次のような理由を理解できないのです。即ち、ここ数年以内で熱烈に国王を望んだイングランドの民は、国王が樹立される今、きわめて不満足なように思えますし、我々が用いる技や力全てによって、彼らが国王を大いに歓迎して王位に就かせていたままの状態において、その君主を追放しないままにされる理由を。第二に、国王（自分が望みうるもの全てを越えて継承されていたが）が懐疑・恐れ・羨望・及びトラブルに満ちたものをなお継続する困難であります。第三に、私と多くの他の者（私達の期待を遙かに超えて富・

権力・及び名誉をえていたが）は、なお欠陥があり不満足にして不満をもったままである困難であります[4]」。

周知の如く、護国卿体制形態をなすO・クロムウェル独裁は、シドニーといえども悪しきものとみなす。ある意味ではイングランド人達は、そうした共和制下の政治に代わるチャールズ二世の王政復古体制を歓迎し、権力制限的体制を期待していた。しかしシドニーは、その体制が多くの問題をかかえているという形態を導入する。その問題の第一は、人々がきわめて不満足な状態にあり、その君主が廃位されないままにあることとしている。第二に、チャールズ二世が人々に懐疑心や恐怖をもたせ、悪意を感じさせ、かつ面倒にさせてしまっていることである。第三は、その真面目な官吏と他の多くの体制派の人々が、諸々の財産・力・及び名誉をえていたにもかかわらず、なお欠陥を残したままであり多くの人々を不満足にして不平不満状態においているということであった。

これに対してその共和主義者は、このことを次のように捉える。

「あなたが次のように提案する諸点より以上にあなたの考慮に値するものなどありません。即ち、その諸点は、彼らに依拠する人々とともに確かに、私達の現状及びその現状についての私達の悲惨やその原因をともに含みます。私は、これらについて手短かに次の二つの方法で答えることができます。第一に、自分達の最も主要な望みについて失望する人々は、不満であることがわかる場合に何ら驚くべきではないのです。そしてイングランド国民と同様に評価に値する国民は、次のように一般に想定された希望を通じて自分達によって最近就《つ》けられた君主によって抑圧されたり、かつ苦しめられたりすることを潔しとしないのであります。即ち、君主下のイングランド人達は、最大の世俗的幸福を享受するという希望を通じての。

第二に、君主は、自分が望むことをえることが幸福なのではなく、善であることを望みかつそれを享受することで幸福なのです。というのは私達は、自身にとって悪くして有害であることをきわめてしばしば望むからであります。

またこうして悪しく想定された願望以上の大きな悲惨は、存在しません。イングランドの民は、官吏達や聖職者達の詐欺によって騙されましたが、自由よりもむしろ隷属を求め、かつ大いなる財や血統の喪失によって追放されたあの国王を復活させる程の狂気の極みにまで達しました。しかしこの誤まりは、その民が抑圧される軛の重みと、その軛を民の首から取り去る事のある困難に気づいて初めて存続しえなくなりましょう。そしてあなたの国王は、あなたと同様にしか判断しません。あなたの国王は、幸福が王権の享受からなると考え、王権を悪く管理することを危険とはみなさず、かつ次のようにもみなさなかったのであります。即ち、民は、自分達が幸福に到達するという彼の宣誓と約束（国王はそれらを忘却したが）を想起するとは。そして彼らの狂気は、少なからず次のようなものです。即ち、彼らは、全ての正しき規則を拒絶するときその最も悪辣な仕方で、自分達がその悪徳や肉欲に基づいて奪う空虚な名誉・有害な公職及び富を求めるものであると。そして彼らには益々高まりかつ益々多くうる、猛烈にして飽くことなき欲望以外には何も残らないのであり、そうしたものは彼らの愚と犯罪の処罰として彼らにもたらされるものであります」[5]。

この対話において先ずシドニーは、その宮廷官吏のフィラリーズに語らせた問題を妥当とせしめ、かつそれらを二つの形で答える。第一に、チャールズ二世の王政復古体制は、人々に最大限の現世的繁栄において制限的統治と自由を与えていない故に、人々が不満をもつという。第二に、その体制は、そうした人々を抑圧し、かつ苦しめるものとなってしまっているというものである。そうしたこの共和主義者は、その欺瞞的体制が、官吏や聖職者などを通じて人々を悲惨な状態へとおとしめていると訴えている。

(二)　君主制と混合政体的共和制

シドニーは、『宮廷の格言』において第二章第一の宮廷格言「君主制は、最善の政体形態である」[6]の章を設定し、イングランドの王党派による国王の理念像の主張から論を開始する。その宮廷官吏であるフィラリーズは、次のように述べる。

「君主制の主張に、真理に関して最も確かな説得を与えるものは、神が天における君主のように地上での君主の偉大さと権力のイメージとして君主達を任命し、かつ神が選んだイスラエルの民（この事例に、他のもの全てが従うべきである）に対しての国王を構成しているものです」。この旧約聖書的出発点についてシドニーは、必ずしも全面否定する立場をとるものではないが、現世の君主を絶対視する当時の聖職者達などとともにその政治体制に問題があるという。シドニーは法形成権が、一人物のみにあるという絶対君主制を否定する。シドニーのいう文明的世界（当時の欧州先進諸国）は、国王といえども「議会《パーラメンツ》・等族議会（assemblies of estates）、立法会議《ダイアッツ》など以外に法形成権をもたぬ立憲制」に従っていると説く。シドニーは、自らが容認できる君主制は、「国王が社会の維持ゆえに樹立され、かつ構成される[7]」場合であり、次のような三点の条件付きのものであるという。

「第一に、社会が人々によって構成されること。第二に、人々自身の善の考慮が人々を説いて社会を構成させること。第三に、別な政体が国王の政体よりもその善へと導くように思えるならば、人々は、自分達がより多くの幸福を期待しうるその別な政体を選択し[8]」うることであると主張する。

その条件のうちの第一のものは、民権的立場から人々からなる社会の構成をそのベースに据える。次に、民の善のために君主らがその民を同意へと導くことをあげる。最後に最終的にはその君主政体が悪ければ、他の政体への選択の余地を残しておくというものである。ここにおいても三つの政体の混合的要素面が推定できる。即ち、君主制的な国王、貴族制的な指導者達、および民衆政体的民の混合による混成である。

これに対して熱烈に君主制を主張するフィラリーズは、混合政体を主たる要素とする共和制を次のようにこきおろす。「一年任期の統治官・元老院・或いは民会によって統治された諸国は、民の怒りによって恒常的に扇動されたゆえに（法形成の失望が一人物の手へと自分達を投入するか、或いは分裂によって弱体化されるかのいずれかにまでに）、彼らは、自分達自体の中で反乱を起こす者にとっての或いはある強力な近隣諸国にとっての容易な餌食となりました」。シドニーは、ここまで直ぐにはそうした共和制擁護の論陣を張ることを控え、その統治政体の基本である、「最善にして最も学識をもち、武勇があり、高貴な精神をもつ者によってなされる」(9)といったあるべき政治指導者要件の重要性を付している。

次にシドニーは、徐々に共和制の長所によって、絶対的な君主制ないし悪しき君主制論を批判し始める。シドニーは、自らと同じ立場に立つ共和主義者ユーノミウスに次のようにいわせる。即ち、「私はその民によって構成せしめられた国王達によって、正しい法権力をもつ人々を意味づけます。私は、法なくして国王下にもたらす君主を、専制君主・盗人・社会の敵（そうした君主に抗して各人は兵士である）とみなします」と。シドニーは、この主張により法の支配下にある国王説によって、その対極にある専制君主と区別して名づけ、対決する論法を示す。そうした人物は、「力によるか或いは詐欺によるか、又はその両方によるか」によって「国民の同意」(10)をなきものにするというのである。

そこで問題となるのは、周知のノルマン公ウィリアムによるイングランド征服事件である。これについてシドニーは、従来の共和主義的にして自由主義的な立場からその正統性論を展開する。

「征服者と称せられたウィリアムについて、後の君主達がその追従的重臣達によって君主に与えられた名にいかに値しないかを経験は示します。イングランドの貴族とコモンズ［市民達］のかなりの部分は、その当初からウィリアムを自分達の長にして指導者とせしめました」(11)という。つまりウィリアムは、そのこびへつらう私的な重臣達によって是認されることよりも、正統的な貴族や市民達の指導者達によって承認されたというものである。いずれにせよ、ウィリアム君主は、長子相続的世襲制によって正統性をえたのではなく、その能力などの選出的側面によって同意がえられたと主張することとなる。

またシドニーは、この二人の対話者を通じて「国王政体《キングリイ》」ないし「君主政体《モナーキカル》」という用語のニュアンスの違いと、そうした正統的なものとそれに値いしないものの意味づけを次のように確認する。「ある国王は正しく君主と呼びますが、君主達全てを正しく国王と呼ぶことは出来ません。というのは国家の主要な権力をうる各簒奪者ないし盗人は、君主でありますが、そうしたものは誰も国王の名に値せず、彼に合法的に与えられた権利によって治める者のみがその名に値するからです[12]」。シドニーはここにおいて、先ず最初に一人による支配政体という数的側面で君主制を定義づける。次に彼は、その君主制において合法的に主権力が与えられたものが国王であり、かつその人物は正統性をもつとみなす。その権力が簒奪などの非合法的な手段でえられたものは、正統的な国王とみなさないというのである。

更にシドニーは、征服に関連する戦争面から共和制と君主制を比較する。「征服された諸国の勝利数と規模のみ検討するならば、共和国よりも多くの卓越した国王が存在する故に、その優越は、国王の陣営にあ」るという。これはその国王のすぐれた資質の長所をシドニーが認める側面でもあるが、その古代的共和主義の利点を強調する彼は、次のようにその優位性を主張する。「含まれた諸困難や他の重要な状況を検討すれば、共和国が国王よりもその勝利をよく誇りうることを[13]」知ることとなると説く。そしてシドニーは、共和国が君主国よりも戦争において力をよりよく発揮することを示すために近世の三事例を列挙する。

「オランダ連盟諸州の事例は、スペインの軍事力全てに抗して自衛し、かつその戦争中に力と富を増大させるのであります。第二に、ヴェネツイアのそれは、オスマントルコの恐しい軍事力に抗して二〇年間ほとんど敗北なくして戦ったのであります。第三に、イングランド共和国は、五年間にわたりスコットランドやアイルランドを完全に征服し、かつオランダ人達が最も徹底した弱体化へと貶められるほど、きわめて多くの戦闘において彼らを破ったのでありま す[14]」。ここではシドニーは、その重要な文脈には深入りせず、その戦争に携わる人々（兵士）の力の長所の視点からその事例を取り上げているのである。とはいえそのアイルランド征服などについては周知の如く、負の側面が多く指摘されており、問題も残している。

シドニーは、この章の最後において国内の対立に関する君主達の悪しき宮廷格言によって開始する文節を配する。「君主制の三つの宮廷格言［即ち、第一に、その君主が息子をもつや否や、君主の兄弟や甥全ては競争相手をなくすために殺害される。第二に、君主は貴族を破滅に追い込み、かつ誰も自分の父の財産の相続者となりえぬようにせしめる。第三に、君主は反乱の不可能な状態（「彼らは荒廃をつくり、そうしてそれを平和と呼ぶ」）にまで全ての被征服属州を弱める］が存在します。そうした全ての君主制において（トルコのそれを除き）、宮廷の諸党派は、共和国における民衆の騒擾よりもはるかに有害でありま す[15]」。

シドニーは、ここにおいて悪しき君主制の側面を列挙しつつ、その宮廷内部の混乱状況と絡め、その現実のチャールズ二世による君主制体制を悪しきものとして断定する。そして次のような文章によってこの章を結ぶ。「分裂によって自由な諸国がしばしば君主制のみへと陥る事は、君主制が生に対しての死の如く、国家に対しての死であると示します。そうして死が『一人物を陥れる事ができる最悪であるように、君主制は一国を陥れる事ができるうちの最悪でありま す[16]』」。

シドニーによるこの表現は、きわめて徹底した君主制批判であり、それはチャールズ一世の処刑、それに続く共和制、更には自らの亡命、自らの過激な性格などから発する故ともみなしうる。それは、シドニーの共和主義的強度の高さを最も強く示すものでもあり、かつその後期の『統治論』との差違でもある。

(三)　君主制と貴族

われわれは、シドニーにおいて混合政体論を探る枠組みを使ってきている故に、『宮廷の格言』における第五章「第四の宮廷格言［君主制は、貴族が抑圧され柔弱にされかつ腐敗されなければ、安全ではない］」[17]を重視する必要がある。この宮廷格言は、逆説的に解釈する必要があるものである。この第四宮廷格言は、シドニーが想定する古来の貴族についてよりむしろ、新しく台頭した当時の貴族の問題を示し、かつ君主と一体となって腐敗する専制的体制として論じているのである。シドニーによる混合政体論的要素をなす貴族は、強力にして勇敢である知恵も有する（有徳的存在である）貴族制的長所をもつ存在であった。しかしここでの新しい成り上り的貴族は、傲慢にして利己的利益を追求する類型として描かれる。

シドニーは、共和主義者ユーノミウスを通じてその格言の奇妙さから問いただす。

「宮廷からより遠くに離れて生活する私達は、君主制と貴族が一方が他方なくして十分には存続しえぬときめて厳密に辻褄を合わせると信じるからであります。そして君主制がその君主制の偉大さを主に支持するあの秩序を弱体化するように努めること以上に非合理なことなどありません」[18]。ここではシドニーは、素朴な疑問から説き起す。これは、当時の王党派的（即ち、世襲制的にして絶対的な君主を支柱とする）主張にしろ、共和主義的混合政体論的（君主制の強力さと貴族制の知恵の要素などを含むもの）主張に共通する問いである。いずれにせよシドニーは、自らが主張する混合政体論的主張とからめてこの章を次のような要約として簡明に示す。

「全てを要約すれば、これらの新しい宮廷官吏達は、その傲慢や暴力によって古来の貴族精神を破り、そうした精神を踏みにじり、かつその狡猾によって彼ら［古来の貴族］を隷属させ、かつ崩壊させるのであります。彼らの事例によってそうした官吏達は、風紀において腐敗され、柔弱にされております。そして古来の貴族は、民の自由を保とうといつも努めていましたし、民を幸福にしようと努めましたが、これらの新参者達は民を貧しくし、弱め、抑圧し、かつ破壊しようと同様に努めたのであります[19]」。

この文節においてシドニーは、その新参貴族達の傍若無人な行動と振る舞いによって、自らが主張する古来の貴族精神を破壊させていると批判する。更にシドニーは、そうした「卑しむべき」成り上がり者達が必然的に腐敗しており、かつ柔弱になっており、古来の貴族による民の善の追求とは全く逆に、民をなきものとすると論難する。

㈣ 民と国王

われわれは、シドニーによる政治権力制限論的にして自由主義的混合政体論の分析枠組みを使う立場に立脚する故に、民衆政体的要素を担う民の内容を扱かう第六章に焦点をあてる必要がある。それは、「第五の宮廷の格言」（民の幸福は、貴族の卓越と有徳と同様に国王にとって有害である[20]）という見出しとなっている。これは、絶対君主親政主義の立場からの発想であり、その国王を支える貴族が権威をもち過ぎることを警戒するものであり、更に民の公共心の高まりと数的実力を恐れるものである。そうした王党派の問題意識からシドニーは、フィラリーズを通してそれを次のように語らせる。

「貴族というものは、評判をえかつ権力にある間には、不満解消のために民を率いる気でおります。かくすることによって貴族が信用面で除かれかつ低下されることが、国王にとって大きな助けとなります。しかしその民が強力にして数的に多く、かつ富んでいる限り、国王は決して幸福ではありえません」。ここでは貴族の指導者的役割が民との関連でその矛盾によって低下させる過程を先ず最初に措定する。次にこの章の主題的存在である民の脅威を描く。これに対して民権的立場に立つユーノミウスを通してシドニーは、問い始める。次のように「私は、民の富と幸福が統治者達の安全に通じうるとむしろ考えるべきだったでしょう。民は、富んでいればその富の没収の恐れ故に満足し、かつ静穏でいるでしょう。しかしもし統治者達の手段によって民が貧しくされ、富の没収へと至らしめられれば、民はほとんど失うものをもたぬ凶暴な決断へと間もなく、突き進むことでしょう[21]」。

この部分においてシドニーは、人間に対する楽観主義的立場（ゆえに積極的にして自由主義的である）から、人間の大半を占める民の豊かさとその幸福を第一に据える。その統治者達は、それらを追求することによってその政体が安定するとみなすこととなる。その逆に彼らの富を奪うことになれば、その民は、その不満によって逆に失なうものがないためにその支配者達を脅かすこととなってしまうというのである。マルクス主義的標語を使っていうならば、その民は失うものが鉄鎖のみとなり、革命状況を生み出すことになろうというものである。

当時の王党派の見解からシドニーは、貿易の効力の是非についてその宮廷官吏のフィラリーズに語らせる。「民を貧しくし、低く抑えておくこの仕事に効果を与えるために私達は、貿易を破壊することが国王の利益であると考えます。というのは民の数・富・および力を増大し続ける一方で、民を低く抑えておくことなど存在しないからであります[22]」。ここでは当時の民権派の共通項としての民の富の増大と自由の主張と関連づけるところは、かなり通説（初期資本主義における自由主義的傾向）にそっている。他方において当時の旧体制を代表する陣営は、その脅威の中心が貿易の拡大にあるとみなし、それを破壊しようとするものである。

シドニーは、その貿易の破壊による民の抑圧の事例をフィラリーズを通じて列挙し、次のように自らの化身的役割を演じる共和主義者のユーノミウスを通じてその問題点を次のようにまとめる。「私がそうしたものに大いに合意すばよろしいのでしょうが、私はそれらの方向に反対して次の三つの異論を見出します。第一に、民が貧しくされたとき、国王は貧しさを増大させるにちがいありませんし、国王は民から受け取るもの以外には何もえるものではないのです。第二に、かくして利用された民は、怒りを増すことになりえ、きわめて重い軛を払拭しようと試みるかもしれません。第三に、かくして短期間にこの国は、外国によって容易に征服される程までに弱体化してしまいましょう[23]」。

ユーノミウスは、その正統的王党派の説明に対し、それに当然反対する立場から三つの異論という形で主張する。その第一は、国家の主要部分を構成する民が貧困におとしめられたままでは、君主を含めた国家全体が貧しくなってしまうという。第二は、その体制側が民をかくするまでに弾圧すれば、彼らは反乱に至ってしまうと主張する。第三に、イングランドは、国家の多数を占める民が外国の征服によって弱体化されてしまうと説く。シドニーは、特にこの第三の異論についてそのユーノミウスを介して次のように説明させる。

「それは、私には明らかに思える諸事由故であります。確かにイングランドは征服する価値があり、この国をえる可能性があるときは何時でも確かにそれ［征服］は試みられるでしょう。民が強力で数が多く勇敢で賢明で規律がよくとれ富んでおり、彼らが現状に満足するとき、征服は困難であります。もし民が弱体化し、数が少なく臆病で規律を欠き、貧しくして不満状態にある場合には彼らは容易に征服されます。これは私達の現在の状態であります。あなた方は、不平不満を解消するため及び外敵に抗して、民の指導者となるべき貴族を腐敗させ、崩壊させ、かつ力をそごうと努めます。あなた方は戦争規律を破壊しようと努め、民を隷属せしめ、弱体化させ、貧しくさせ、数少なくさせようと努めます。そうしたものに従うことによってでは外国人の容易な餌食と彼らをせしめるものに何ものも、加えることができません（もし彼らの悲惨の意味と、その悲惨を彼らにもたらす彼らの憎しみの意味とが、人々をしていかなる侵略者も救済者としてみなさなければ）。そしてあなた方は、民を国内における傲慢にして残忍な支配者達のために闘うよりもむしろ外国人に服従させてしまうのです[24]」。

シドニーは、この部分においてイングランドが多様な観念で豊かな国であるという意味で、征服される可能性があるという。ところが従来のこの国は、市民が多様な有徳をもち、彼らが満足していたので外敵による征服は不可能であったと示す。王政復古した当時の状況は、その征服の可能性が高い状態にまで追い込まれているという認識を示す。更にシドニーの混合政体論の三要素のうちのもう一つの存在である貴族を、その支配者達は骨抜きにさせようと努力しているという。ここでの主題である民は、シドニーにとって国家の主要部分であるし、一つの根拠として戦時には兵士として支柱を形成するものとみなしている。更に彼は、貴族がその民の指導者であることを当然のこととして語る故にフィラリーズといった当時の体制の支配部分を構成する宮廷官吏達によって、民の規律を破壊させようとすることは言語道断であると批判する。シドニーによればそうしたフィラリーズらが、市民抑圧的体制の片棒をかついでいると論難するのである。

(五) 王政復古前半期の非合法的君主制批判

われわれは、前述の如くシドニーの『宮廷の格言』における三つの章を選び、一七世紀的混合政体論の三要素を構成する君主制的要素、貴族制的要素、及び民衆政体的要素を含むものに焦点をあてつつ整理してきた。続いてわれわれは、シドニーが本来主張する最終章(第一四の宮廷格言「本論の結論として君主制が簡明にして一般的に非合法であるかどうかの問題を論じる[25]」)を検討することとする。

シドニーは、この章の冒頭で専制的君主に従う陣営の信心深い人々と、その専制権力によって抑圧される陣営における信心深い人々の両極を示し、ユーノミウスを通じてその問題を提起する。「良心のために受難者となること以外に何も望まぬ貧しいクウェイカー教徒達は、力全てを放棄しており、かつ次のような理由故にあなた方の憎悪をかいます。というのは彼らは、ダニエルが、その国王が禁じたにもかかわらず、神を求めたからであります。私がこの事以上にあなた方のやり方において不思議に思わぬ事などありません。あなた方には、その精神を恐れる理由があります。信心深い人々は、そうした才能に恵まれており、その精神があなた方の破壊に向けて、彼らの間での団結のリンクとなりえます[26]」。この共和主義者は、その専制権力による抑圧をうけるクウェイカー教徒を一事例としてその体制側の官吏に示す。それは、彼らを旧約聖書『ダニエル記』における預言者にして信仰篤き人物と伝えられるダニエルに関係づけて正当化する。シドニーはそのダニエルにたとえられた被抑圧者の信仰精神を、当時の君主が恐れるたとえとして使っている。抑圧者側のフィラリーズらによる彼らの破壊は、被抑圧者達の間での団結のかかわりとなりうるというものである。

「あなた方は、彼らの分裂があなた方の体制となったことを知るのであります。そしてそれが行われた詐欺を今見つけられるならば、恐らくあなた方は、それをえた同じ技術にほかならぬものによってその体制を保ちうるでしょう。そして正直なその党派間での分裂があなた方の繁栄の原因となったように、彼らの団結はあなた方を破壊へと容易にもたらすのであります。祈禱や礼拝に加えるものは、彼らをして相互に知らせるばかりでなく、相互に彼らの愛とキリスト（彼らの長）における信仰を増大させるのです。これをあなた方は、［反政府的］扇動と呼びます。これらの人々は、あなた方が専制政体と悪辣さからなる平和を確保するために破壊せねばならぬ有害な狂信者達であります。そしてここにおいてあなた方は、世界の開始以来最も悪辣な専制君主達全てに従うゆえに次の理由でそうした呼称に満足せねばならないのです。というのは各人は、自分の行動と一致しうる名をもつ以外に合理的なものなど存在しないからであります[27]」。

この文節においてシドニーは、その深刻な宗教宗派間の対立が、逆説的に王政復古体制の復活に貢献したとすることから説き起す。その体制は、自らの堕落を隠蔽する詐欺によって成立したが、今発見されたものであるという。そうなれば、当時の体制はその団結によって崩壊へともたらされると説く。こうした彼らは、当時の体制に抗してその信仰を一層深めることになると説く。これに対し、フィラリーズの君主体制側は、それを反乱的破壊活動とみなすという。そうしたものを宮廷側は、自らの絶対君主的専制とあくどい見せかけだけの平和（彼らが呼ぶもの）を安全とするゆえに放逐せねばならぬ害毒を有する熱狂者達であるとみなすのである。これをシドニーは、宮廷側の君主制一般の第一の問題につなげる。それは、最も悪辣な暴君的君主制問題であるという。

シドニーは、第二の君主制一般問題を次のように設定する。「その君主制一般についてのあなた方の第二の問題は、長い言説が必要ですが、私はその証拠を曖昧にすることなく、或いは不完全にしておく事なしに出来るほど狭い範囲へとそれを引き入れます。私は、全ての君主制が絶対的に非合法とは思い切って言いません。というのは最広義の君主制は、一人物が他者の上に優越させる政体を意味するように次のような多くの種類へと識別可能であるからです。即ち、多くの種類のものは、一人物が多かれ少なかれ権力をもつところにおけるような程度で異なるばかりでなく、私達が聖書・理性・及び人間に関する著者達の諸規則によって検討する、善悪、正不正といったような種類においても異なるのであります[28]」。シドニーは、最も広範囲な意味での君主制がこの部分において一人物によって他者に対して優位する政体を意味することを除き多様に異なると主張する。シドニーは、基本的には世襲制のそれを好むものではなく、選出による君主制を選好する立場を既に明らかにしている。われわれは、特に彼が混合政体論を基本的に土台とする立場からこの引用の表現こそ、その共和主義的性質も有するものと解釈できる。この文節によるものの中には一人物の権力を掌握する度合が多様に異なると示す部分などは、その自由主義的にして多元論的政治権力制限論に通じる余地を与える。それは、その他のものについても更にその選択的広がりを示し、立憲制に関しても多様性を主張している部分でもある。シドニーにおけるこの多様性の主張は、その『統治論』と一致する。

続いてシドニーは、その最広義の君主制のうちの聖書における三種類を次のように提示する。「第一に、モーセ・ヨシュア・サムエル・及び他の士師達の君主制であります。第二に、『申命記』第一七章において記述された君主制であります。第三に、『サムエル記（上）』第八章と第十章における君主制であります[29]」。そのうちの第一のものは、「神の精神（信仰・知恵・及び神聖性に満ちた）によって導かれ、次のようなある大きな仕事の達成のために彼の民の間に、長として神によってあげられたその神によって愛された一人物が、簡明に善であるところのものであります。即ち、彼らをエジプトから連れ出し、彼らに法を与え、呪われた諸国民を駆逐し、彼らを暴君から救い出すような」。シドニーは神の名において彼自ら標的を明確に定め、民を救出する論へと結びつける。シドニーはそれを「神政政治[30]」と名づける。

「第二の種類の君主制は王制《キングシップ》であります。それはただたんに善であるばかりでも悪ばかりでもなく、ある程度有用となりうる程に制限しえ、この制約からその政体がその正当な制限を緩め、かつ越えるならば、それは害を増します。この政体を善とせしめる要件は、次のようであります。即ち、その人物は主によって選ばれるべきであり、その人物は私達の同胞のうちの一人であるべきであり、自らが国王であるとき、自らの同胞の上にあげてはならず、かつその彼は決して左右へと神法から逸脱すべきではありません」（『申命記』第一七章）。ここでの君主制は、第一のものが優れた精神をもち、強力な指導力をもった国王による政治をイメージしたものであるのに対し、その君主がその同胞と同列に位置するもの及び、神法に誠実に従うものとの二つを描いている。従ってそうした君主は、制限的なものであるという。更にこの種の君主について次のようにユーノミウスは、つけ加えている。「国王達は、当然傲慢・肉欲・

貪欲へと陥ります。ここにそうした悪を増大させる国王達に対する抑制が存在します。馬・妻・富の倍増は、禁じられます。この地位について換言すれば、ヨセフス（『古代ユダヤ史』第四巻第六章）は、モーセが彼らに次のように教えたといいます。即ち、神が彼らの中で構築する政体が最善であり、かつ彼等は、自分達の国王として神をもつことで満足すべきであると。しかしもし彼らが君主をもつならば、彼は知恵・正義・及び敬虔において優れる一人であるべきであり、かつ高位の聖職者や長老などの助言と同意なくしては何事もなしえぬ力によってそうであるべきであると。もし彼が彼らの助言と同意なくして事を試みれば、彼らは彼にそれを禁じることになったでしょう[31]」。この文節では共和主義者ユーノミウスは様々な私欲を抑えるように進め、富の過剰な増加さえも禁じる戒律を与えている。彼は、神が与えたものを最善とすべきであり、それ以上に望むことなくそれに満足すべきであると説く。最後にそうした君主をもった場合にはより優れた一人物とすべきであり、その上位の宗教者や高齢にして権威をもつ人々の忠告に従い、かつ許可をうるべきであるという。そうした君主制は、その君主が専制支配をしようとすれば、その司祭達によってそれが阻止されると説く。

シドニーが批判の的として援用する聖書における君主制は、次の第三の種類である。「その君主制は、簡明にして一般的に悪であります。イスラエルの民は、自分達の周囲の他の諸国のような国王をもつことを主張しました。この要求は、彼らの長にして主でありかつ王である神の放棄でした。彼らが主以外にサムエルを拒絶していないと、主はサムエルに言いました。彼らは諸国民の中から選ばれた民でありましたし、至福と自由、神自身によって構成された法及び政体を享受しました。このことは、その民を気に入らせませんでした。彼らは、自分達の近隣諸国の偶像崇拝宗教をもつことに満足するばかりでなく、偶像崇拝と専制政体《テイラニー》との間にある結合がいかに強固であるかの状態を示すために、自分達の政体形態ももたねばならないのです。彼らは、偶像崇拝の堕落と汚染と同様に隷従の悲惨と恥辱にある隣国人のようであります。悪魔は、真なる神の崇拝に反対して幾人かの名及び人物の下で自身の崇拝である偶像崇拝を設定します。そして人々がこの罠《わな》へともたらされるとき、彼は、人々を誘って、神が設定した政体に反して専制君主を容易に設立させることができるのであります。……彼らによってなされた全ての他の諸悪に、彼らは国王を要請することを加えました」[32]。この種類の君主制において共和主義者ユーノミウスは、自らの徹底した王政復古体制批判をそれと結びつける。即ち、そのイスラエルの民は、自らの国王を求め、かつ偶像を崇拝し、専制政体を勝手に招いてしまっているという。その政体の崩壊過程についてシドニーは、次のように示す。「神は、その判断の中で慈悲を想起し、神自身の思い通りに一人物を彼らの国王として立て、かつ神自身による忠告の達成のために、彼らがその不衡平の限度に達するまでダビデ家においてなお灯りをともさせ、そうしてその結果彼らはネブカドネザルによって全面的に打倒されたのであります[33]」。それは、民が勝手に自らの都合のよい君主を選びかつ偶像を崇拝するといった誤まった政体を天罰として破壊されるイメージをつくり上げている。この旧約聖書における事項は、その『統治論』においてもフィルマーの『家父長論』に関連して論じられている。

続いてシドニーは、自らが主張する共和主義的法の支配論の立場からこの批判の筋道をこの誤まった政体批判と絡ませる。

「人間の弱さと堕落に対する矯正策として法が形成され、かつ政体が構成されます。有徳へと導き、有徳を促進し、かつ悪を罰するこれらの法のみ善であります。肉と血から構成される者が誰であれ、不衡平が疑われます。名誉ある人間は、最高な状態において滅びる獣のようであります。人間は、いつも悪の誘惑には抵抗できません。それ故に共和国においてよく構成された法が、統治するのであって人間が統治するものではありません。統治者が悪辣であっても立憲制は、人間の途方もない肉欲を制限することができ、かつ人間の犯罪を処罰しうるようなものです。全てが乱れるところでは人間の弱さと悪辣さは、一国の破壊であります。ソロモンないし他のものの豪華さについていわれるもの全てのみは、神の命令によってサムエルがその民に告発したことを検証したと示すことなのです。彼らの国王は、その国民の抑圧によって自分達自ら富んだのであります。イスラエル人達の至福は、自分達の国王の富から推論することなどほとんどできません。いかなる人も、イングランドの民が次のような理由で今幸福であると本当に言いうるようには推論しえません。即ち、スチュアート王朝一族は、自らの従僕と寄生者とともに、豪華さと贅沢の極みに生きているという理由で。その逆は、最も正しく結論づけることができます。というのは盗人の富がその盗人によって強奪された旅人の貧困であるように、自分がその臣民から毟り取る事以外に何ものももたぬ国王の豊かさは、その臣民の貧窮と悲惨であるからであります[34]」。

シドニーは、この前半部において人間の弱さ、堕落しやすさ、或いは誘惑されやすさといった人間の欠点から出発する。これに対して、法は政体、及び有徳などによってそれらを克服するものとして楽観主義的人間観を立て直す。そして彼は、そのうちの法の優位性によって順次うまくつなげていく。従って彼の主張する共栄国ないし共和国は、うまく立憲化された法によって統治されるものであるという。つまり、それは人の支配であってはならぬと説くものである。ユーノミウスは、この後半部で聖書におけるイスラエルの崩壊事例を示しつつ、その本来の主張である復古王朝体制を名指しすることによって批判を開始する。つまり、そのチャールズ二世体制は、その宮廷政権が豪華さと贅沢の限りを尽しており、それが民から強奪したものによってそうしているのであって、民の貧困の犠牲の上に成立しているという論法となっている。この論調もマルクス主義的発展段階説のうちの一つである被支配階級に対する支配階級による詐取説の論調を想起させるものである。

われわれは、シドニーにおいてその政体論を第一次的に検討する視野を採用している故に、この結論章後半部におけるその専制的君主制と王制的君主制との二分類形式に従うこととなる。

共和主義者ユーノミウスは、その専制的君主制を通じて自らの立場を主張しようとする。「専制的《デスポティカル》統治は、奴隷に対して行使されるものです。その統治者の善が主に意図されます。たとえ被治者の善になんらかの配慮がなされるとしても、次のようにその政体は、その統治者のために始まります。即ち、ある人は自分が強くなりえ、かつ自分に役立てうるために、自分の馬に十分に食糧を与えるように（それはその馬への愛情のためではなく自身のために）、或いはその人が自身の便益で自分の羊を殺す目的で羊を太らすように[35]」。こうした統治者の利益のために馬や羊といった家畜の如く育てかつ殺すたとえで被治者をシドニーは示し、かつ彼らを人間扱いしないとしてその統治者をこきおろす。

シドニーは、もう一方の君主制を「合法的君主制」とも換言するものを説明する。「第二の種類の君主制（合法的である）は、あらゆる点において第一のものと異なります。自由な人間は、法に従って自由な人々を統治します。被治者の善が主に目指され、統治者の善は、もし統治者がその政体を適切に扱うならば、自分の有徳の報賞として偶然的に到来し、もし彼が悪く扱うならば処罰されます。有徳に報賞をあてる正義と理性の同じ法は、悪を処罰することを宣します。第二に、君主が統治することを規定した法は、治者と被治者との間の契約の効力を有します。契約を破ることによって自らの信頼を裏切る君主は、それによって自らの便益も言い張る事ができませんが、自らの背信の罰を招きます。第三に、これらの統治者が構成される目的は被治者の善であります。もしその統治者が被治者に抗する危害に自らの権力を用いるならば、その立憲制が無効であり、かつその政体における首位者であったものは、その不履行を自ら犯している人物よりもいつも劣っているというあの恒久的正義の規則によってその最下位者となります[36]」。

シドニーは、この合法的君主制を規範とする立場を表わす。第一に、シドニーにおける公民は、自由人であり、法にのっとって他の諸個人を治めるものであり、自治観念を説く。従ってそれは、統治者の福祉のために行われる統治であって因果応報を支柱とする。第二に、そうした君主が合意した法は、両当事者間の契約の効力を有するというものである。

次にシドニーは、こうした君主制一般を基盤として君主そのものについて論及する形式を採用し、かつ自らの論を展開する。

「君主について語り、支配者である人物の第一のものについて、即ち『専制的政体《デスポティカル》をもつこと』について語ることは今絶好機であります。人々をそのように支配する人は、次のように示されねばなりません。こうした支配者達は資質と有徳において人々の上にあり、かつもしその君主が権力において同様に他者の上にあるならば、他者がもつ悪をもたないことを。というのは人々は、たとえ自分達とかわらないとしても、君主が人々を統治するのに適しているのと同様に、君主を治めるのに適しているからであります。当然ながら存在しない政治的優越を君主に与えることは馬鹿げています。自然的に反するものは、いつも悪であります。『対等者は、相互に対して権利をもつことはできない』(ブラクトン)ものです。他者と対等でしかない人は、他者に対して支配すべきでありません。神は、最初に国王達を設定するとき、ユダヤ人達に他者よりも優れている一人物を選ぶように指導しました。その運命は、残りの諸国民のように国王を望むときに自分達の空虚さと適合した、身長の高さと美しさにおける外見故に、彼ら全てを凌ぐサウルにおりました。サムエルが言うように、主がサウルを選ぶ故に、民全ての中で彼のような者はおりません(『サムエル記(上)』第十章)。しかし神は、美点の偽りの外見面で最初に彼らが気に入った、人物の治世による故に真実にして本当の悪を被る人々に同情したとき、神は、顔つきも身長も考慮に入れずに、エリアブとアビナダブを拒絶し、かつ勤勉・武勇・正義・及び敬虔といった国王の真の有徳故に、その時代のイスラエル人達全てよりもはるか勝る彼[ダビデ]を選出しました。第三の選出において神は、その主張を大いに貫き、かつ知恵(政体にとって最高度な有徳である）について彼の前後全ての者に勝る者を任命しました。専制的政体《デスポティカル》のこれらの二種類のいずれかは、もし被治者がこうした条件に値するのに大いなる要件を備えるならば、正当でありえ、或いはもし治者が被治者に対するこうした卓越に正当な権限を与える有徳をもつならば、正当であるかもしれません(37)」。

共和主義者ユーノミウスは、ここにおいて『サムエル記』などを通じ、かつサウルやダビデをモデルとして援用しつつ、客観的基準によってそうした君主政体を分類しようと努める。その第一のものは、凡庸な一人物による支配政体である。もう一方は、勤勉・武勇・正義・敬虔・及び知恵において優れた一人物による支配政体である。彼によれば、いずれの政体も被治者によってその状況とのかかわりによる評価を通じて、或いは被治者に正当な権限を与える程の度量をもてば妥当と認めると説く。

シドニーが最も論難に値するものは、最後の専制的政体《デスポティカル》であるという。それは、「次のようなことが当然にして一般的にかつ恒久的に不正であり、嫌悪されるべきにして憎むべきものであります。即ち、自然的に能力が賦与され、自治するのに適しており、かつ神・自らの国・及び自らのために、かつそれらに従って律して生きるのに適する人々は、自分達が生まれて身につけている自由を決して侵していない場合、詐欺ないし暴力によって自分達と同等な他人ないし自分達よりも悪い他の一人に従って、かつその他の一人のために生かされることになるほどのものであります」。即ち、ここにおいてこの共和主義者は、正しくして有徳な人々が自ら自由をおかさなくとも、悪しきだましや不当な力によって悪しき者とされてしまうというのである。シドニーは、その文節における如くこの対象を引き出すためにかなり回りくどい論法を使ってきている。そのユーノミウスは、当時でも権威を有していたアリストテレスを援用して次のようにたたみかける。

「アリストテレスの言葉によると、これは最悪な僭主政体であり、悪辣にして不正で恥ずべきであるものを全てを含むのであります。それを試みる事は悪辣な狂気であります。それを執行する者は怪物であり、人類の敵であります。全ての人々は、そうした彼を破壊するために心と手をともに組まざるをえないのであります。それ故に彼が言うように大きな名誉は、社会の盗人や殺戮者を殺したような人々の故に古代に彼らにあてられたのではなく、最も重大な盗人や最悪な殺戮者である僭主達を殺した故にあてられたのであります(38)」。

これは、そのギリシャの大学者が政体論においてテイラニーを最悪とするものをシドニーが使う言葉によって、その王政復古体制批判を徹底させる。続いてシドニーは、当時のイングランドの専断的政体とギリシャの先達のものとやや異なるけれども、最悪としてそれを糾弾しているのである。そのユーノミウスは、お得意の盗人などの用語で当時のチャールズ二世体制が最大の盗賊にして最悪な殺人鬼のようなものとして際立たせようとしている。

シドニーは、この章において批判的側面の強調が目立つけれども、自らの肯定的主張を次のように述べている。

「さて私達は、私が次の三種に分けもする合法的である君主制の第二の種類にきております。第一に、称賛すべき武勇・正義・及び知恵をもつ一人物が自由な民の中で上昇し、かつ各人や全ての者に勝る場合であります。彼らは、政体が構成される諸目的（即ち、被治者の至福と完全の極致）へと導くこうした有徳全てにおいて上回るように、そうした彼によって統治されるのに快く服する故であります」。シドニーが前記のように王制的君主制と称するものが合法的君主制と名づけるものである。その三種のうちの第一のものは、サウルが国王として選ばれる条件を示すものであり、ここでは被治者の善要件を確認している。第二のものは、次のようにソクラテスの権威を援用するものである。即ち、「国王の義務と人物を記述するソクラテスは、次のように言っています。即ち、そうした人物は、（自らが狼や盗人から被治者達を擁護し、かつ防護し、裁判を取り扱い、無実な人々を擁護し、不正行為者を処罰し、かつ民を誘って自らの格言や手本によって有徳へと導き、故に民を誘って善にして幸福にさせるために）武勇・勤勉・及び軍事事項の知識において優れていなければならぬと」[39]。ここではユーノミウスは、その君主制を必ずしも明確な政体分類のようには示さぬが、やや第一のものに若干の要件を加えたソクラテス型とでもいえるものとなっている。あえて明確な点を強調すれば、それは国王たるものにとって軍事問題の知識の必要性の主張であろう。これも古代ローマの共和制をベースとして論じる古典的共和主義者としてのシドニーのシドニーらしき一端でもある。それは、今日的な政治指導者にとっても状況において異なるが、重要な要件でもある。

シドニーは、その最後の種類について次のようにユーノミウスを通して語らせる。「最後に、その人間の至福と完全の極致が神の知識及び神との一体化においてなる故に、そうした彼（彼の魂は、自らが民の最も主要にして最高善へと方向づける民の指導者となりうる、神事の知識で満たされた神によっては光があてられない故に）は、国王ではありえません。これは、セネカが『何者も恐れざる人が王なり、何ものも求めざる人が王なり』（即ち、自分自身によって、かつ世俗事項に関して）について話すような国王であります。このことは、私が目指す目的に偏見なくしてそれを認めますが、存在したものが何であれ、或いはこれから存在するものがなんであれ、空虚な推論ではありません。というのは政体が構成される諸目的へと導く有徳や資質について、一国において、他者全ての上にそのようにいかなる人も見出しえぬならば、自然・理性・及び正義によって政体における他者全てに対しこうした優位を言い張りうるものなどいないからであります。しかし国王の地位は、他の全ての者の上にありますが、だからといって自然・理性・及び正義の規則によって国王であるものなどありえません。それ故にそうしたいかなる権力も自らのものとみなす者が誰であれ、これらの絆を破り、自らを人類の敵とせしめるものであります。そしてそうした者は、理性や正義の友である人々には、人間の形をしているが人間性のひとかけらももたぬような怪物を破壊するように義務づけます」[40]。こうした最後の合法的君主制の種類は、セネカ型と呼ぶべきものである。即ち、自分自らが世俗事項において何ものも恐れず、何ものも要求しない公平無私的国王型ということとなる。換言すれば、国王自ら世俗事において勇気をもち、私心のないものであるというものであろう。しかしながらその枠内においてよきものと悪しきものには、かなりな幅をもつものとみなしうる。それは、悪しきものには、自然法や正義の味方の立場にたつシドニー側の人々によって彼らを破壊することを容認するものである。

シドニーは、次のような人々の長所を示す事例をあげてこの結論の章を締めくくっている。「しかしある話の筋は私達に全ての者に勝っている人々を知らせており、ゆえにそうした人々は、ある民に対して自然的至高性をもち、かつ丁度その民の善のために民によって快く委ねられる如くでありました。ペルーにおいてある男と女は、民が社会・法・或いは規則なしで獣のように野蛮な状態・残虐さ・及び偶像崇拝の下で生き、相互に殺し合いかつ食べ合っていることを見たといわれます。人は、その男女がその民に善をなし、家屋を建ててやり、衣服をつくってやり、トウモロコシをまいてやり、社会に入れてやり、その民に法を与えることを教えるために神によってつかわされるのであるとそうした彼らに話したのであります[41]」。

シドニーは、この『宮廷の格言』の末尾において民の進歩可能性を支柱として自らの主張を示そうとする。たとえ民が動物のような生活をしていようとも、よき指導者の指導力によって（それは神の意図を実現するという使命感によって）シドニーらの自由主義的グループは、社会をつくり、法に従って生活できる図式を描きつつ、当時の王政復古体制（堕落した政体としての）の打倒を通じて新体制の創設をイングランドの人々に訴えるものである。

（1） Algernon Sidney, *Court Maxims*, [MS CR 1886] title page MS.

（2） H. W. Blom et al. (eds.), *Sidney: Court Maxims*, Cambridge, 1996, p. xi.

(3) Algernon Sidney, *Court Maxims*, 1 MS.
(4) Algernon Sidney, *op.cit.*, 2 MS.
(5) *Ibid.*, 3-4 MS.
(6) *Ibid.*, 7 MS.
(7) *Ibid.*, 8-9 MS.
(8) *Ibid.*, 9 MS.
(9) *Ibid.*, 10 MS.
(10) *Ibid.*, 11 MS.
(11) *Ibid.*, 12 MS.
(12) *Ibid.*, 13 MS.
(13) *Ibid.*, 15 MS.
(14) *Ibid.*, 15-16 MS.
(15) *Ibid.*, 16-17 MS.
(16) *Ibid.*, 17 MS.
(17) *Ibid.*, 55 MS.
(18) *Ibid.*
(19) *Ibid.*, 59 MS.
(20) *Ibid.*
(21) *Ibid.*
(22) *Ibid.*, 61 MS.
(23) *Ibid.*, 63 MS.
(24) *Ibid.*, 65 MS.
(25) *Ibid.*, 195 MS.

(26) *Ibid.*, 196 MS.
(27) *Ibid.*
(28) *Ibid.*, 196-197 MS.
(29) *Ibid.*
(30) *Ibid.*
(31) *Ibid.*, 197-198 MS.
(32) *Ibid.*, 198-199 MS.
(33) *Ibid.*, 200 MS.
(34) *Ibid.*, 200-201 MS.
(35) *Ibid.*, 205 MS.
(36) *Ibid.*, 206-207 MS.
(37) *Ibid.*, 207-208 MS.
(38) *Ibid.*, 209-210 MS.
(39) *Ibid.*, 210 MS.
(40) *Ibid.*, 210-211 MS.
(41) *Ibid.*, 211 MS.

III 『統治論』における混合政体論

(一) 『統治論』の背景

シドニーは、周知の如く王政復古後半期の王位継承排斥法案危機に伴って生じた「ライハウス陰謀事件」の大逆罪容疑で逮捕され、その原稿である『統治論』をその証拠として没収され、裁判にかけられた後に処刑された。われわれは前述の如くシドニーの混合政体論を分析する立場から、その『統治論』を検討する段階に至っている。われわれは、本項においてその主著の第一章第一節（「序論」）における導入部分を捉えることによってその背景とするものである。

シドニーは、先ず最初にその節においてフィルマー卿の『家父長論』を論駁することを宣する。「私は、国王全ての普遍的にして分離されない権利についてR・フィルマー卿が書いた『家父長論』という題名の著作を最近検討してみた時、彼のひまな時間が彼の教義と彼の教義から生じる諸問題を検討するのに用いられるのはもっともと考えたのである。即ち、そのフィルマーの教義とその教義から生じる諸問題は、国王達が我々の将来の生活への影響力の他に、現世で配慮されることに値する全てを理解すると言いうるほどまでに、人類全てがかかわるように思えるというものである。もしフィルマーが真実を云うとすれば、その政体になにがしかの正義をもちうる世界には一つの政体しか存在しないこととなるのである」[1]。この部分ではやや回りくどくなっているけれども、シドニーは、「国王の普遍的権利」教義とその諸問題を主張するフィルマーの主著を先ず措定し、それは君主が現世と将来の両面にわたる影響力を見通す能力をもつとみなすものであるという。そこからフィルマーの教義は、絶対君主制のみが重要であるという主張につながるというものである。更にそれをうけてシドニーは、次のように続ける。

「そして人々のうちで最良にして最も賢明な者達としてこれまで尊敬されている人々は、次のような理由で、最も不正にして愚かな人々であったということとなってしまおう。即ち、そうした人々が公共善をうる為に全て一致できるいくつかの統治官職の権限を調和させるために、或いはよく規整された調和がその全体において保全する為に統治官達と民との間に諸権力を分割するために、共和国ないし王国を構成し、かつ多くの労をとったという理由で。こうした最良にして最も賢明な人々は、政体の構築者ではなく破壊者であったというものである」(2)。

この全能に近い絶対君主達と異なる賢者達は、シドニーによればフィルマーによって罪人扱いされてしまっていると示す。例えば、シドニー的な自由主義（ウィッグ）派的立場のものは、公共善と統治官達を調和させ、更にそうした為政者達と民との間の権力を分割する共和国や王国を構成するという根拠で悪者扱いにされてしまっているという。シドニーは、更に続ける部分でその政体論にかかわる内容を記す。そうした賢者達の「任務は、次のようなあの君主制に反対し、貴族制・民衆政体・或いは混合政体を設立することにあったという。即ち、そうした君主制は、不変な神法や自然法によって人類に課せられたものであると。さもなくば彼らは、同じ法によって絶対的にして統制されぬ君主に鎌［拘束］を厚かましくも置くというのである」(3)。シドニーによれば、フィルマーの絶対君主制論は、その自由主義論者達のそれとは全く逆であり、かつ自分達の政体論に対する敵対論を展開するものであるという。つまりそれは、前者が望ましいとみなし、後者が危険とみなす故である。従ってその混合政体論が当時の大きな争点のうちの一つであったことを示すのである。そこではシドニーとフィルマーの両方において混合政体論が自由主義的な政治権力制限論とみなしていることに注目する必要がある。

シドニーがフィルマー卿に対して最も反駁する明確な論点は、その民に抗する人間観の一対である。フィルマーは、その論点を次のように主張するという。即ち、「我々は、神に頼って暮らすべきではなく、人と付き合わずに我々自身で暮らすべきでもなく、神が我々に対して置いている支配者に頼って暮らすべきであると言うのである。一人統治政体は、万人に対して設立されるのであり、かつその政体を運営する一人の権力に少しの制限も置くことができぬ」(4)というものである。これは民の理性を否定する愚民思想に基くものであり、かつその上に立つ絶対君主を正当化する教義にほかならないのである。

シドニーは、こうしたフィルマーの教義とそれを標的とするものの要点を定めた後に次のような反撃的立場を固める。

「これによってフィルマーが進めようと努めるものが自らの国王であり、かつフィルマーがその国王の召使いであるように思えよう。フィルマーは、その国王に仕えると言い張る一方で。フィルマーが自分の偉大な主人の役務のために提案された諸目的に適合しうる手段を使っていることを明らかにするために、私は、フィルマーが偽りでないいかなる議論も使っておらず、かつ曲解せずにかつ濫用せぬいかなる著者も引用していないことを示すことを希望する。私の仕事は、その最も簡明な事が捕らえられぬようなそうした罠をあらわにする事にあるけれども、次のような仕方を検討するつもりはないのである。即ち、フィルマー卿は、当初から人類全てに共通である諸原理を破壊する程、大きな仕事を引き受けるにふさわしい人物であると自認するようになった仕方を。しかし私は、フィルマーが主張する立場や議論を慎重に検討することによってのみ（たとえそれらに真理と強みがあるとしても）我々に期待する理由など与えてくれなかったその発見が、次のようにもかかわらず、マーキュリー神像が構成しえぬ一つの木片も世界には存在しないということが、フィルマーから発していることを告白するものである。即ち、世界にはマーキュリー神像を作るのに全ての木片が十分であるとは限らぬと古代人達が言うにもかかわらず(5)」。

シドニーは、フィルマーが絶対君主に疑うことなく仕える召使いである如くそうした主権者の論理を主張しているのであって、その論証が虚偽にして曲解であり、かつ濫用であると断定する。更にフィルマーが、人類の尊厳を破砕する役目を引き受けることを誇るものであるという。従ってシドニーは、そうした論法に幻惑されることなく冷徹に彼に反駁することを宣しているのである。

（1）A. Sidney, *Discourses Concerning Government*, London, 1751, p. 3.
（2）A. Sidney, *op.cit.*, p. 3.
（3）*Ibid.*, p. 4.
（4）*Ibid.*
（5）*Ibid.*, pp. 4-5.

(二)『統治論』における混合政体論

シドニーがその『統治論』において混合政体論を主に主張する部分は、その第二章第一六節である。即ち、それは「世界の最善の政体は君主制・貴族制・民衆政体から構成される[1]」と題される。シドニーは、フィルマーが民衆政体《デモクラシー》対絶対君主制を対立軸に置こうとする議論に対して、その第二〇節において「民衆政体と君主制とを比較すべきでなく、正規な混合政体と絶対君主制と比較すべき[2]」であると主張する。これは、あのJ・ロックと同じ論理を使って民衆政体に対する王政復古期後半期の悪しきレッテルを避けている[3]側面を示す。シドニーは、この第一六節をそうした民衆政体用語から説き起す。

「民衆政体が専制を変えるために導入されたという事が、どんな卑俗な意見かなど私が知らない事について我々の著者の難癖は、答えるに値しない。というのは我々の問題は、我々が例えば我々自身にとって最善なように思えるものを構成するために、一政体形態が神や自然によって我々に規定されるか、或いは我々自身の悟性によって任せられるかどうか、であるからである。民衆政体について各人は、そこにおいて自分がよいと思うことをいいうる。私はそれがほとんど見出されぬような状況に伴われた、小さな町の便宜にのみ適合しうると信じる。しかしこれは、完全な民衆政体と絶対君主制との間の多様な諸形態がほとんど無限である限り、人々をして他の極端へと向かわせるようには義務づけないのである。そしてもし私が、君主制・貴族制・及び民衆政体といった簡明な三種から構成されぬ世界においてよき政体など存在せぬという事を引き受けるならば、私はそれがよくなしうると考えるものである[4]」。

フィルマーによる民衆政体批判は、暴民政治批判であり、シドニーにとって民の合理的存在を評価する立場からすれば対立する立場にある。しかしながらそれを直接民衆政体とみなす観点からロックと同様近代国家にはそぐわぬ政体として斥ける。シドニーがいうようにその政体は、一方において極端な政体とみなす。彼はその君主制・貴族制・及び民衆政体の混合政体を望ましい政体にして多様なものを含みうる長所も示す。

シドニーは、この混合政体の経験的形態を、ヘブル人達のものや、スパルタ、ドーリス、ローマ、ヴェネツィア、ジェノバ、ルッカ、ドイツ、北方欧州諸国のゴート的政体など[5]によって例示しようとする。引き続きシドニーは、その君主制論について自ら世襲制を好まず、選出的側面を支持する立場から『宮廷の格言』におけると同様に論及している。

さてわれわれは、シドニーによる混合政体に関連する部分へと話の筋に戻る段階にきている。

「我々の著者は、自らがローマのコンスルとアテナイのアルコンに見出す君主制の類似性からなにがしかの利点を引き出しうるとすれば、私は羨望なくして君主制の享有を彼に委ねることとなろう。しかしそうした政体が三つの簡明な種から構成されるという私の主張を証明する事でないならば、それは大いに誤っていることとなる。というのは君主制的部分がそうした政体にあったならば、それは次のように否定しえぬからである。即ち、貴族制的部分が元老院ないしアレオスパゴス会議にあったし、民衆政体部分が民会にあったことを」。この引用では、シドニーがフィルマーによるローマやアテナイの執政官や統治官にその絶対君主制的部分を見い出そうとすることをとらえ、それらがその他の諸要素からもなることによって反論する。シドニーは、更に続けて「政体が民衆的政体であったというとき、そうした政体に君主制的なものが存在するならば、君主制と呼ばれるものの中に貴族制的なものと民衆政体的なものが存在すると」[6]。ここにおいてもフィルマーの君主制の主張に対し、多元的な混合政体論によって反論を行なっている。

シドニーはこの節の最後の部分では、自らの絶対君主論に抗する主張によってフィルマー説を次のように批判する。「我々の著者は、諸事例が全て等しいと認めないならば、私は執政官《コンスル》や統治官《アルコン》が同意する人々の投票によって定期的になされた以外の他の相違を見出さないと考え、かつ権力が与えられる故にその任期が終わる時、その権力を秩序立てて放棄する以外に他の相違も見出さぬと考える。タルクイニウス、ディオニュシオス、アガトクレス、ナビス、ファラリス、カエサル、及びほとんど全ての彼の後継者達（彼らをフィルマー卿は完全な君主とみなす）は、次の事によってなったのであるけれども。即ち、暴力・詐欺・及び腐敗によって、最悪の人々の支援で、最良な人々の殺害によって、かつより一般的には（その方式がひと度び設定された時）、我々の著者が真であると云うのであれば、自らの国の父と自らの父であった自らの先任者の殺害によって。これは、称賛に値する唯一の政体のルートと基礎であった。これは、アガトクレス、ディオニュシオス、及びカエサルに神権的性格を与えた事であり、かつマンリウス、マリウス、或いはカティリナに同じ性格を賦与した事である（もし彼らは彼らが影響を与えた君主制をえていたならば）。しかし神がよき判断によって祝福しているような者、及び正義と真理を正当に顧慮するような者は、次のように言うのである。即ち、彼らが最も嫌われる悪事によって自ら君主を設立しているところであらゆる種類の善を破壊するような大きさにまで達している人々全ては、裏口から入ってくるのであると。自発的な人々によって秩序よく選出されるような統治者達は、羊の囲い門までやってくる真の羊飼いであったし、彼らがその責務に委ねられた諸国の善のために手段を講じるのに彼らの義務を遂行する限り、神の僕と正しく呼びうるのである」[7]。

シドニーは、先ず最初に、この節の結びにおいてローマの執政官やアテナイの統治官が投票による選出事実からフィルマーによる世襲制的君主論との相違を論証しようとする。そしてその任期が終了すればその権威的任務を辞するものであると説く。更にその悪名高き君主的支配者の後継者達がその地位を引き継ぐのは、正規のルールに従って就いたのではなく、悪辣な手段によって就いたと説明する。最後にシドニーが主張する統治者は、民を大切に扱い、民の善のために統治し、かつ民を擁護するものであると説く。そうしたものは、神の意にかなった人であると訴えるのである。

（1）Algernon Sidney, *Discourses Concerning Government*, London, 1751, p. 130.
（2）A. Sidney, *op.cit.*, p. 153.
（3）J. Locke, *Two Treatises of Government*, Cambridge, 1988, p. 355.
（4）A. Sidney, *op.cit.*, p. 130.
（5）*Ibid.*, pp. 130-131.
（6）*Ibid.*, p. 133.
（7）*Ibid.*

Ⅳ　結論

われわれは、前述においてアルジャノン・シドニーの自由主義的にして共和主義的な混合政体論をその二つの主論文を素材として整理してきた。われわれの基本仮説は、近代における過渡期において権力分立論により近い混合政体論（国王、貴族、市民の身分制的な抑制と均衡を含む）がシドニーの基本思想にあるというものである。その重要な要点は、貴族的な主体性精神と有産市民の公共心にある。確かにシドニーによるその二つの主著は、当時のチャールズ二世による偏った（共和制体制を担った人々に対する徹底した弾圧など）親政体制に抗する反乱目的をもったことが明白である。更にシドニーによる徹底した反専制君主主義や自由主義的にして古代ローマ共和制をベースとして考える傾向をもつ共和主義思想の強度は、特に王政復古後半期のJ・ロックなどと比較すればきわめて明瞭である。

イングランドにおける王政復古の前半期にあたる一六六〇年代半ば頃に書かれた『宮廷の格言』は、その共和制の終焉直後の状況などから判断すれば、その後期の著作と比較するとかなり過激な共和主義的論調を示している。それにもかかわらずそこでのシドニーによる主張は、国王を全く否定するものではないのである。彼が否定する君主制は、国王の世襲制や神権性であり、選出的にして正統な法にのっとり、かつ権力制限的なものを主張している場合もあるのである。そういう意味において彼の政体思想は、共和主義的にして自由主義的な混合政体論ともいえるのである。

またシドニーの晩年期の『統治論』は、その自由主義的（近代国家における市民の公共心と政治権力制限的ということを強調するという意味で）にして共和主義的混合政体論を前提としている点では、前期の著作よりもはるかに明瞭である。しかしながら彼の共和主義的要素は、壮年期のそれと比較すると時の経過とともにその強度は低下していることも事実である。それにもかかわらずシドニーの根本思想は、ロック以上にリアリティをもち、かつ当時のイングランドの政治的実体にそくしているものである。われわれがシドニーにおいて重要性を置くのは、こうした多様な諸局面などから判断して一七世紀政体理論研究において有用とみなすからでもある。

13) Pettit, P. *Republicanism*, Oxford, 1997.

14) Springborg, P. "Republicanism, Freedom from Domination and the Cambridge Contextual Historians", *Political Studies*, 49 [no. 5], Dec. 2001.

15) Ewald, A.C. *The Life and Times of Algernon Sidney*, 2 vols., 1873.

16) Blackburn, G.M. *Algernon Sidney*, 1885.

17) Santvoord, G.Van. *A Life of Algernon Sidney with Sketches of Some of his Contemporaries*, New York, 1851.

18) Marshall, J. *John Locke, Toleration, and Early Enlightenment Culture*, Cambridge, 2006.

19) Goldie, M. 'The Restoration of 1689 and the Structure of Political Argument', *Bullet in of the Institute for Research in the Humanities,* 1980.

20) Kurt von Fritz, *Theory of the Mixed Constitution*, Columbia U.P., 1954.

21) Rudolf, J. *Revolution by Degrees*, Palgrave, 2002.

22) Sidney, R.C. *A Brief Memoir of Life of Algernon Sidney*, London, 1835.

23) Walbank, F.W. et al., eds., *The Cambridge Ancient History*, vols. 7 − 9 , 1989.

24) Whitaker, W. *A Disputation of Holy Scripture, against The Papists, especially Bellarmine and Stapleton*, Cambridge, 1984.

25) 福田歓一『政治学史』東京大学出版会、1985年。

26) 大澤麦『自然権としてのプロパティ』成文堂、1995年。

27) 田中秀央他編『共和主義の思想空間』名古屋大学出版会、2006年、他。

（4）聖書関連文献など

1) *The Bible : Authorized King James Version* (Oxford World's Clasics), 1997.

2) 共同訳聖書実行委員会編『聖書（新共同訳）』 日本聖書協会、1997年。

3) 『ローマ人への手紙』(岩隈直訳注)、山本書店、1964年、他。

12) Bracton, H. *De legibus et consuetudinibus angliae*, Cambridge, Mass., 1968－77.
13) *Plutarch's Lives*, translated by John Dryden, New York, 1864.
14) Tacitus, *Annals* (Loeb. C.L.), Vols. Ⅲ－Ⅴ, 1931－37.
15) Tacitus, *Hisories* (Loeb. C.L.), Vols. Ⅱ－Ⅲ, 1925－31.
16) Plato, *Laws* (Loeb. C.L.), 1926.
17) Polybius, *The Hisories*, vols. Ⅰ－Ⅳ, 1922－27 (Loeb.C.L.).
18) Cicero, *De Re Publica*, (Loeb. C.L.), 1928.
19) Suarez, F. *Selections from Three Works of Francisco Suarez*, Oxford, 1944.
20) Machiavelli, N. *The Discourses*, Penguin Classics, 1970.
21) Mynors R.A.B. et al., eds., *William of Malmesbury : Gesta Regum Anglorum*, 2 vols., Oxford, 1998－99.
22) More, Th. *Utopia*, Cambridge, 1975, etc.

（3）その他の資料文献（研究書を含む）など

1) Scott, J. *Algernon Sidney and the English Republic, 1623－1677*, Cambridge, 1988.
2) Scott, J. *Algernon Sidney and the Restoration Crisis, 1677－1683*, Cambridge, 1991.
3) Nelson, S. *The Discourses of Algernon Sidney*, 1993.
4) Carrive, P. *La pensée politique d'Algernon Sidney*, Paris, 1989.
5) Carswell, J. *The Porcupine*, London, 1989.
6) Worden, B. *Roundhead Reputations*, Penguin Press, 2001.
7) Worden, B. "Commonwealth Kidney of Algernon Sidney", *Journal of British Studies*, 24, January 1985.
8) Conniff, J. "Reason and History in Early Whig Thought : The Case of Algernon Sidney", *Journal of the History of Ideas*, 43, 1982.
9) Robbins C. "Algernon Sidney's Discourses Concerning Government : Textbook of Revolution", *William and Mary Quartery* 3 rd series 4 , 1947.
10) Dunn, J. *Political Obligation in its Historical Context*, Cambridge, 1978.
11) Dunn, J. *Democracy : A History*, New York, 2005.
12) Skinner, Q. *The Foundations of Modern Political Thought*, Cambridge, 1978.

参考文献

この項目は、本文において示された引用文献及び参照文献を、紙幅の制約上原則的に含まないこととする。

（1） シドニーの著作（シドニーが書いた資料を多く掲載する研究書も含む）

1）Robertson, J. ed, *Sydney on Government* : The Works of Algernon Sydney, 1772.

2）*Of Love* [1640－1660], in A Collection of Scarce and Valuable Tracts…, 13 vols., London, 1809－16, Vol. 8 .

3）A Copy of a Prophecy, sent to the late honourable Algernon Sidney, in *Patriot-Heroes in England and America*, Madison, 1978.

4）The Character of Henry Vane Junior, in V.A. Rowe, *Sir Henry Vane the Younger*, London, 1970.

5）Blencowe, R.W. ed., *Sydney Papers*, London, 1823.

6）Wootton, D. ed., *Divine Rights and Democracy*, Hammondsworths, 1986.

7）Meadley, G.W. *Memoirs of Algernon Sidney*, London, 1813.

8）Just and Modest Vindication of The Proceedings of the Last Two Parliaments, London, 1681, in *State Tracts* in the Reign of CharlesⅡ, 1689, Vol. 1 , etc.

（2） 他のシドニーに関連する思想家や歴史家の著作など

1）*Works of John Locke*, 10 vols., London, 1823.

2）Locke, J. *The Correspondence of John Locke*, Oxford, 1978－1989.

3）*The Political Works of James Harrington*, Cambridge, 1977, etc.

4）John Milton : *Complete Works*, 8 vols., New Haven, 1953－1982, etc.

5）Robbins, C. ed., *Two Republican Tracts*, Cambridge, 1969.

6）Tyrrell, J. *Patriarcha non Monarcha*, 1681.

7）Grotius, H. *De Jure Belli Ac Pacis*, 4 vols., Oxford, 1925.

8）Tacitus, *Germania*, etc. (Loeb Classical Library), Vol. I , 1970.

9）Livy, *History of Rome*, (Loeb C.L.) 14 vols., 1959.

10）Aristotle, *Politics*, (Loeb C.L.), 1932.

11）Sir Fortescue, J., *De laudibus legume Angliae* (1545－46; Cambridge UP, 1942), etc.

（マ行）

（ヤ行）

（ラ行）

人名索引

（ラ行）

（ワ行）

事項索引

著者紹介

倉島　隆　（くらしま・たかし）

1946年　新潟県に生まれる。

1976年　日本大学大学院法学研究科修士課程（政治学）修了。

1993年から94年まで（1年間）及び2001年から02年まで（1年間）、ケンブリッジ大学客員研究員。

現　在　日本大学法学部教授。

編著書等　『問題発見の政治学』(編著、八千代出版、2004年)、『現代英国政治の基礎理論』(単著、三和書房、2003年)、『現代政治機構理論』(単著、サンワコーポレーション、1997年) など。訳書に、『プーフェンドルフの政治思想』（L・クリーガー著、時潮社、1984年）など。

A・シドニーの政体思想

自治と反乱の共和主義的政治原理

2008年6月20日　第1版第1刷　定価3800円＋税

著　者　倉　島　　隆　Ⓒ

発行人　相　良　景　行

発行所　㈲　時　潮　社

〒174-0063　東京都板橋区前野町4-62-15

電　　話　03-5915-9046

F　A　X　03-5970-4030

郵便振替　00190-7-741179 時潮社

U　R　L　http://www.jichosha.jp

E-mail kikaku@jichosha.jp

印刷・相良整版印刷　**製本**・仲佐製本所

乱丁本・落丁本はお取り替えします。

ISBN978-4-7888-0624-5